TENACiOUS D
POST-APOCALYPTO

Listen along by clicking
the link at **tenaciousd.com**

TENACIOUS D
POST-APOCALYPTO

written and illustrated by
TENACIOUS D

color and layout by
MICHAEL MOLINA

audio produced by
JOHN SPIKER

CHAPTER
1
HOPE

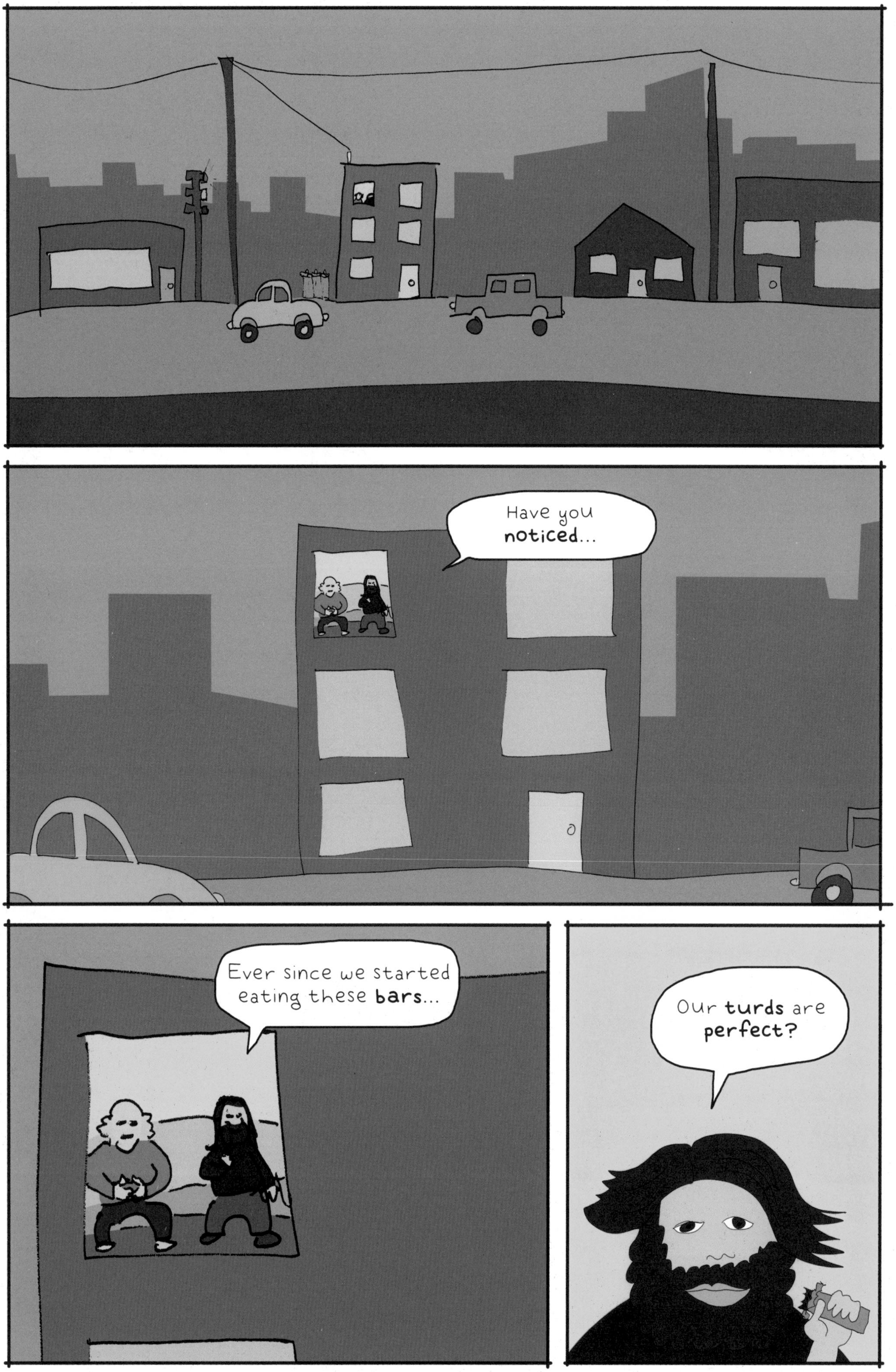
Have you **noticed**...
Ever since we started eating these **bars**...
Our **turds** are **perfect**?

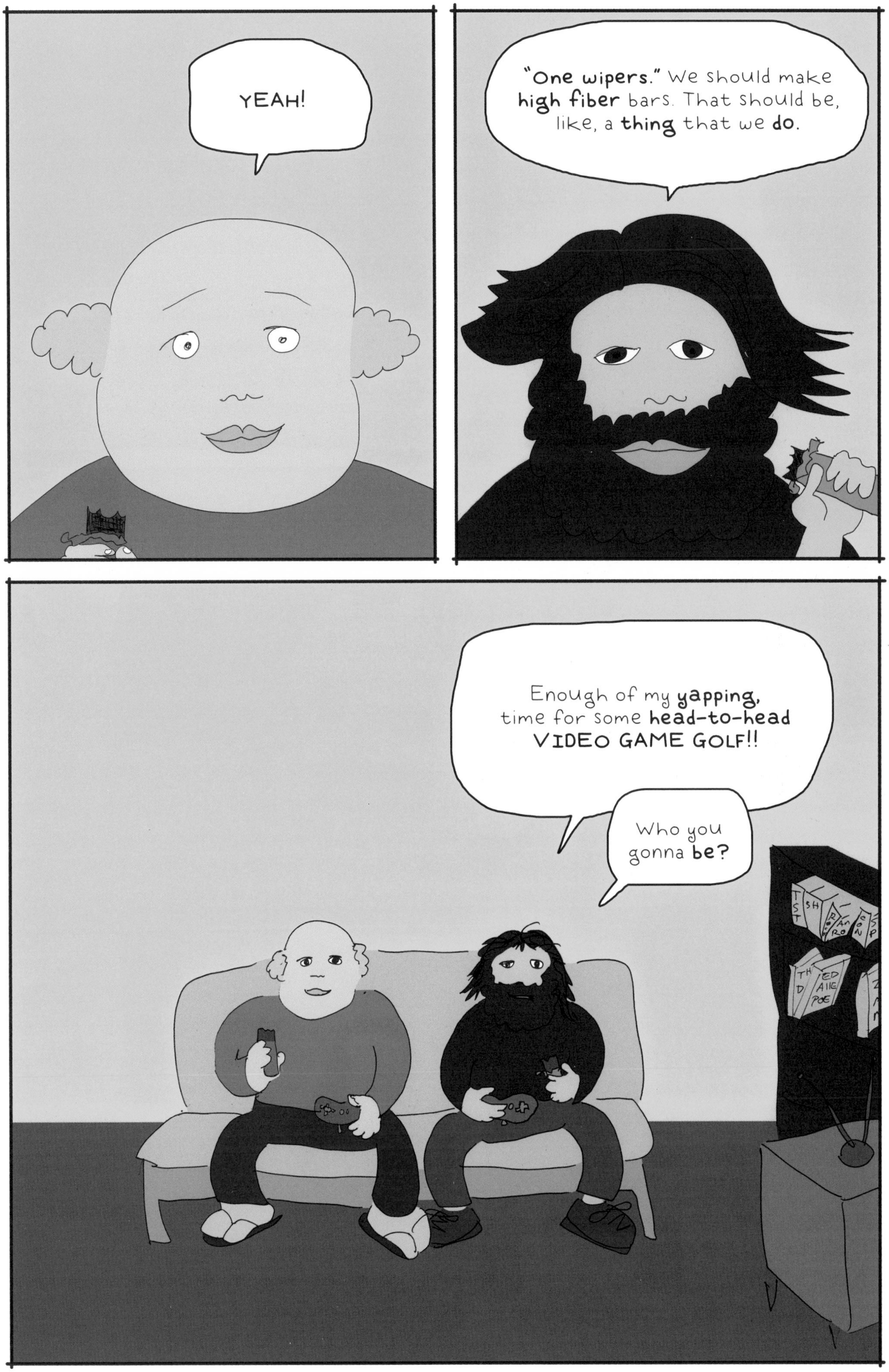
YEAH!
"One wipers." We should make high fiber bars. That should be, like, a thing that we do.
Enough of my yapping, time for some head-to-head VIDEO GAME GOLF!!
Who you gonna be?

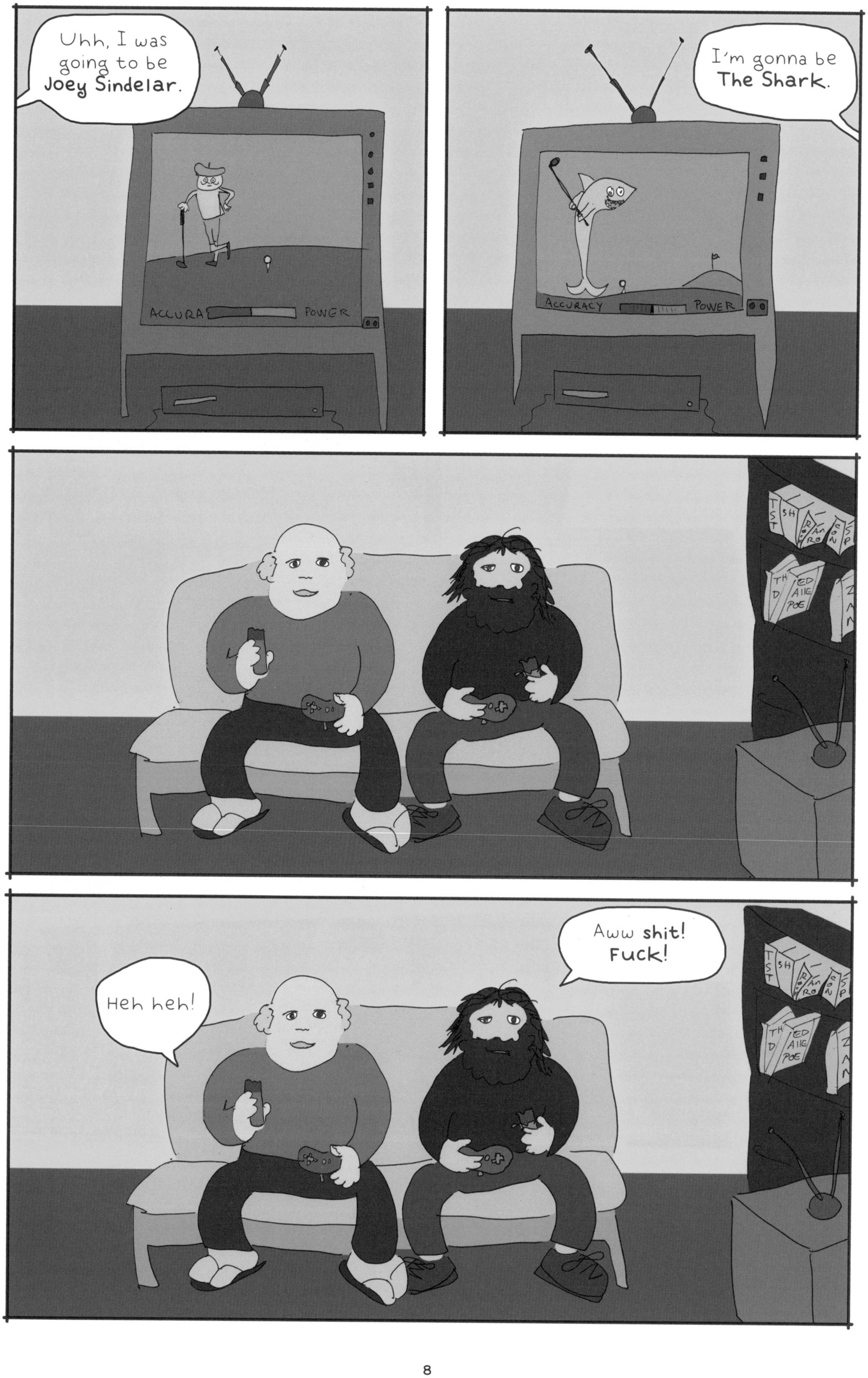
Uhh, I was going to be Joey Sindelar.
ACCURA
POWER
I'm gonna be The Shark.
ACCURACY
POWER
Heh heh!
Aww shit! Fuck!

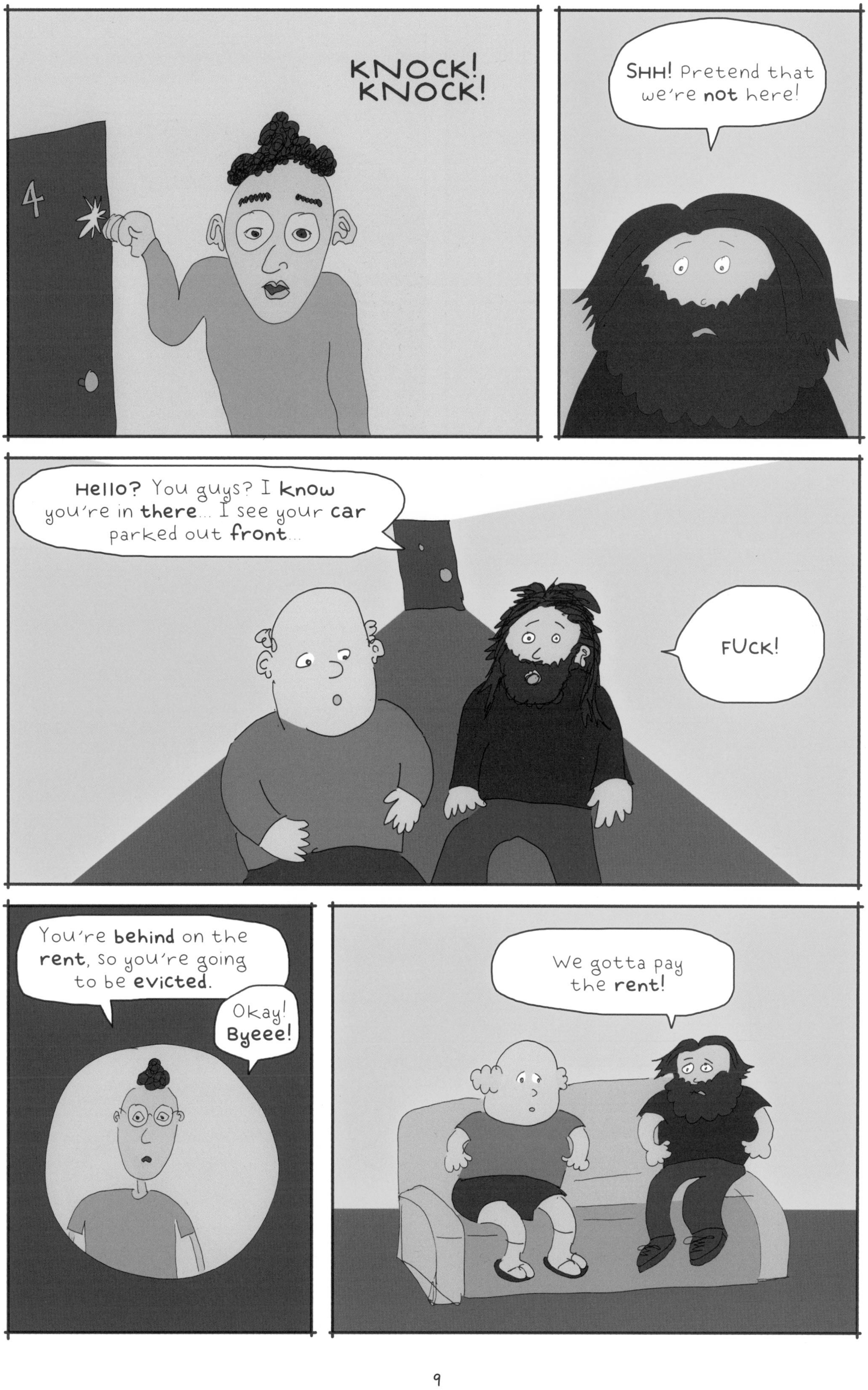
KNOCK! KNOCK!
SHH! Pretend that we're not here!
Hello? You guys? I know you're in there... I see your car parked out front...
FUCK!
You're behind on the rent, so you're going to be evicted.
Okay! Byeee!
We gotta pay the rent!

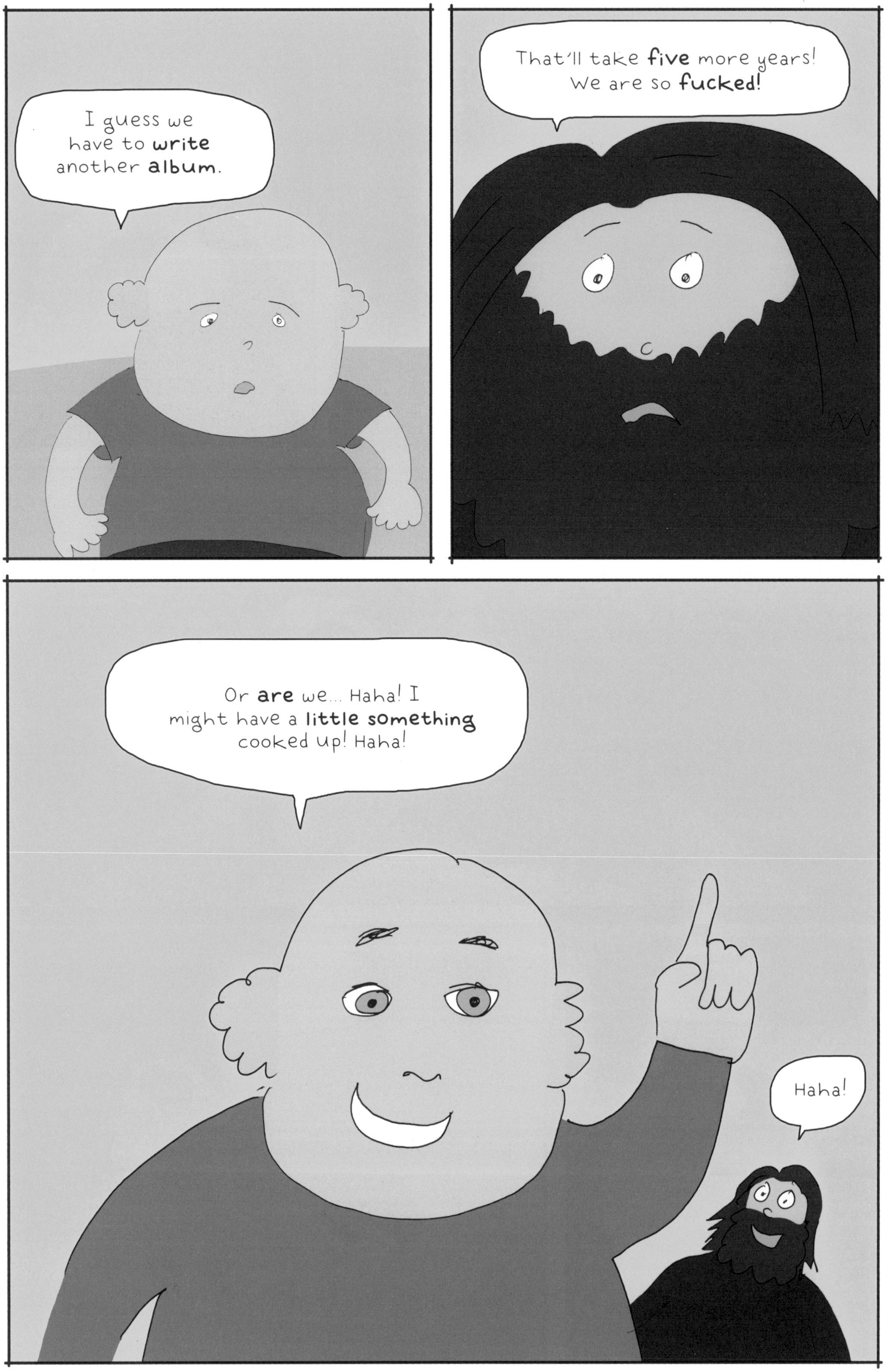
I guess we have to write another album.
That'll take five more years! We are so fucked!
Or are we... Haha! I might have a little something cooked up! Haha!
Haha!

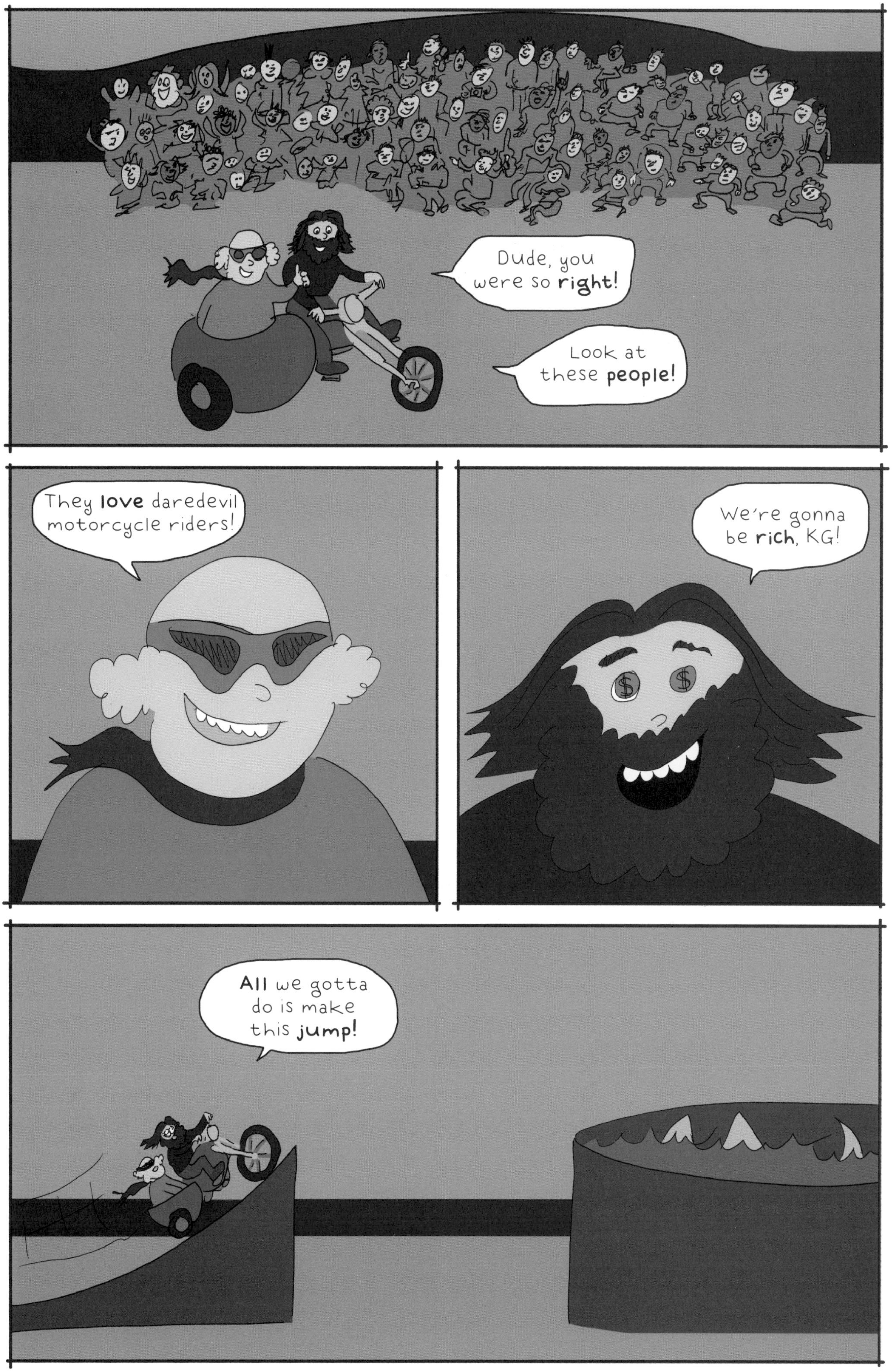
Dude, you were so right!
Look at these people!
They love daredevil motorcycle riders!
We're gonna be rich, KG!
All we gotta do is make this jump!

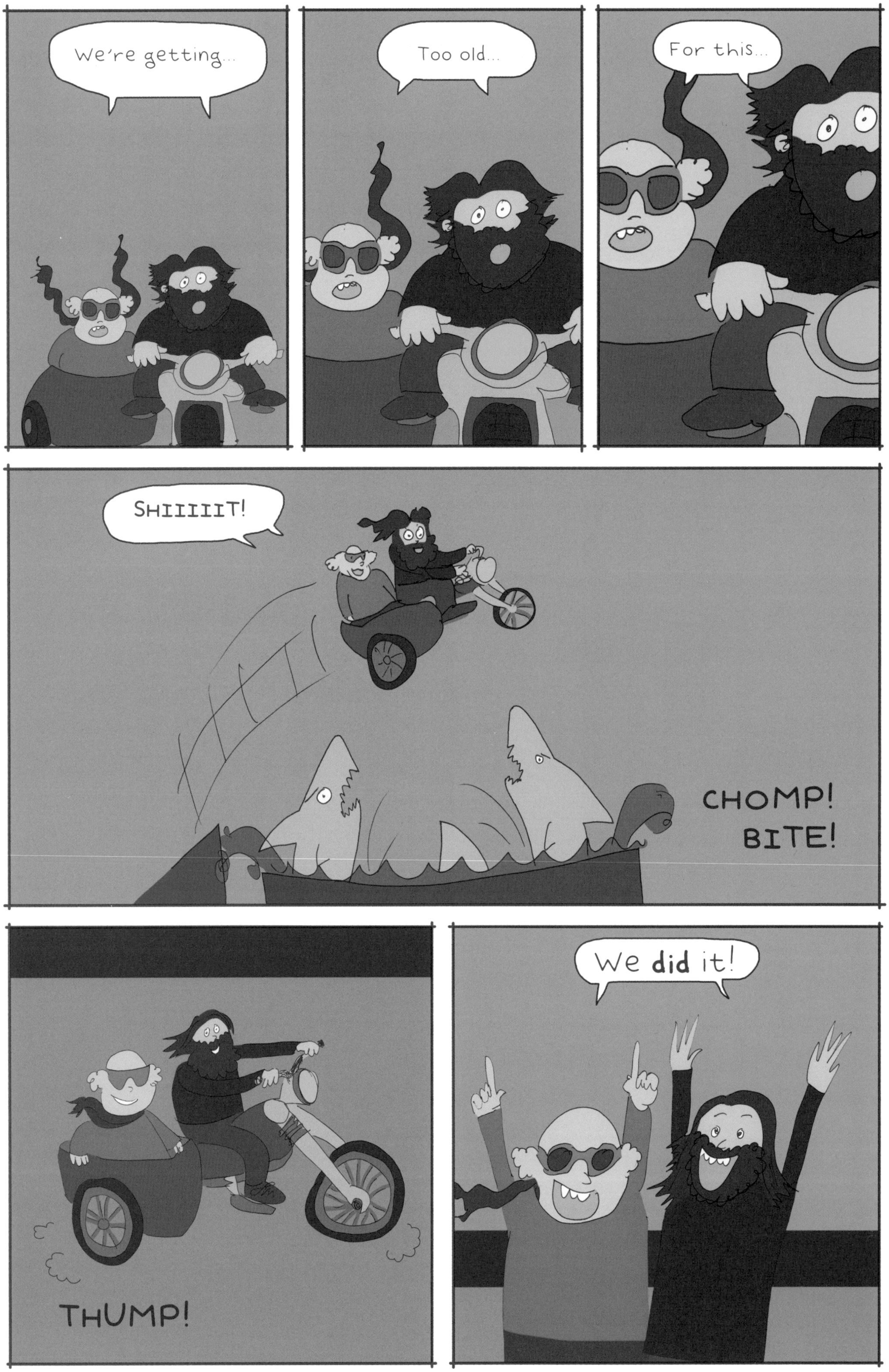
We're getting...
Too old...
For this...
SHIIIIIT!
CHOMP!
BITE!
THUMP!
We **did** it!

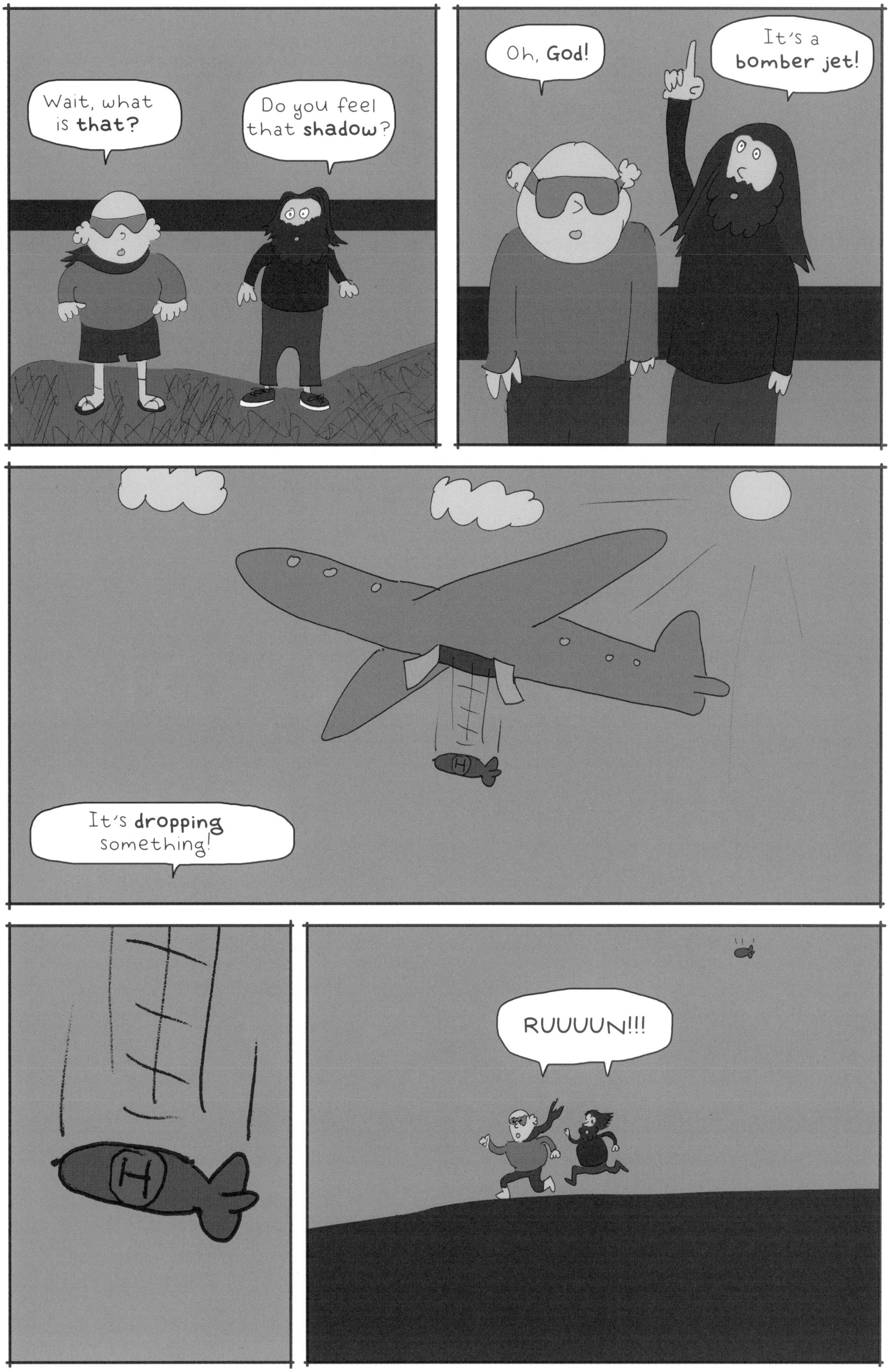
Wait, what is that?
Do you feel that shadow?
Oh, God!
It's a bomber jet!
It's dropping something!
RUUUUN!!!

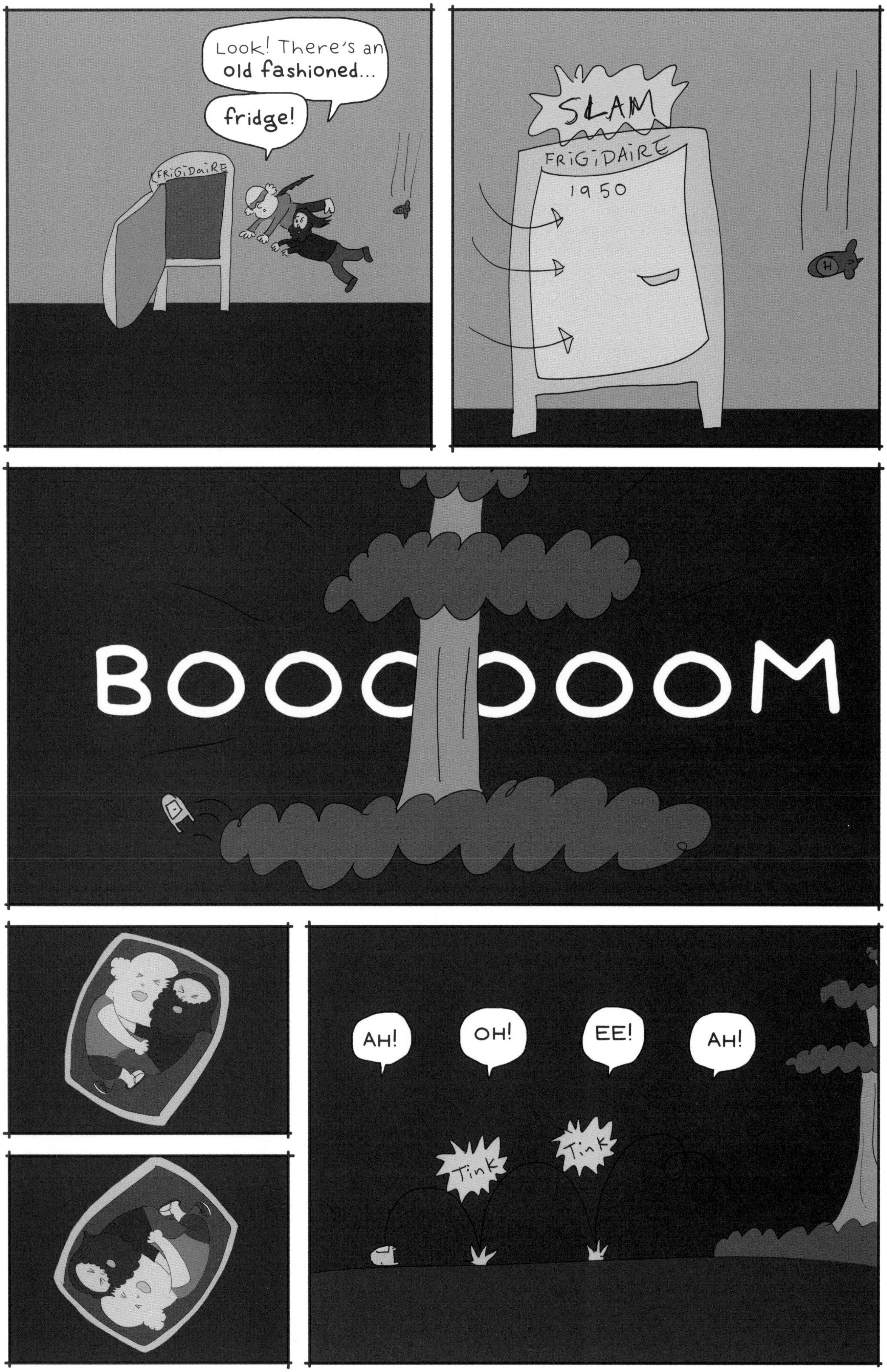
Look! There's an old fashioned...
fridge!
FRIGIDAIRE
SLAM
FRIGIDAIRE
1950
BOOOOOOM
AH!
OH!
EE!
AH!
Tink
Tink

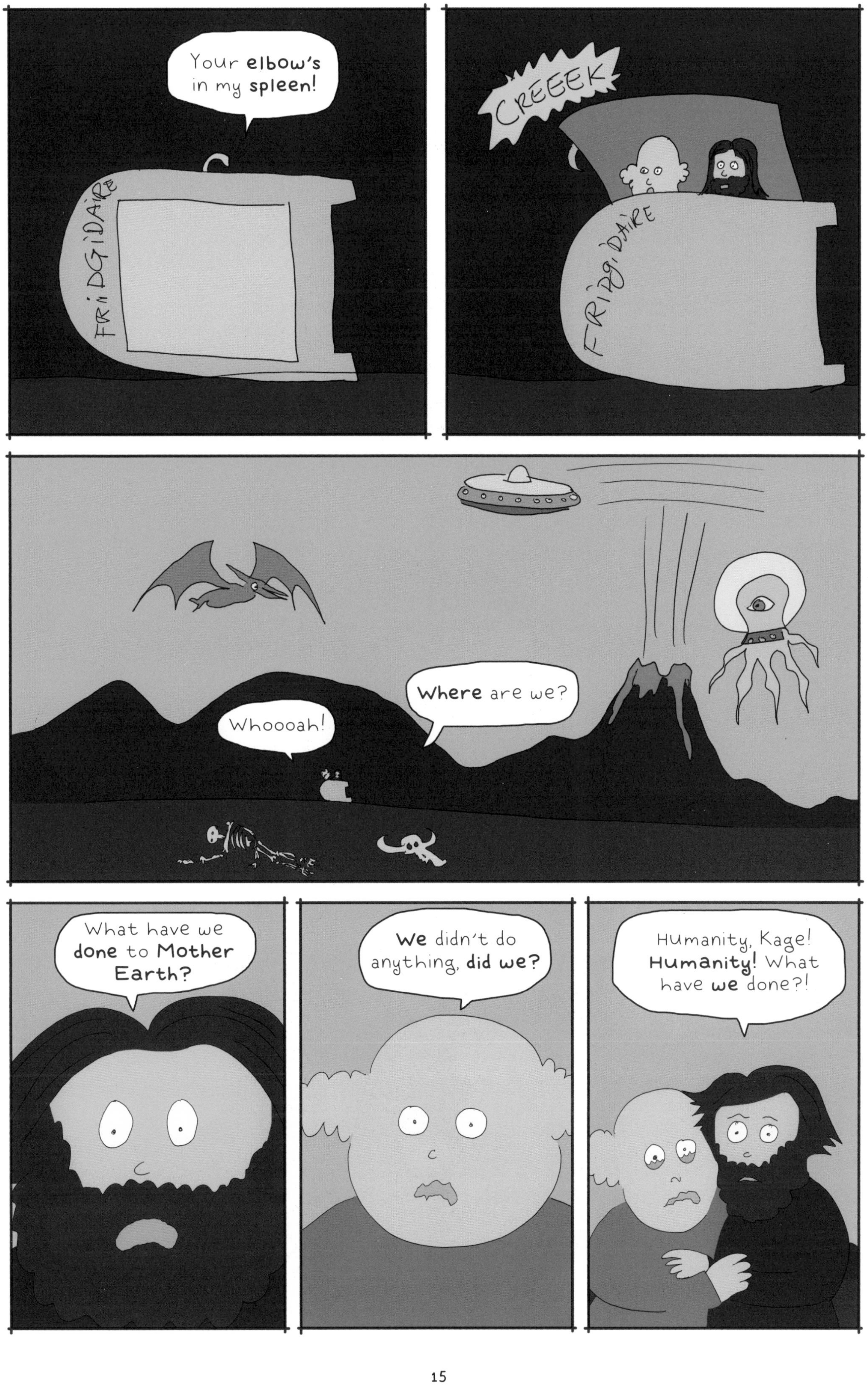
Your elbow's in my spleen!
FRIDGIDAIRE
CREEEK
FRIDGIDAIRE
Whoooah!
Where are we?
What have we done to Mother Earth?
We didn't do anything, did we?
Humanity, Kage! Humanity! What have we done?!

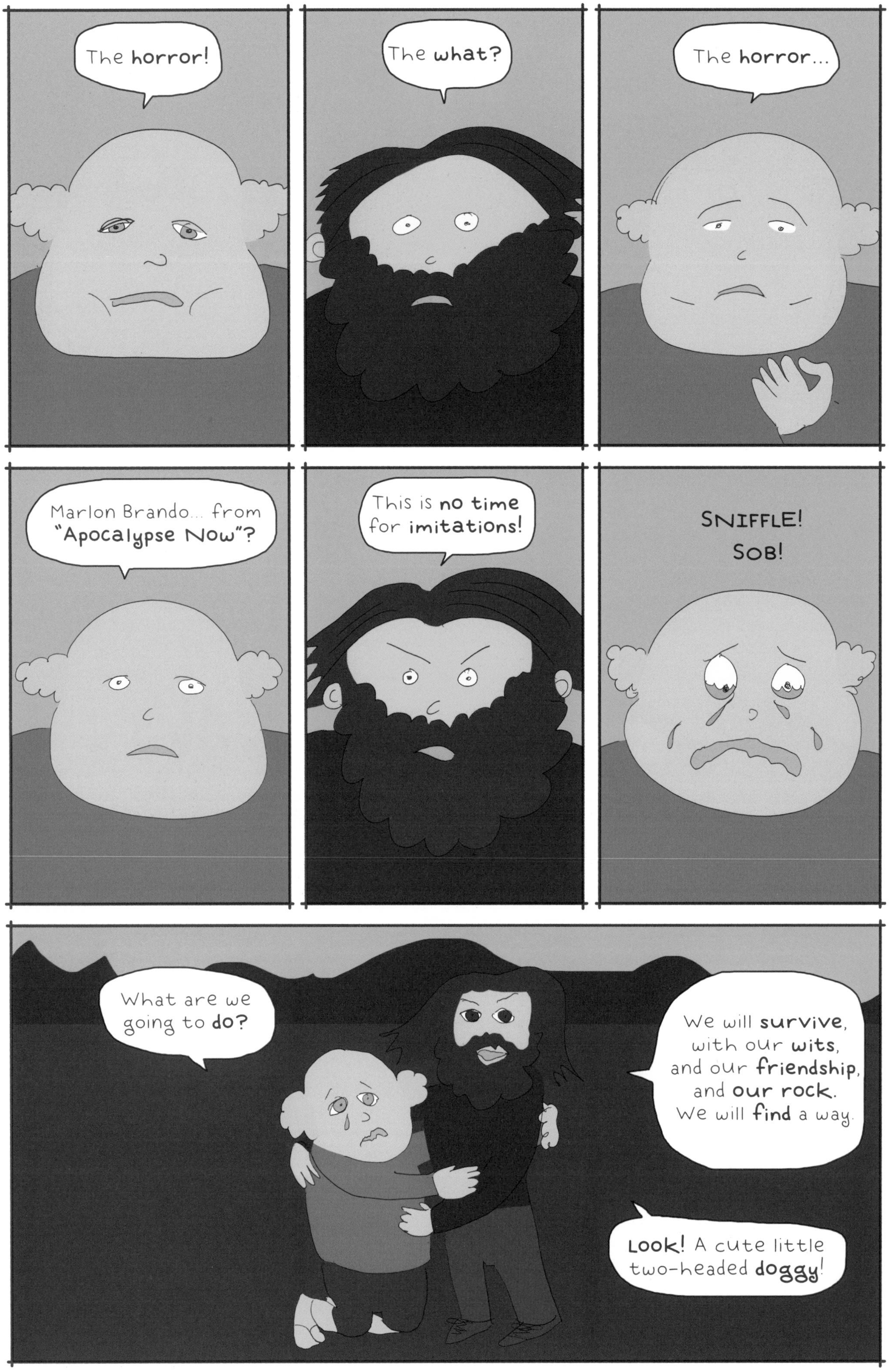
The horror!
The what?
The horror...
Marlon Brando... from "Apocalypse Now"?
This is no time for imitations!
SNIFFLE! SOB!
What are we going to do?
We will survive, with our wits, and our friendship, and our rock. We will find a way.
Look! A cute little two-headed doggy!

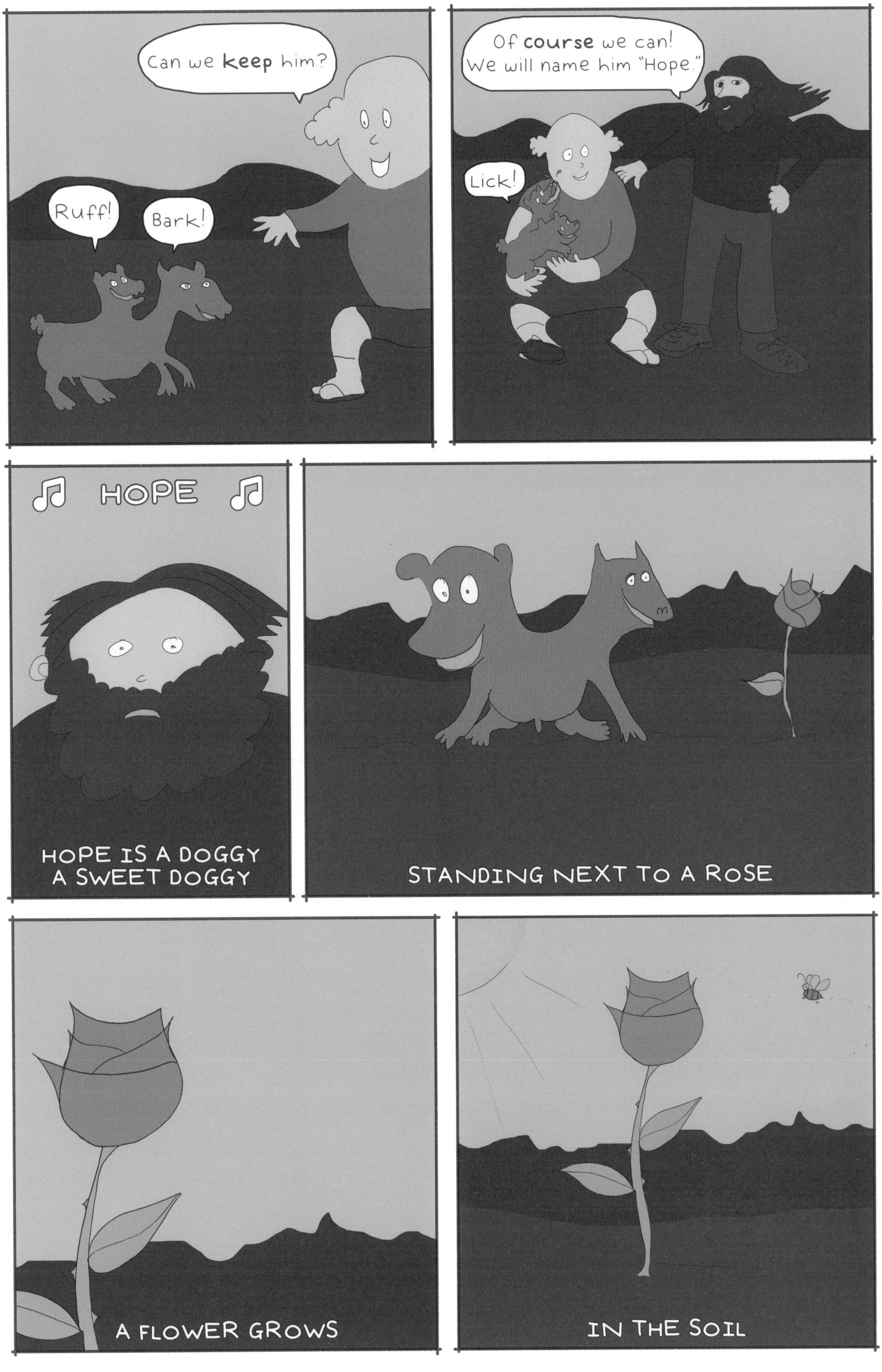
Can we **keep** him?
Ruff!
Bark!
Of **course** we can!
We will name him "Hope."
Lick!
HOPE
HOPE IS A DOGGY
A SWEET DOGGY
STANDING NEXT TO A ROSE
A FLOWER GROWS
IN THE SOIL

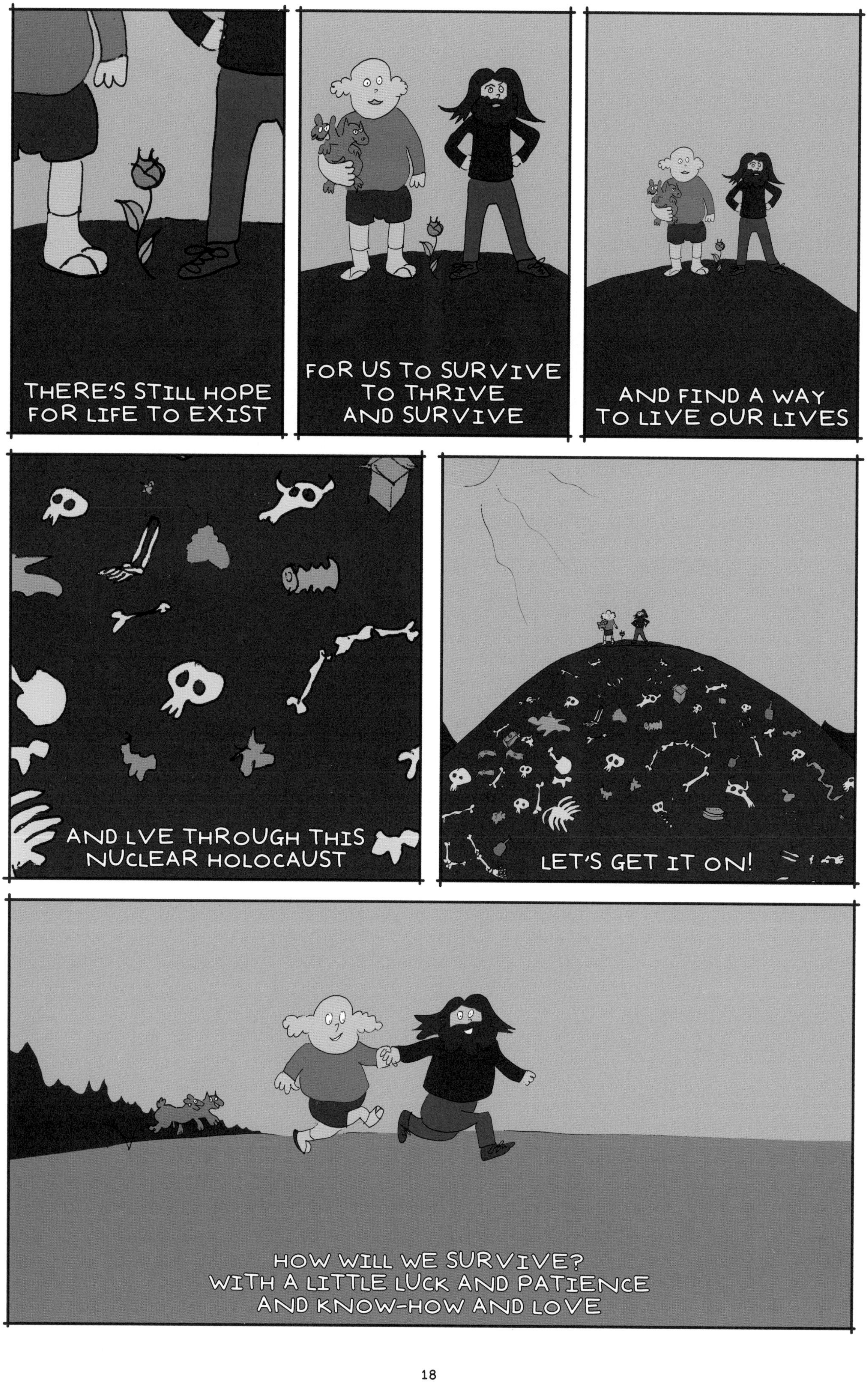
THERE'S STILL HOPE
FOR LIFE TO EXIST
FOR US TO SURVIVE
TO THRIVE
AND SURVIVE
AND FIND A WAY
TO LIVE OUR LIVES
AND LVE THROUGH THIS
NUCLEAR HOLOCAUST
LET'S GET IT ON!
HOW WILL WE SURVIVE?
WITH A LITTLE LUCK AND PATIENCE
AND KNOW-HOW AND LOVE

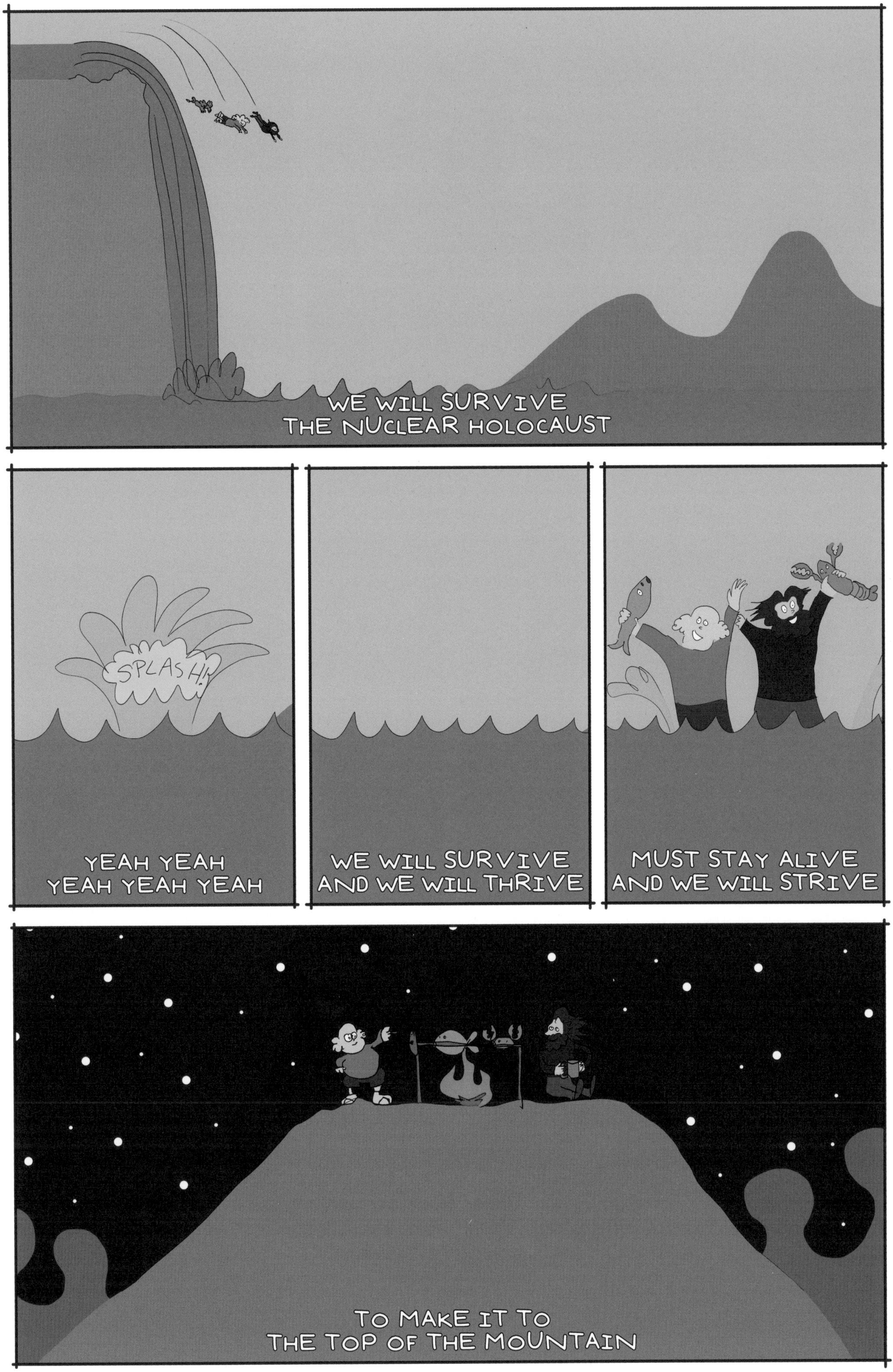
WE WILL SURVIVE
THE NUCLEAR HOLOCAUST
SPLASH!
YEAH YEAH
YEAH YEAH YEAH
WE WILL SURVIVE
AND WE WILL THRIVE
MUST STAY ALIVE
AND WE WILL STRIVE
TO MAKE IT TO
THE TOP OF THE MOUNTAIN

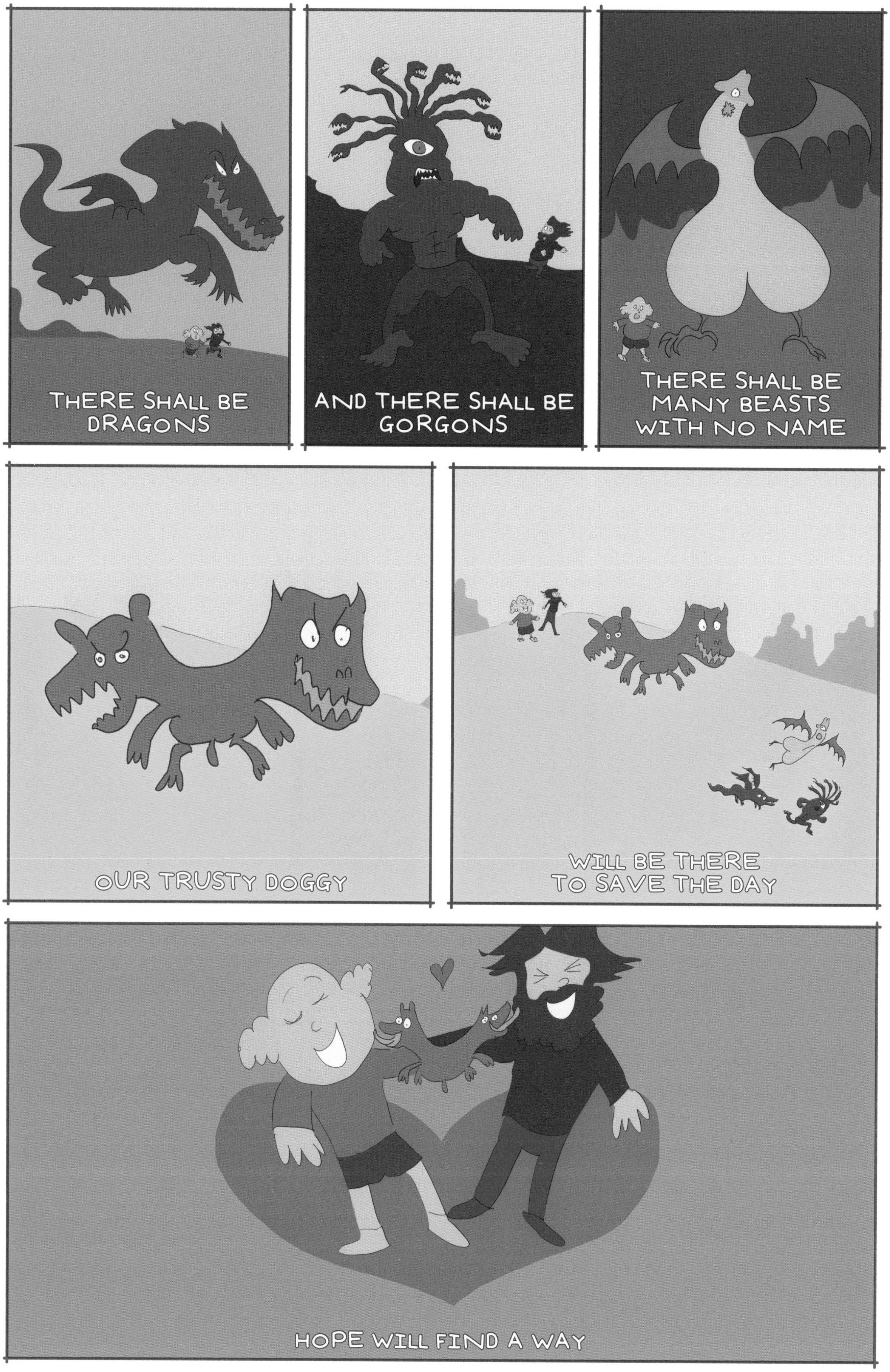
THERE SHALL BE DRAGONS
AND THERE SHALL BE GORGONS
THERE SHALL BE MANY BEASTS WITH NO NAME
OUR TRUSTY DOGGY
WILL BE THERE TO SAVE THE DAY
HOPE WILL FIND A WAY

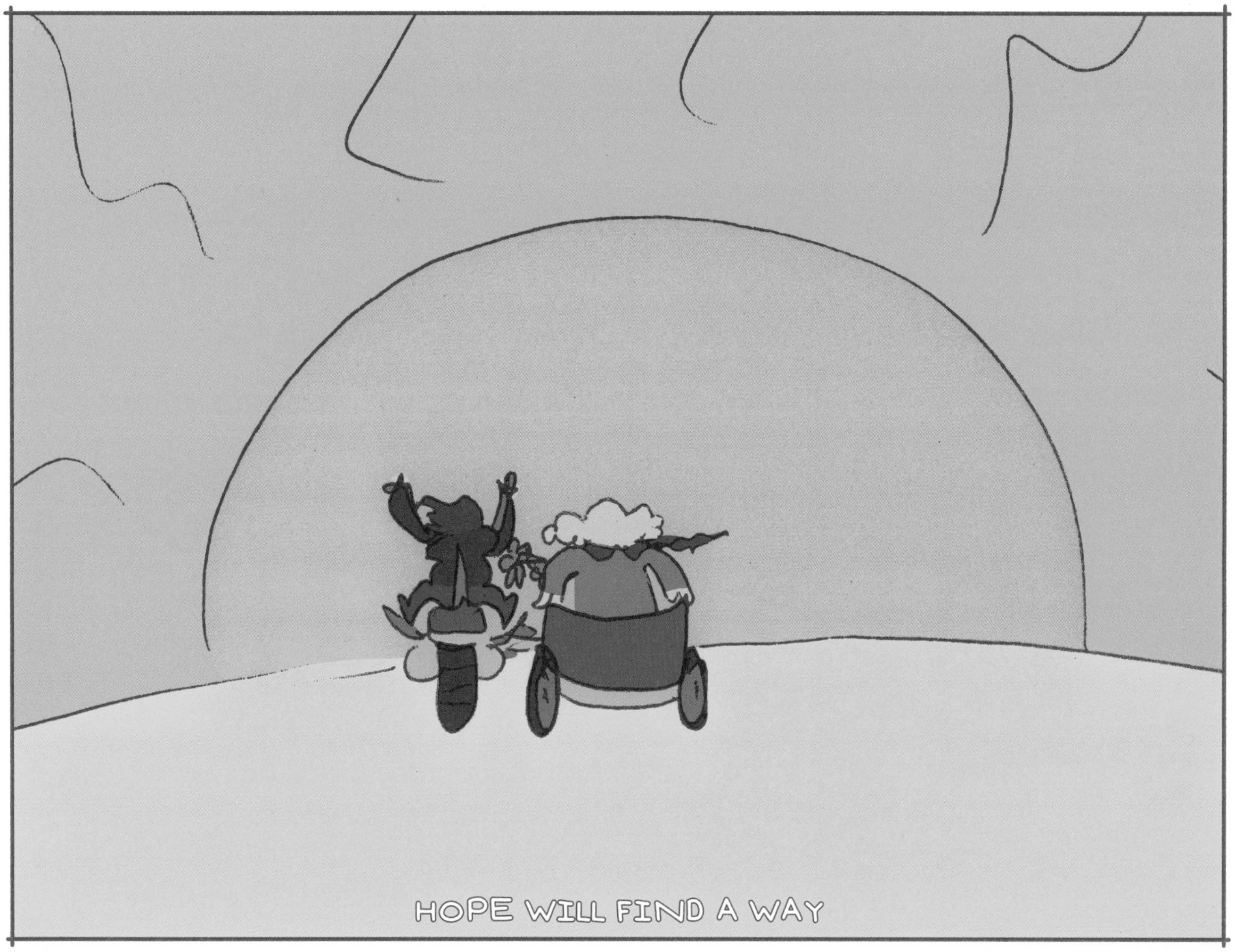
HOPE WILL FIND A WAY

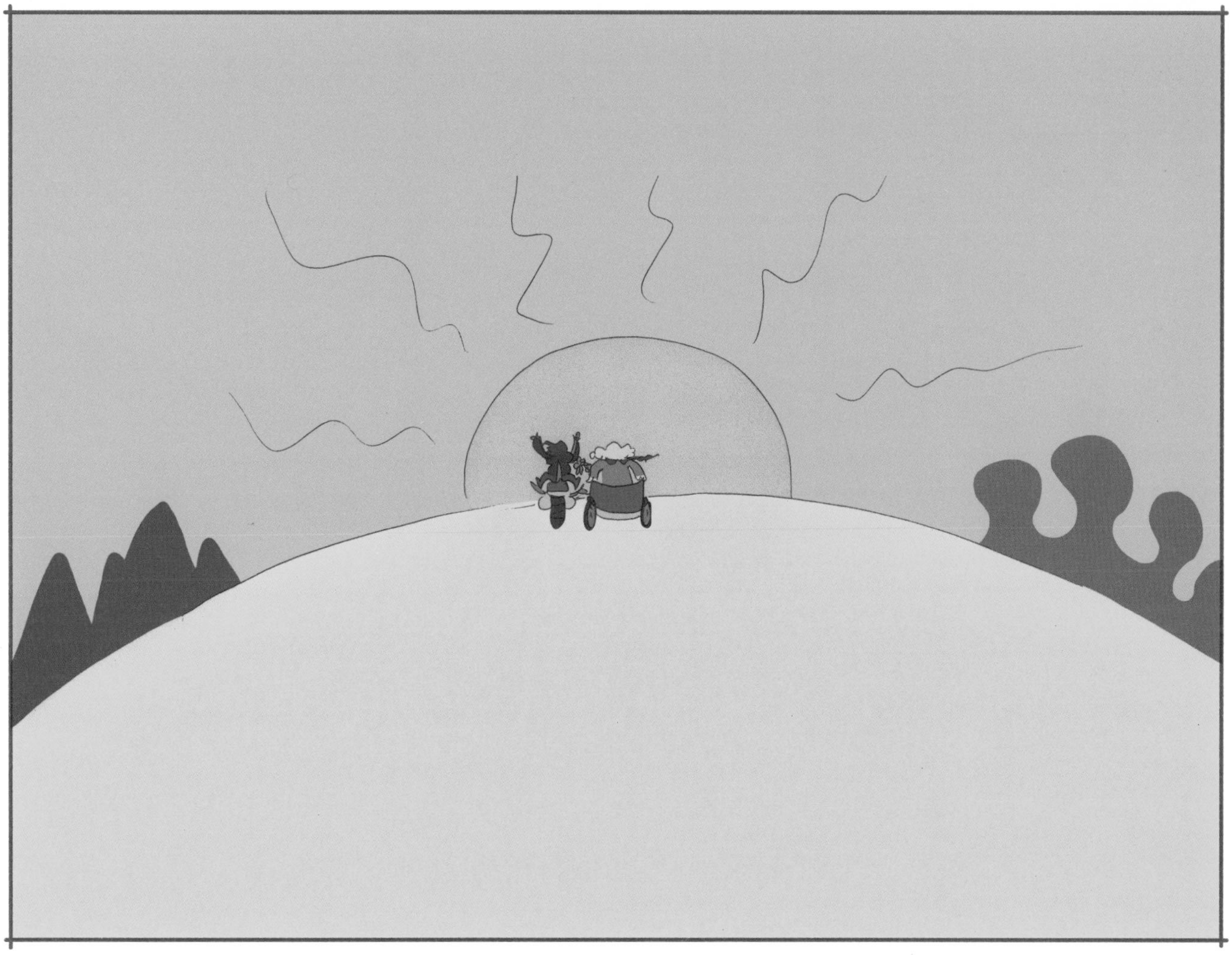

CHAPTER 2
CAVE

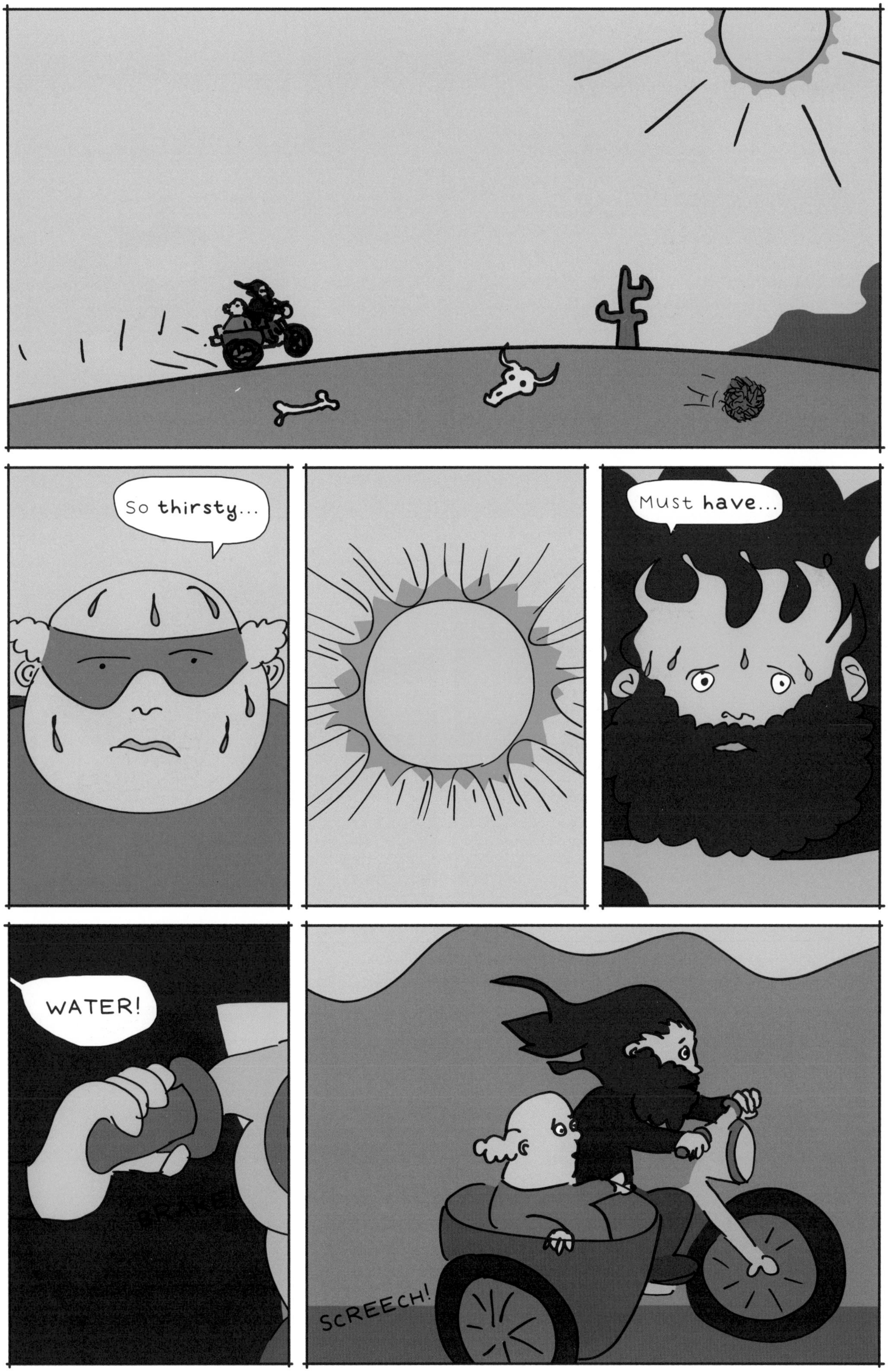
So thirsty...
Must have...
WATER!
SCREECH!

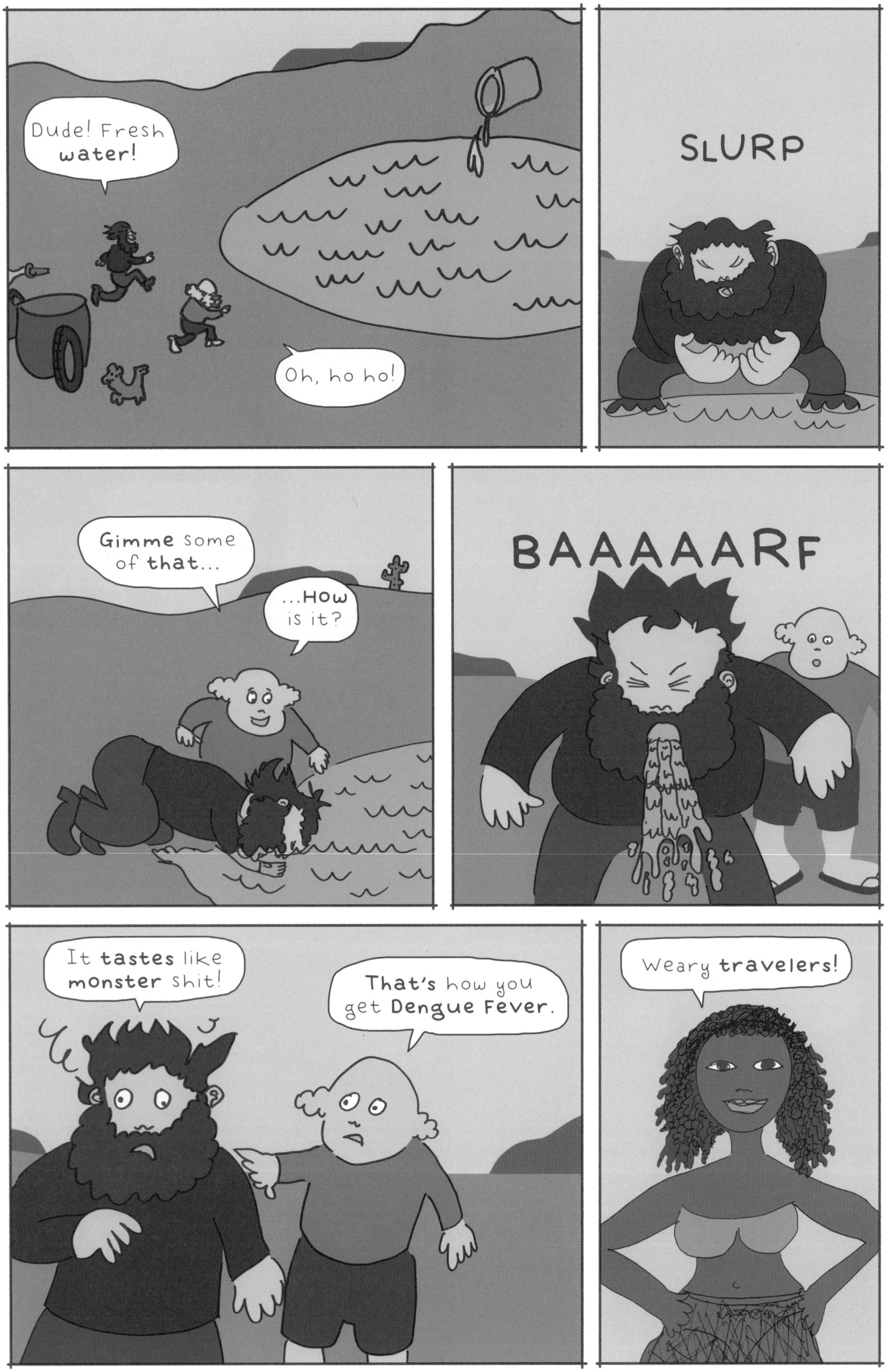
Dude! Fresh water!
Oh, ho ho!
SLURP
Gimme some of that...
...How is it?
BAAAAARF
It tastes like monster shit!
That's how you get Dengue Fever.
Weary travelers!

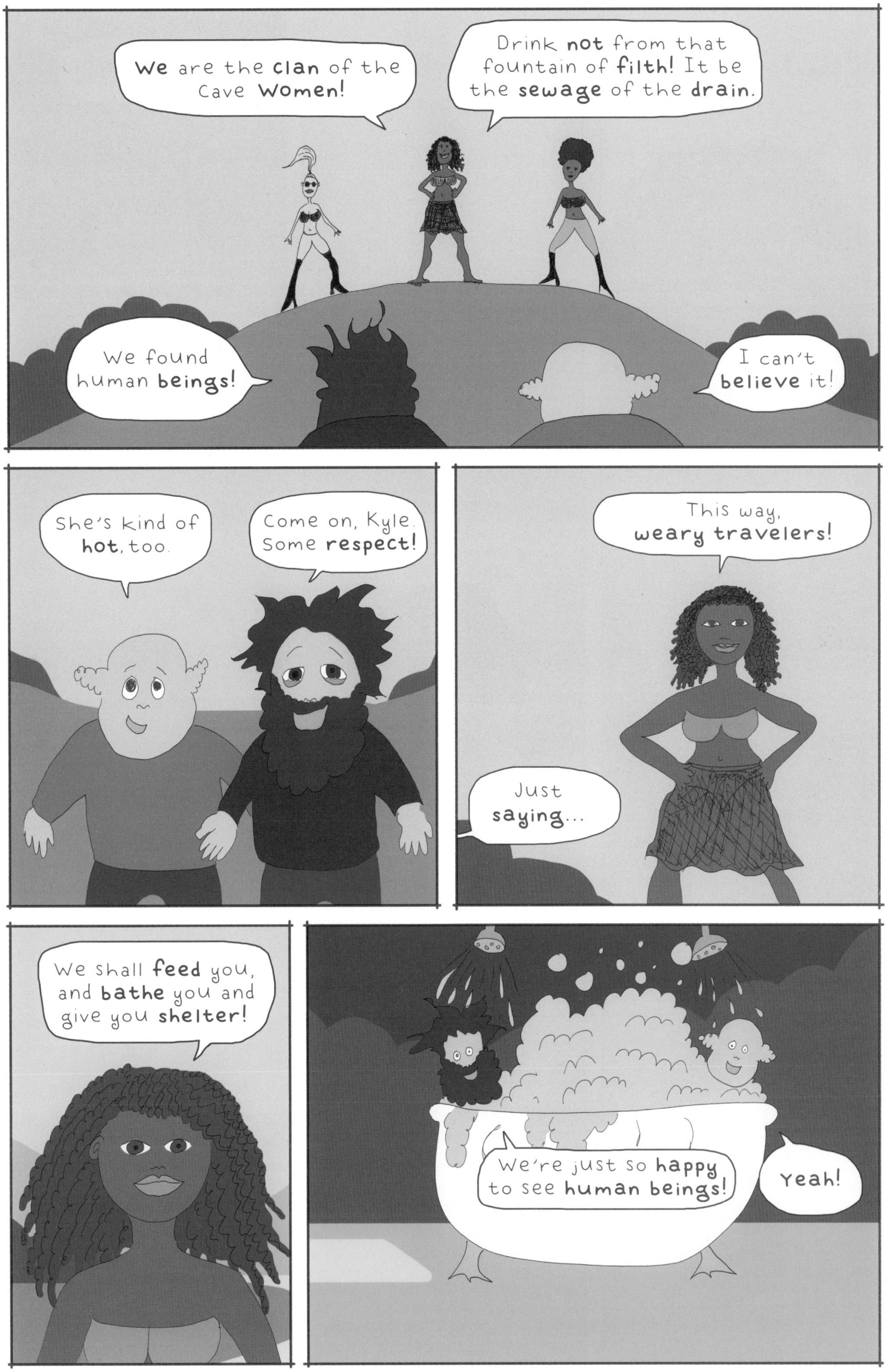
We are the clan of the Cave Women!
Drink not from that fountain of filth! It be the sewage of the drain.
We found human beings!
I can't believe it!
She's kind of hot, too.
Come on, Kyle. Some respect!
This way, weary travelers!
Just saying...
We shall feed you, and bathe you and give you shelter!
We're just so happy to see human beings!
Yeah!

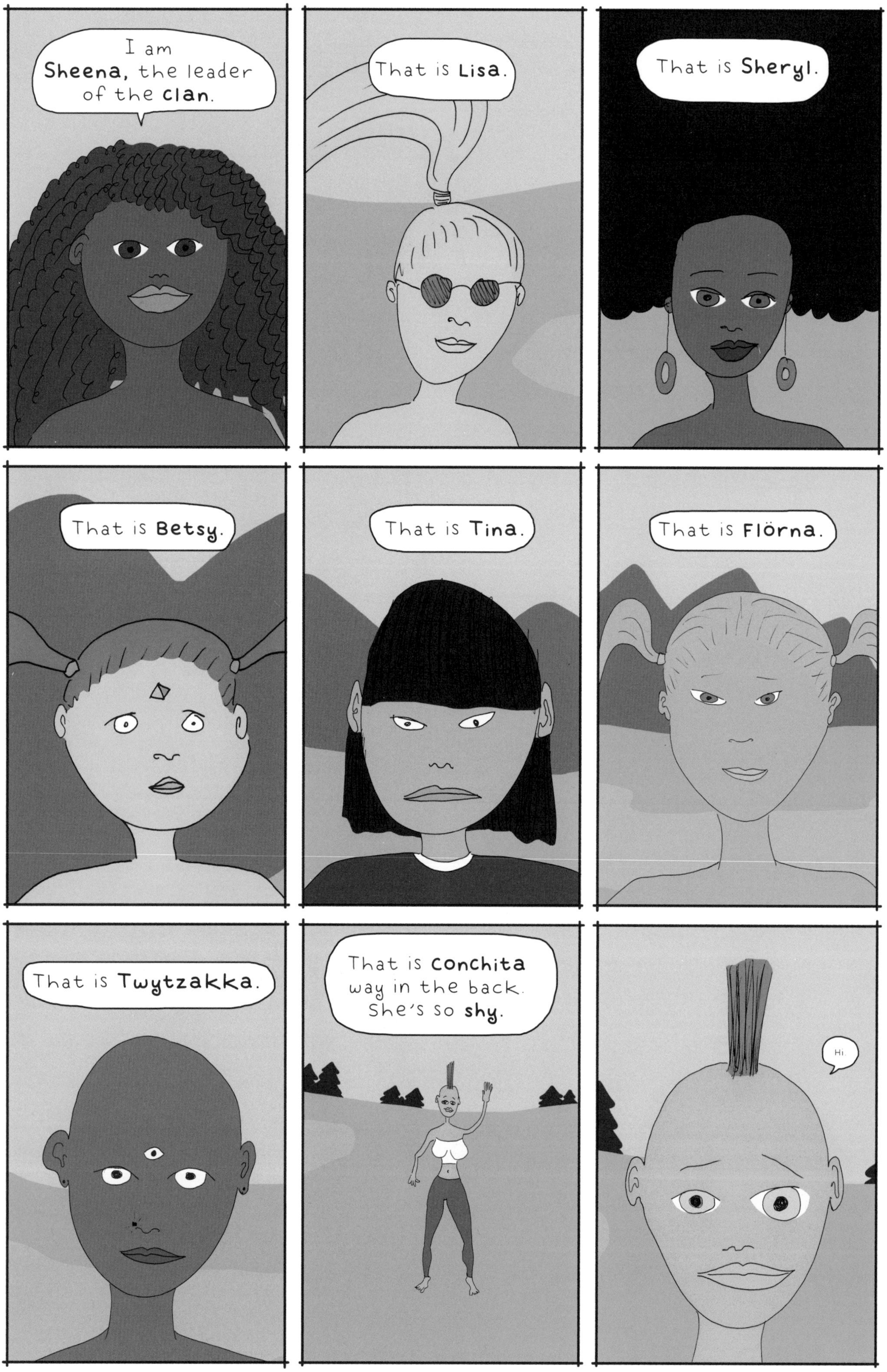
I am Sheena, the leader of the clan.
That is Lisa.
That is Sheryl.
That is Betsy.
That is Tina.
That is Flörna.
That is Twytzakka.
That is Conchita way in the back. She's so shy.
Hi

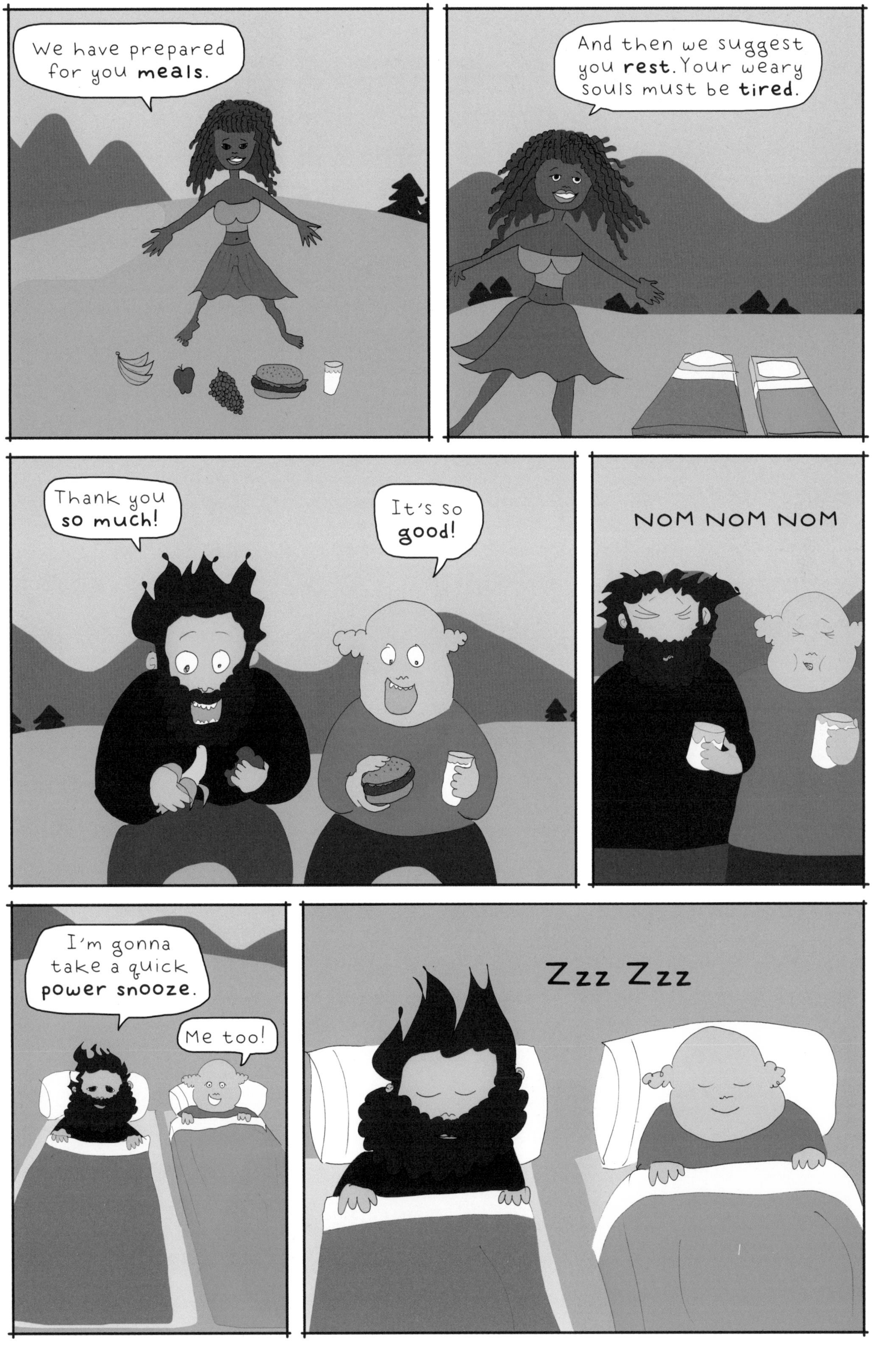
We have prepared for you **meals**.
And then we suggest you **rest**. Your weary souls must be **tired**.
Thank you **so much**!
It's so **good**!
NOM NOM NOM
I'm gonna take a quick **power snooze**.
Me too!
Zzz Zzz

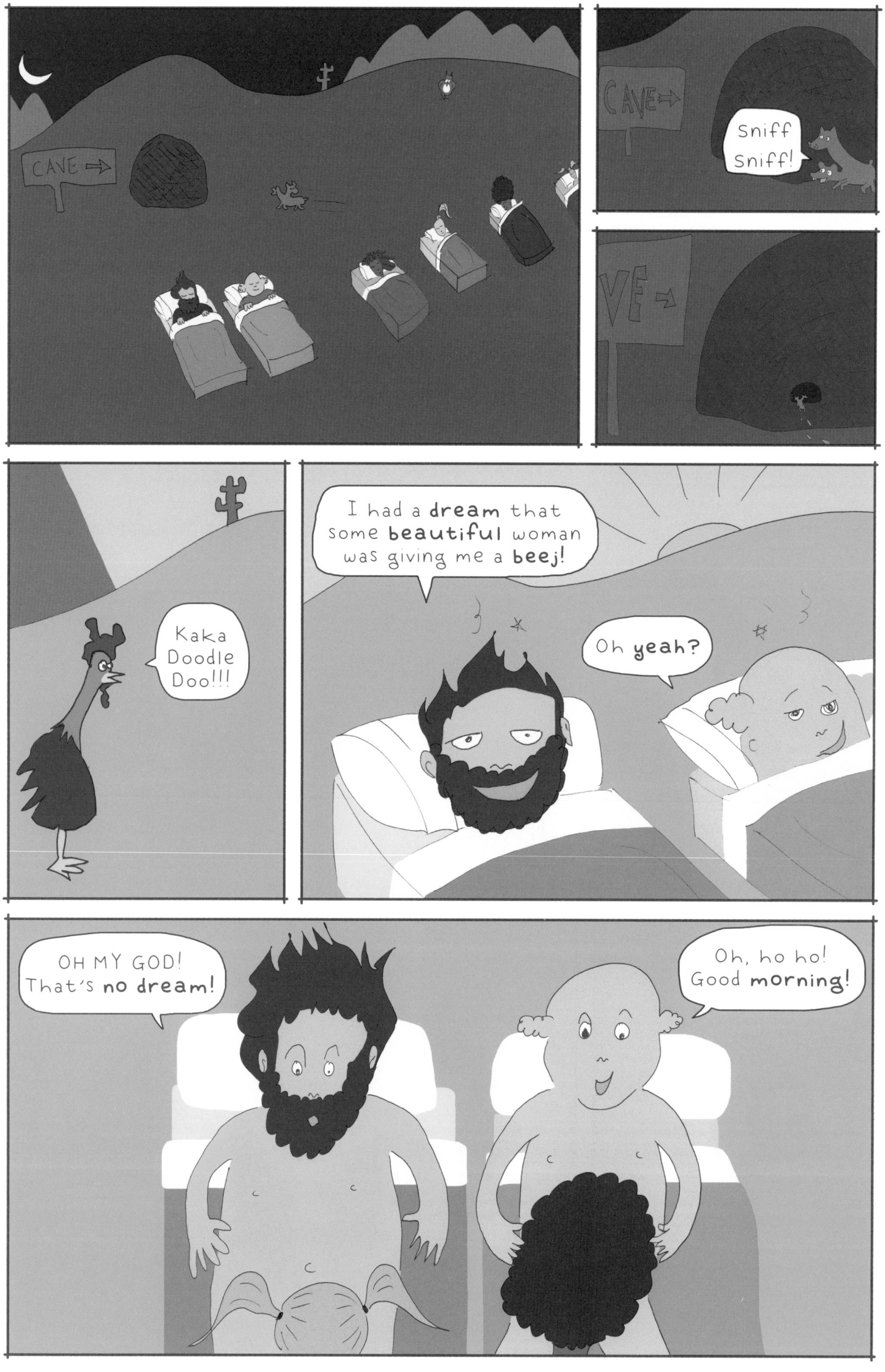
CAVE
CAVE
Sniff sniff!
VE
Kaka Doodle Doo!!!
I had a **dream** that some **beautiful** woman was giving me a **beej**!
Oh **yeah**?
OH MY GOD! That's **no dream**!
Oh, ho ho! Good **morning**!

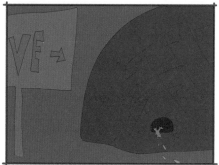

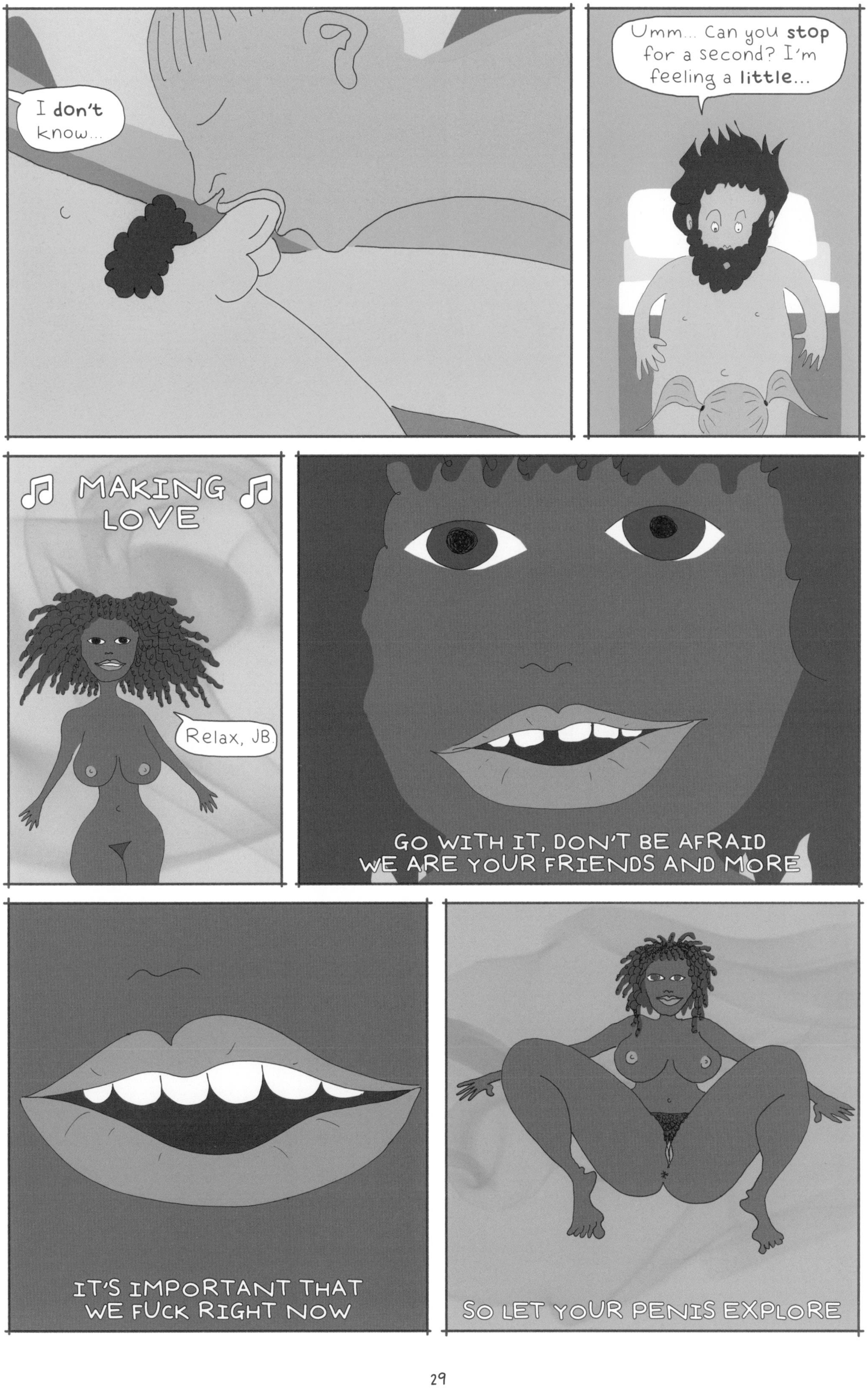

I don't know...
Umm... Can you stop for a second? I'm feeling a little...
♫ MAKING LOVE ♫
Relax, JB.
GO WITH IT, DON'T BE AFRAID
WE ARE YOUR FRIENDS AND MORE
IT'S IMPORTANT THAT
WE FUCK RIGHT NOW
SO LET YOUR PENIS EXPLORE

REPOPULATION
IS THE NAME OF THE GAME
WE NEED TO FUCK YOU
RIGHT AWAY

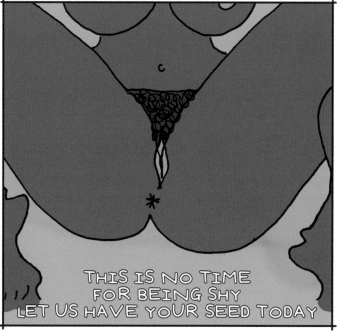

THIS IS NO TIME
FOR BEING SHY
LET US HAVE YOUR SEED TODAY

C'MON, JB! THEY
JUST WANNA FUCK!

JUST GIVE 'EM
WHATCHYA GOT

YOU'RE FUCKIN'
BRINGIN'
DOWN THE MOOD

YOU GOTTA USE THAT

FUCKIN' COCK!

OH NO! I'M FEELING
SO VULNERABLE
NOT READY
TO GIVE YOU MY LOAD

I DO NOT
REALLY KNOW YOU

NOT SURE
IF I CAN TRUST YOU
WITH MY HEART

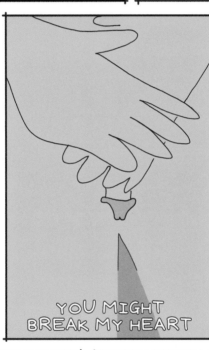

YOU MIGHT
BREAK MY HEART

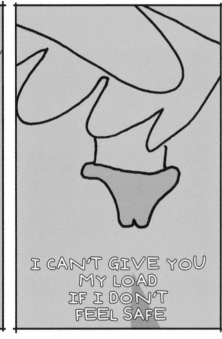

I CAN'T GIVE YOU
MY LOAD
IF I DON'T
FEEL SAFE

LOOK AT KYLE
HE'S GOT THE IDEA

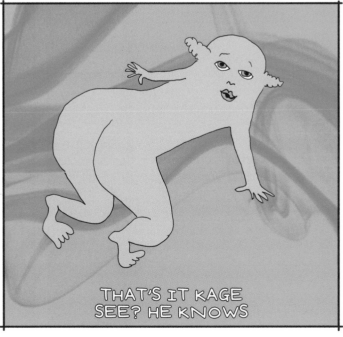

THAT'S IT KAGE
SEE? HE KNOWS

SUCK HIS FINGERTIPS

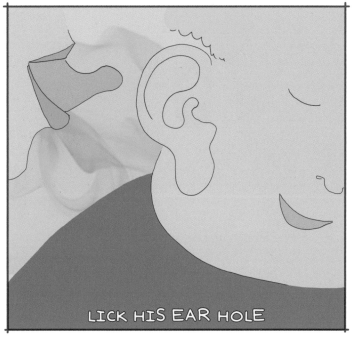

LICK HIS EAR HOLE

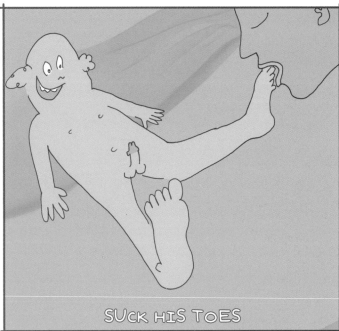

SUCK HIS TOES

AND LICK HIS BUTTHOLE

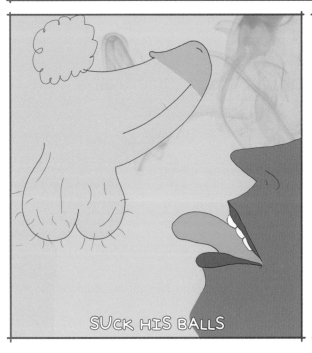

SUCK HIS BALLS

OBVIOUSLY HIS COCK

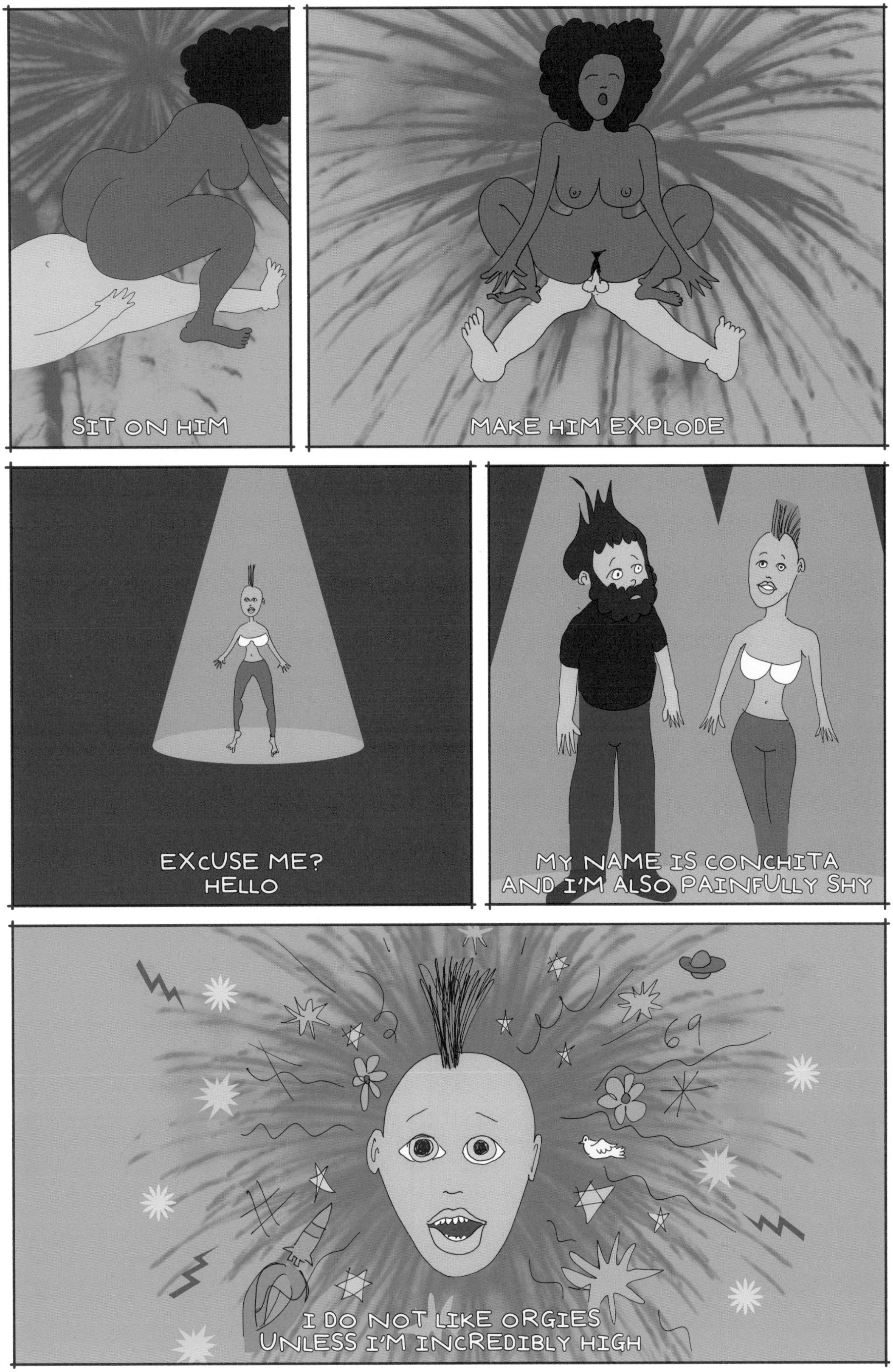
SIT ON HIM
MAKE HIM EXPLODE
EXcUSE ME?
HELLO
MY NAME IS CONCHITA
AND I'M ALSO PAINFULLY SHY
I DO NOT LIKE ORGIES
UNLESS I'M INCREDIBLY HIGH

I KNOW WE JUST MET BUT PLEASE HOLD ME AS TIGHT AS A GLOVE

I CANNOT HAVE SEX UNLESS I AM COMPLETELY IN LOVE

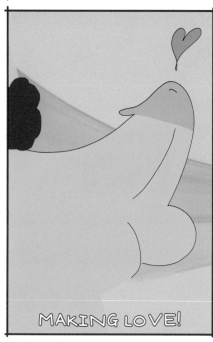

MAKING LOVE!

MAKING LOVE!

MAKING LOVE!

MAKING LOVE! MAKING LOVE!

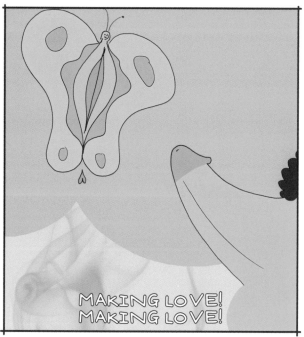

MAKING LOVE! MAKING LOVE!

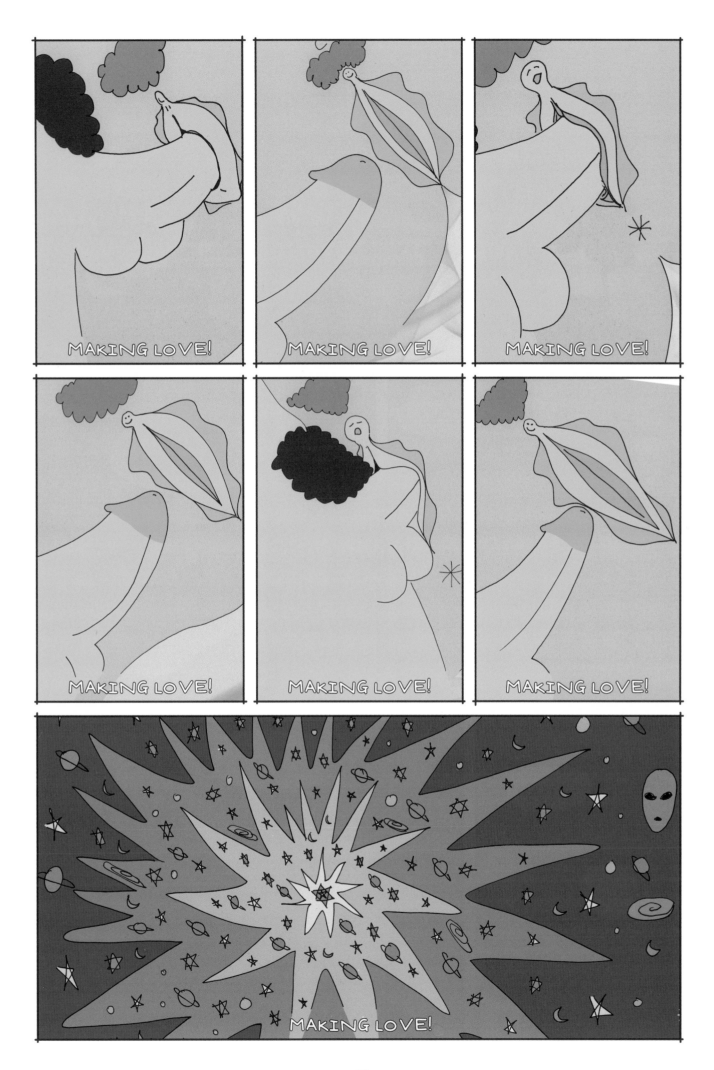

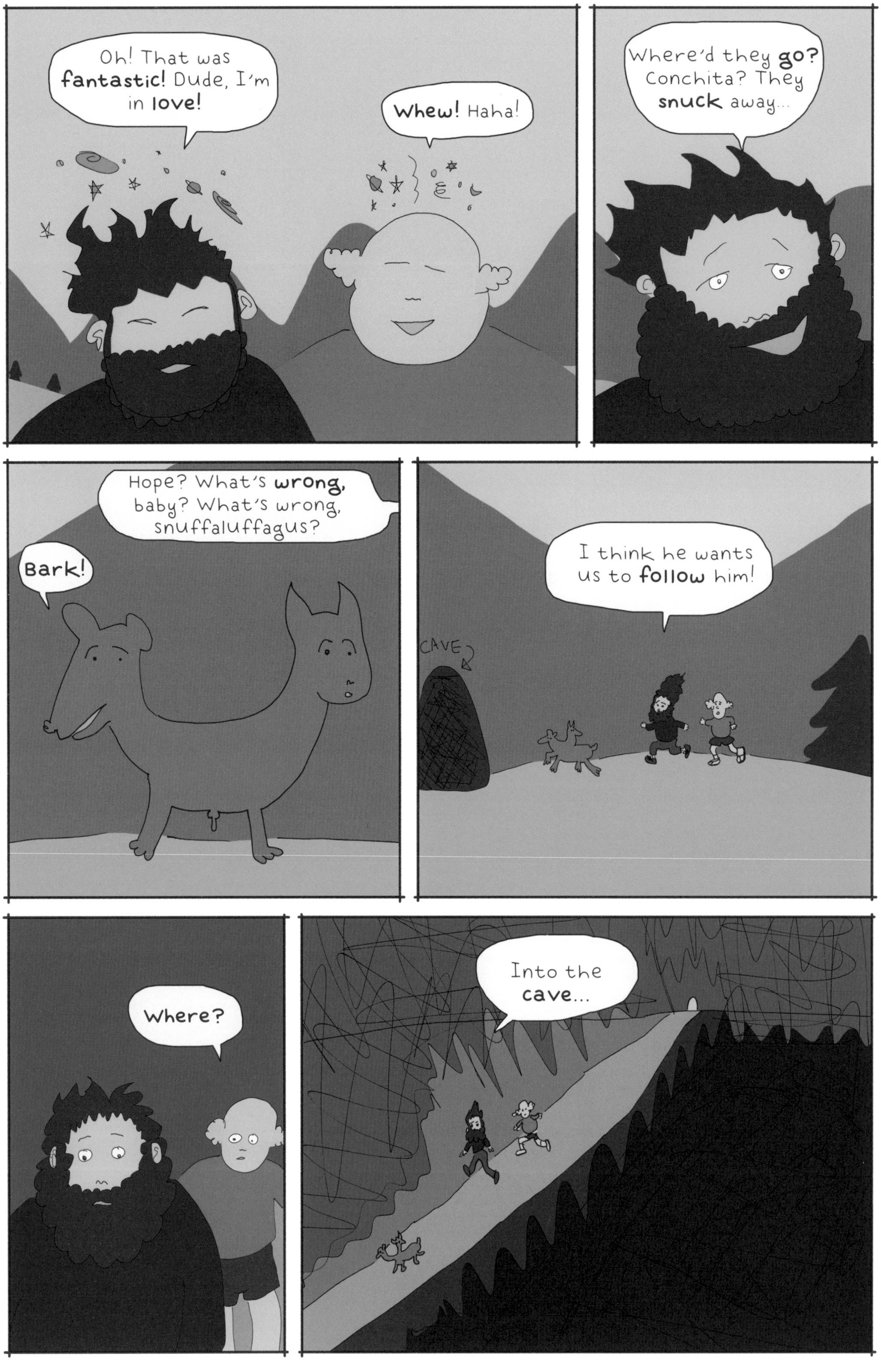
Oh! That was fantastic! Dude, I'm in love!
Whew! Haha!
Where'd they go? Conchita? They snuck away...
Hope? What's wrong, baby? What's wrong, snuffaluffagus?
Bark!
I think he wants us to follow him!
CAVE
Where?
Into the cave...

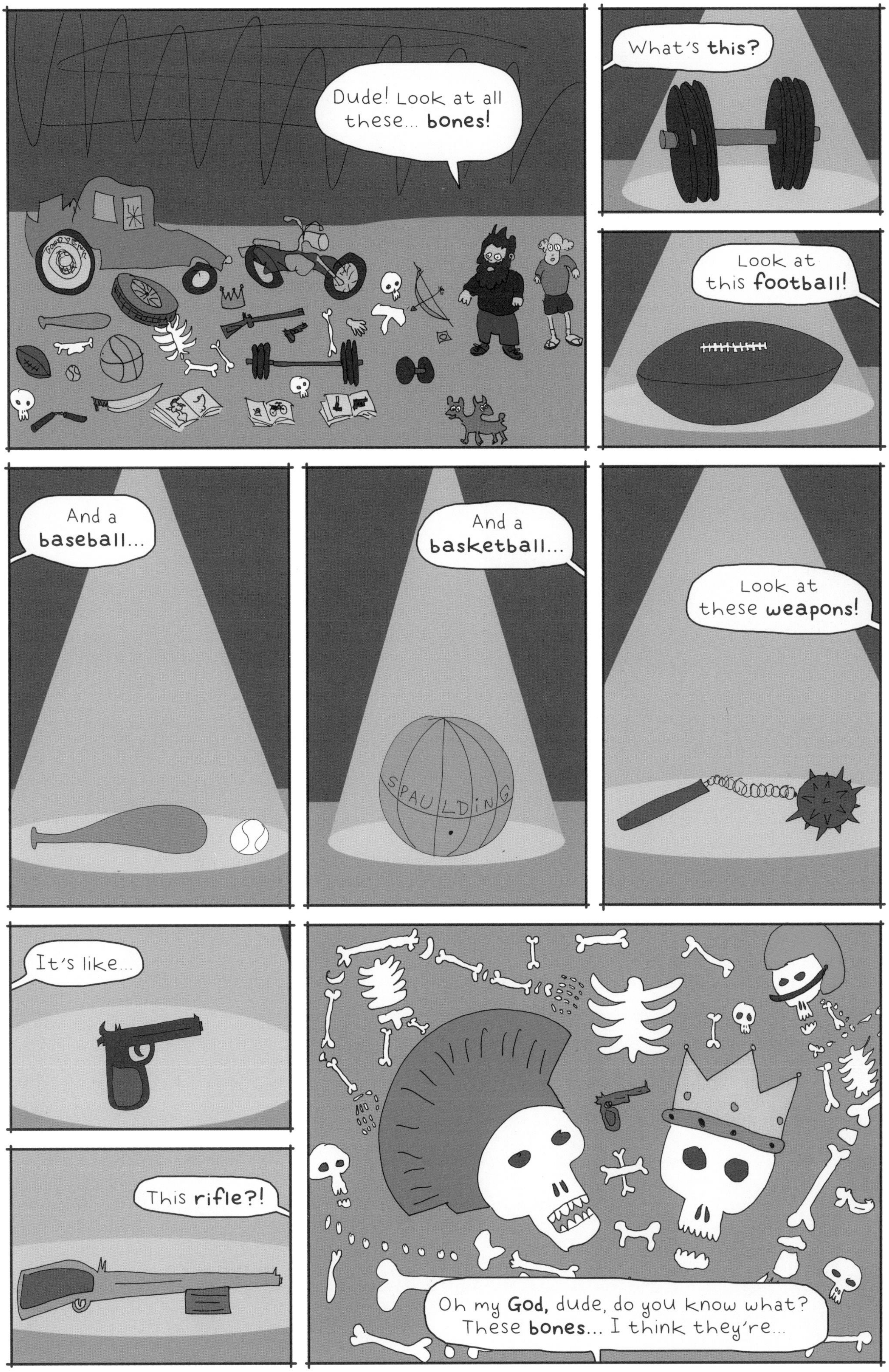
Dude! Look at all these... bones!
What's this?
Look at this football!
And a baseball...
And a basketball...
SPAULDING
Look at these weapons!
It's like...
This rifle?!
Oh my God, dude, do you know what? These bones... I think they're...

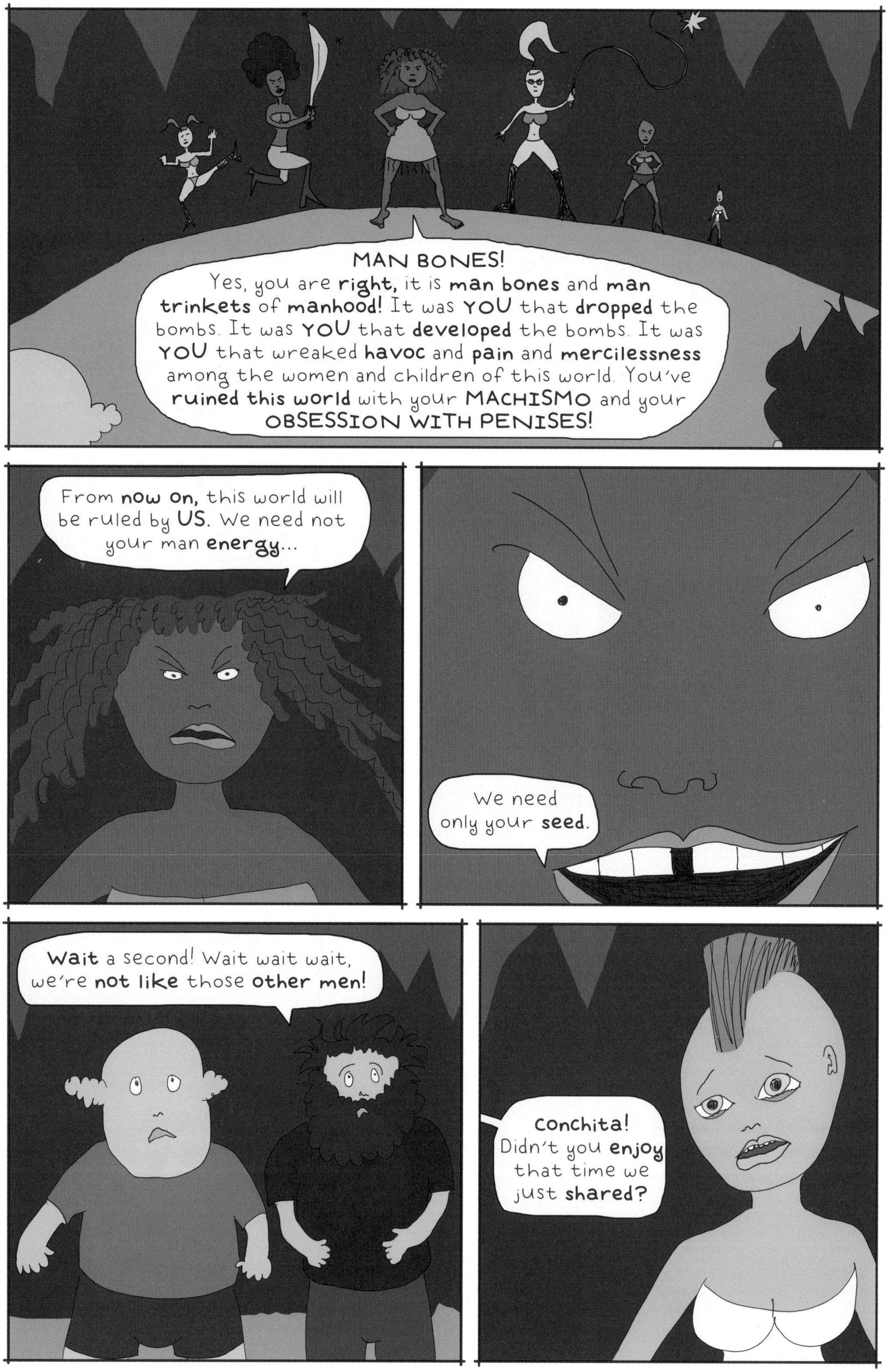
MAN BONES! Yes, you are right, it is man bones and man trinkets of manhood! It was YOU that dropped the bombs. It was YOU that developed the bombs. It was YOU that wreaked havoc and pain and mercilessness among the women and children of this world. You've ruined this world with your MACHISMO and your OBSESSION WITH PENISES!
From now on, this world will be ruled by US. We need not your man energy...
We need only your seed.
Wait a second! Wait wait wait, we're not like those other men!
Conchita! Didn't you enjoy that time we just shared?

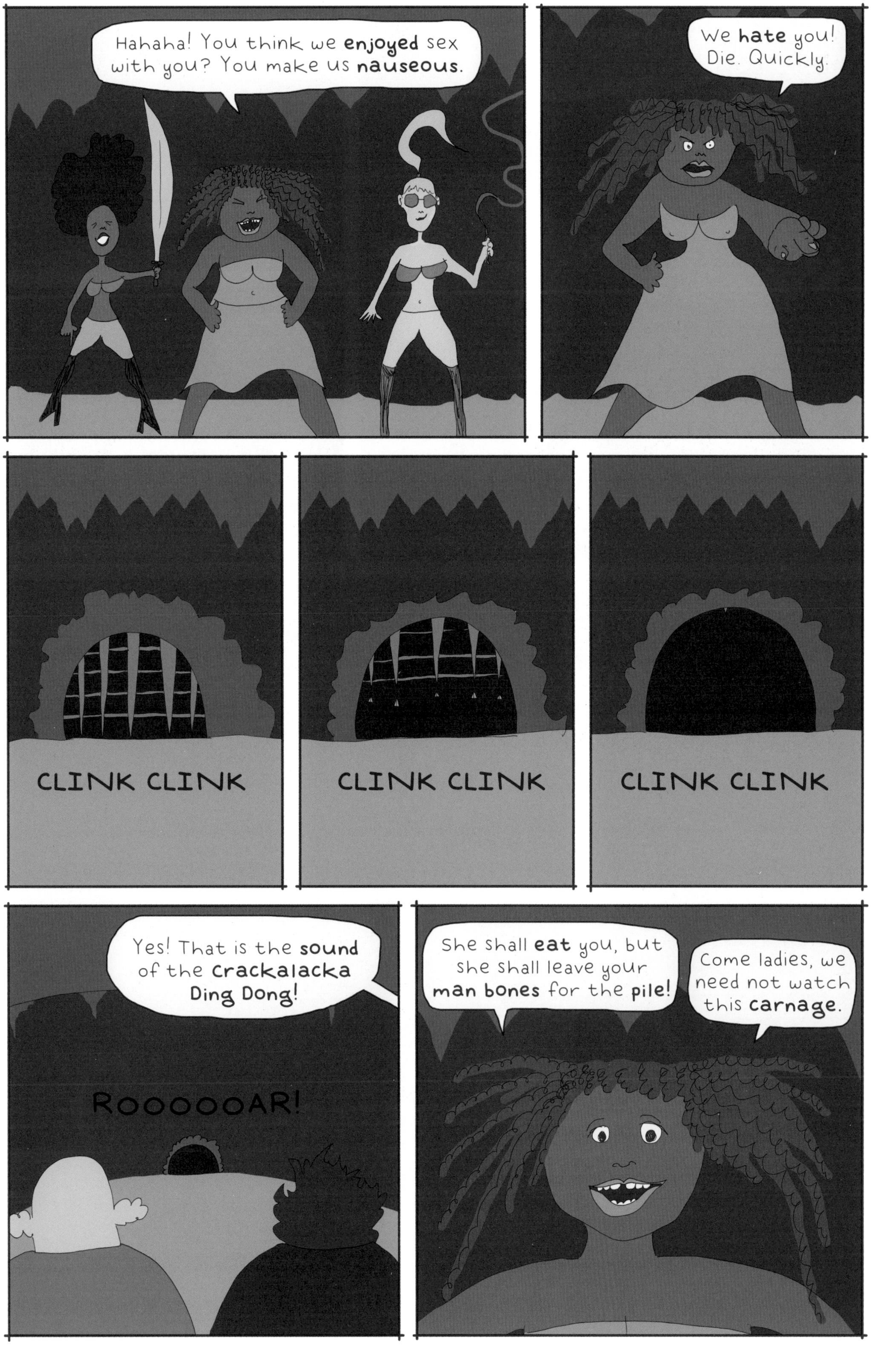
Hahaha! You think we enjoyed sex with you? You make us nauseous.
We hate you! Die. Quickly.
CLINK CLINK
CLINK CLINK
CLINK CLINK
Yes! That is the sound of the crackalacka Ding Dong!
ROOOOOAR!
She shall eat you, but she shall leave your man bones for the pile!
Come ladies, we need not watch this carnage.

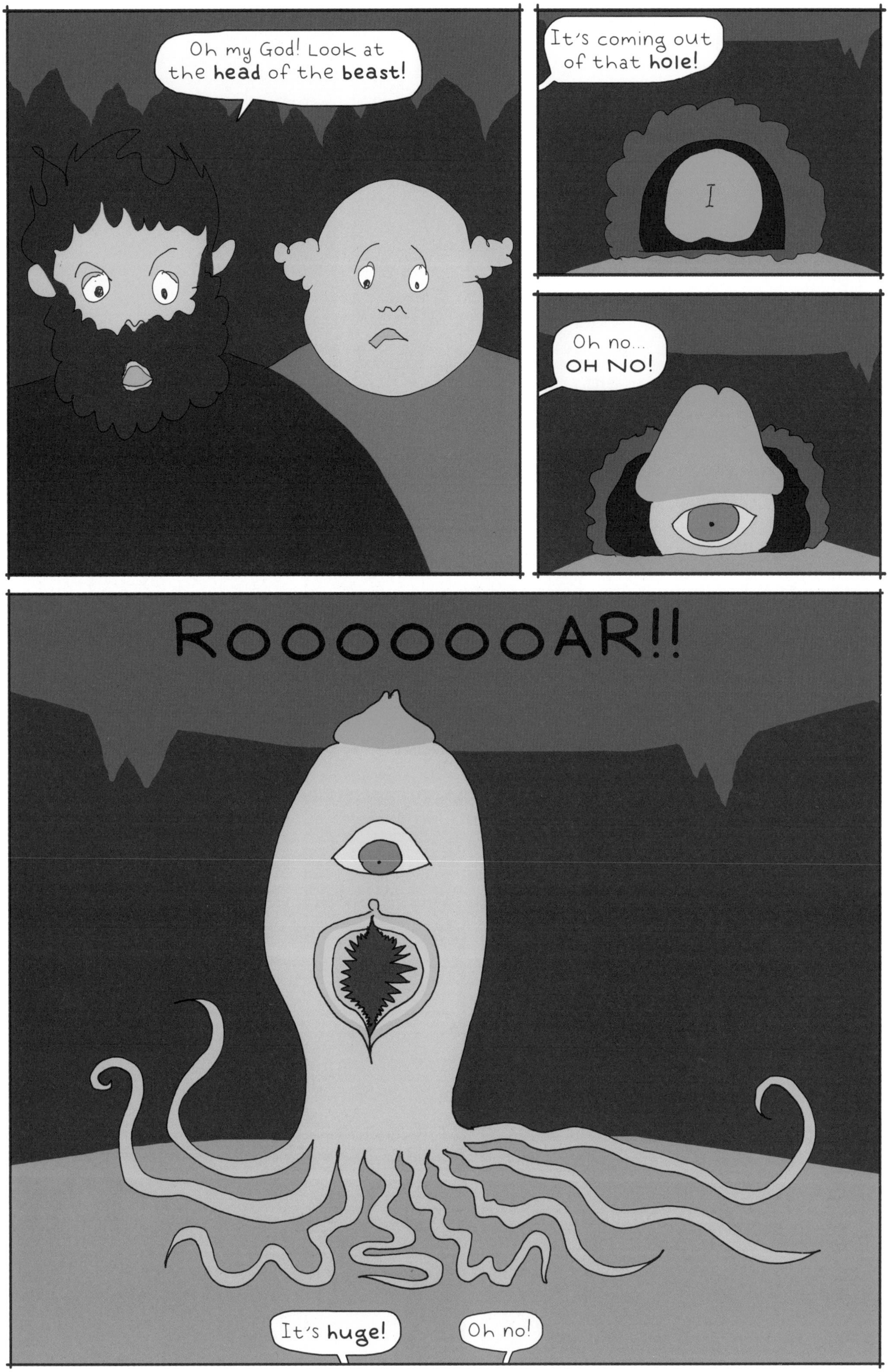
Oh my God! Look at the **head** of the **beast**!
It's coming out of that **hole**!
Oh no... **OH NO!**
ROOOOOOAR!!
It's **huge**!
Oh no!

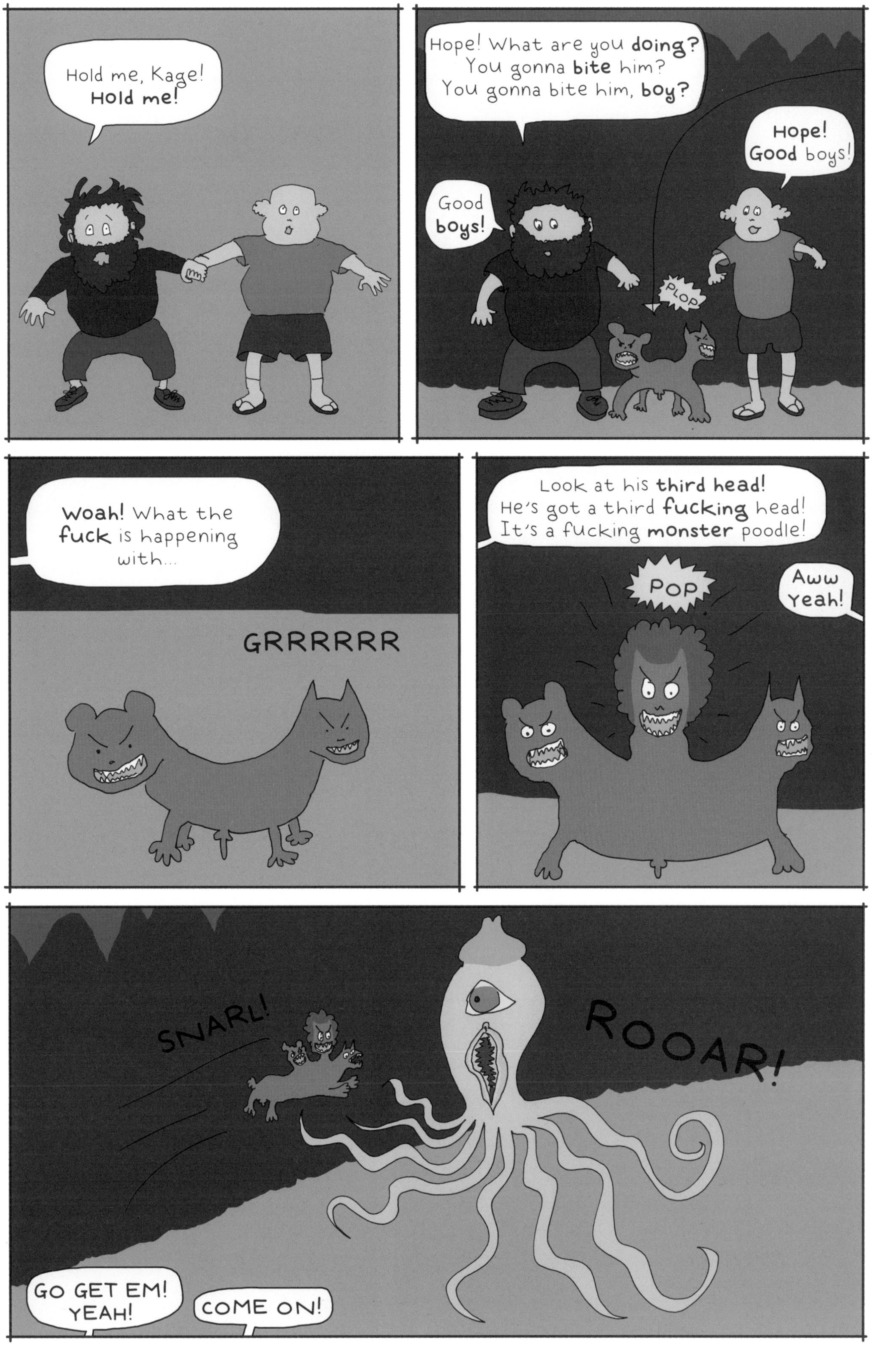
Hold me, Kage! Hold me!
Hope! What are you doing? You gonna bite him? You gonna bite him, boy?
Good boys!
Hope! Good boys!
PLOP
Woah! What the fuck is happening with...
GRRRRRR
Look at his third head! He's got a third fucking head! It's a fucking monster poodle!
POP
Aww Yeah!
SNARL!
ROOAR!
GO GET EM! YEAH!
COME ON!

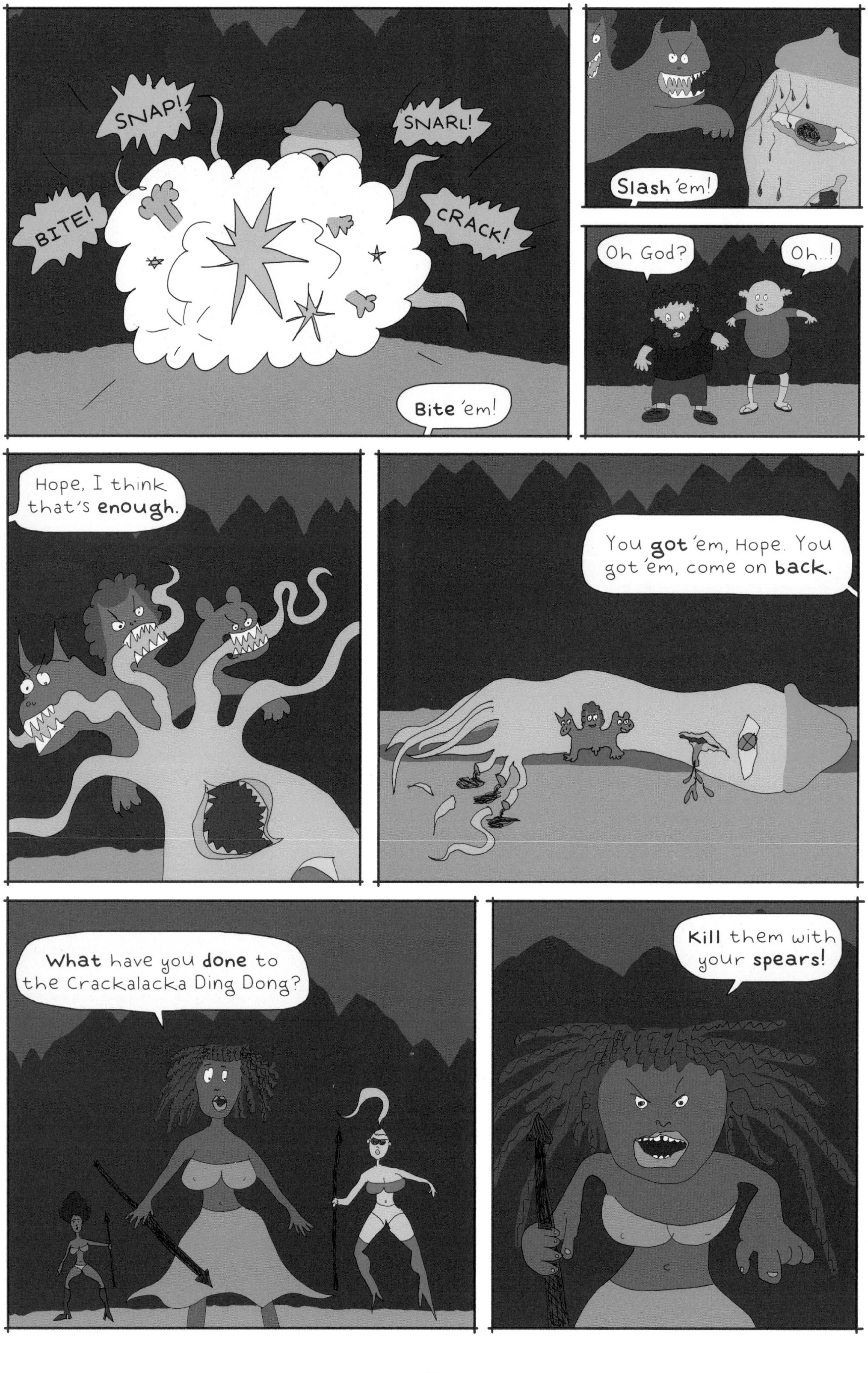
SNAP!
SNARL!
BITE!
CRACK!
Bite 'em!
Slash 'em!
Oh God?
Oh..!
Hope, I think that's **enough**.
You **got** 'em, Hope. You got 'em, come on **back**.
What have you **done** to the Crackalacka Ding Dong?
Kill them with your **spears**!

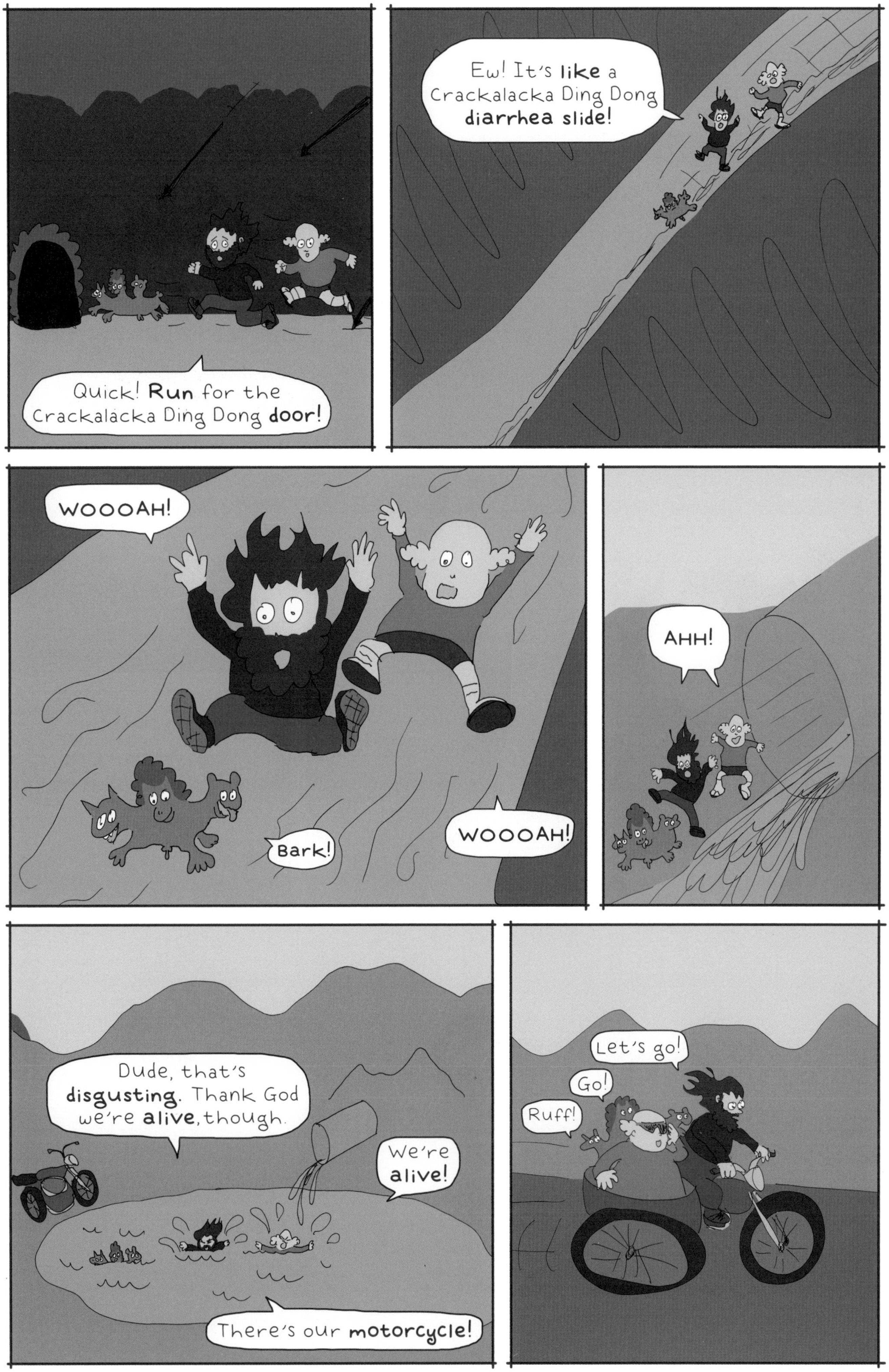
Quick! Run for the Crackalacka Ding Dong door!
Ew! It's like a Crackalacka Ding Dong diarrhea slide!
WOOOAH!
Bark!
WOOOAH!
AHH!
Dude, that's disgusting. Thank God we're alive, though.
We're alive!
There's our motorcycle!
Let's go!
Go!
Ruff!

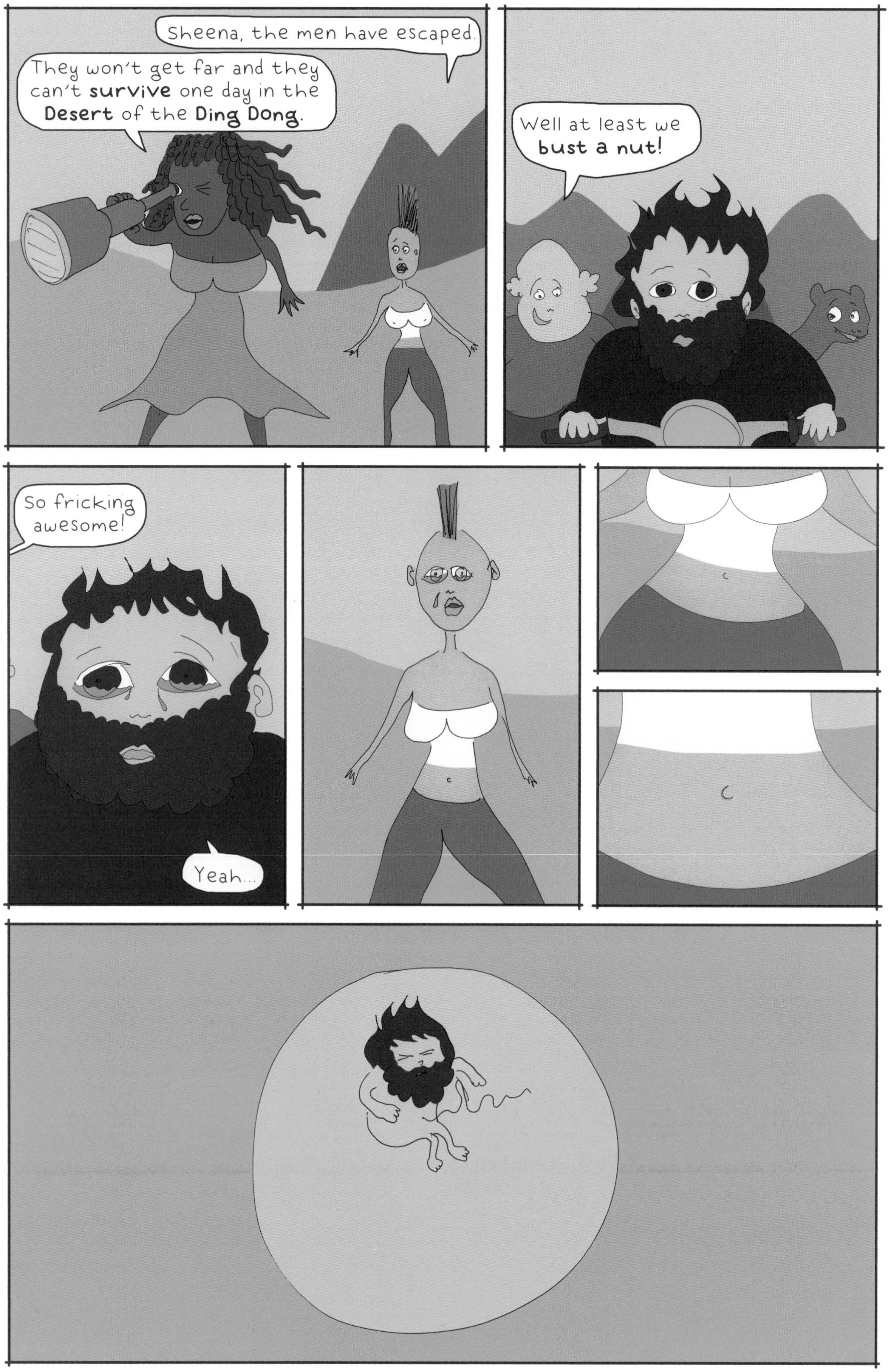
Sheena, the men have escaped.
They won't get far and they can't **survive** one day in the **Desert** of the **Ding Dong**.
Well at least we **bust a nut**!
So fricking awesome!
Yeah...

CHAPTER 3
SPACE

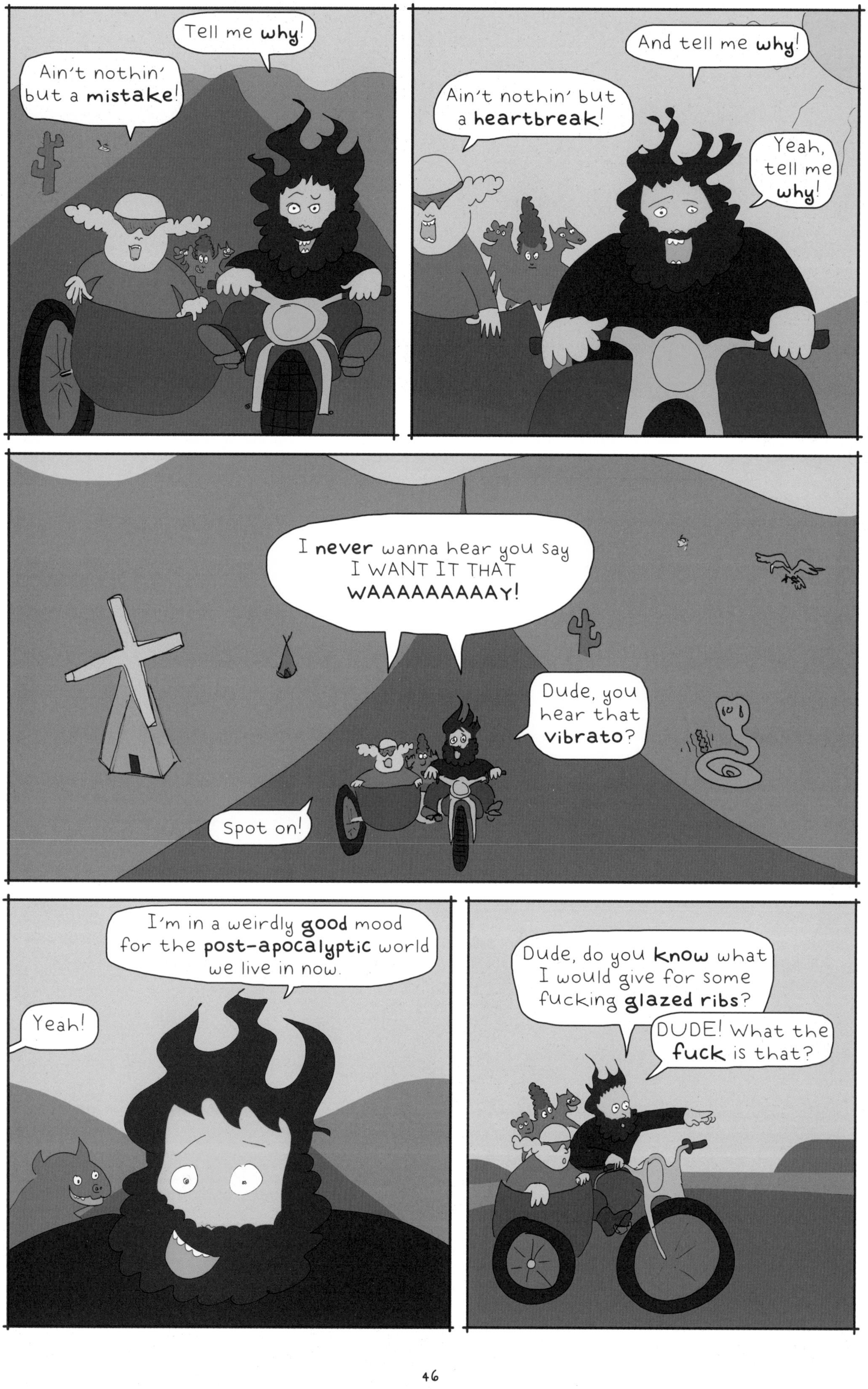

Ain't nothin' but a mistake!
Tell me why!
Ain't nothin' but a heartbreak!
And tell me why!
Yeah, tell me why!
I never wanna hear you say I WANT IT THAT WAAAAAAAAAY!
Dude, you hear that vibrato?
Spot on!
I'm in a weirdly good mood for the post-apocalyptic world we live in now.
Yeah!
Dude, do you know what I would give for some fucking glazed ribs?
DUDE! What the fuck is that?

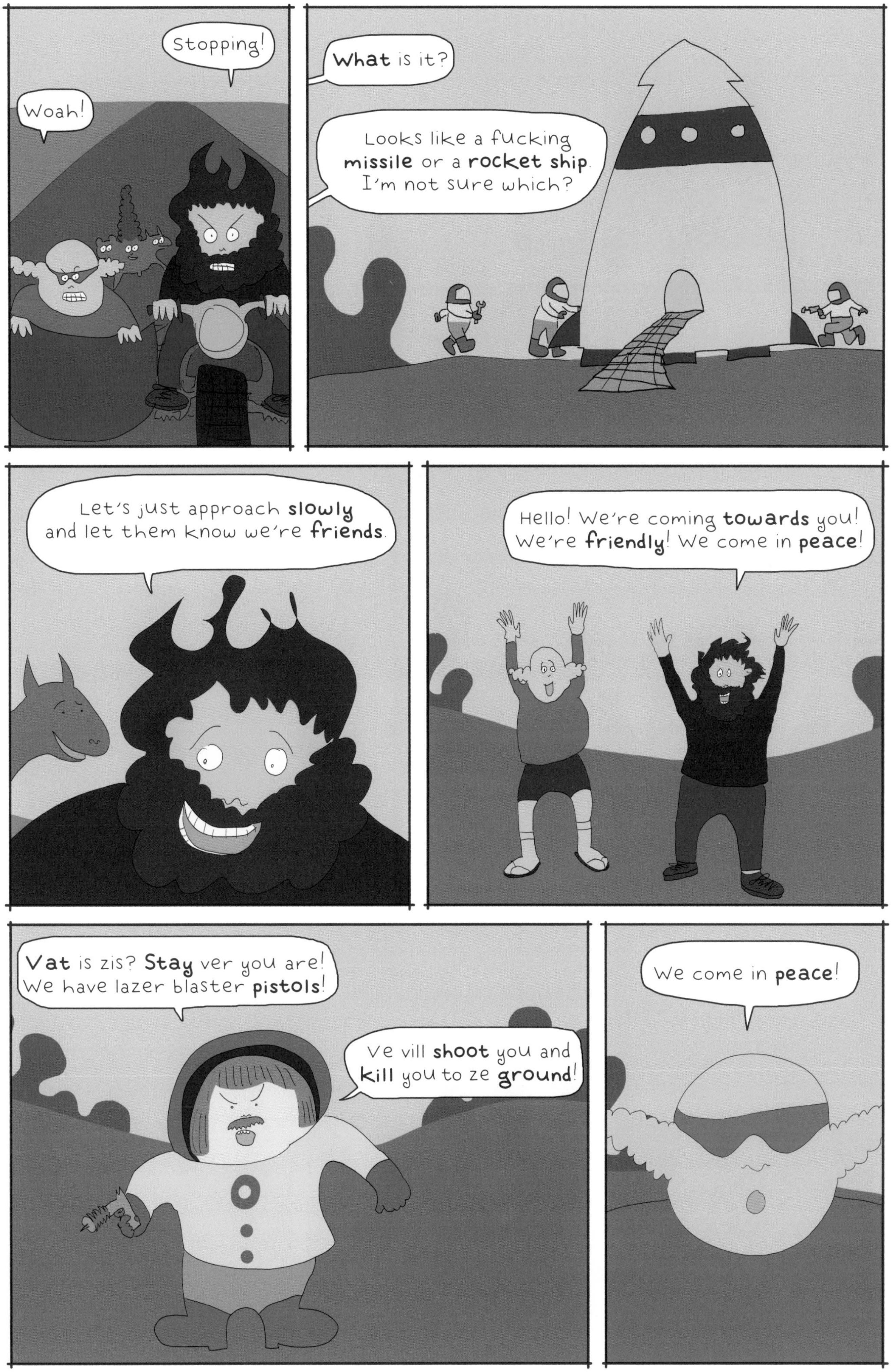
Woah!
Stopping!
What is it?
Looks like a fucking missile or a rocket ship. I'm not sure which?
Let's just approach slowly and let them know we're friends.
Hello! We're coming towards you! We're friendly! We come in peace!
Vat is zis? Stay ver you are! We have lazer blaster pistols!
Ve vill shoot you and kill you to ze ground!
We come in peace!

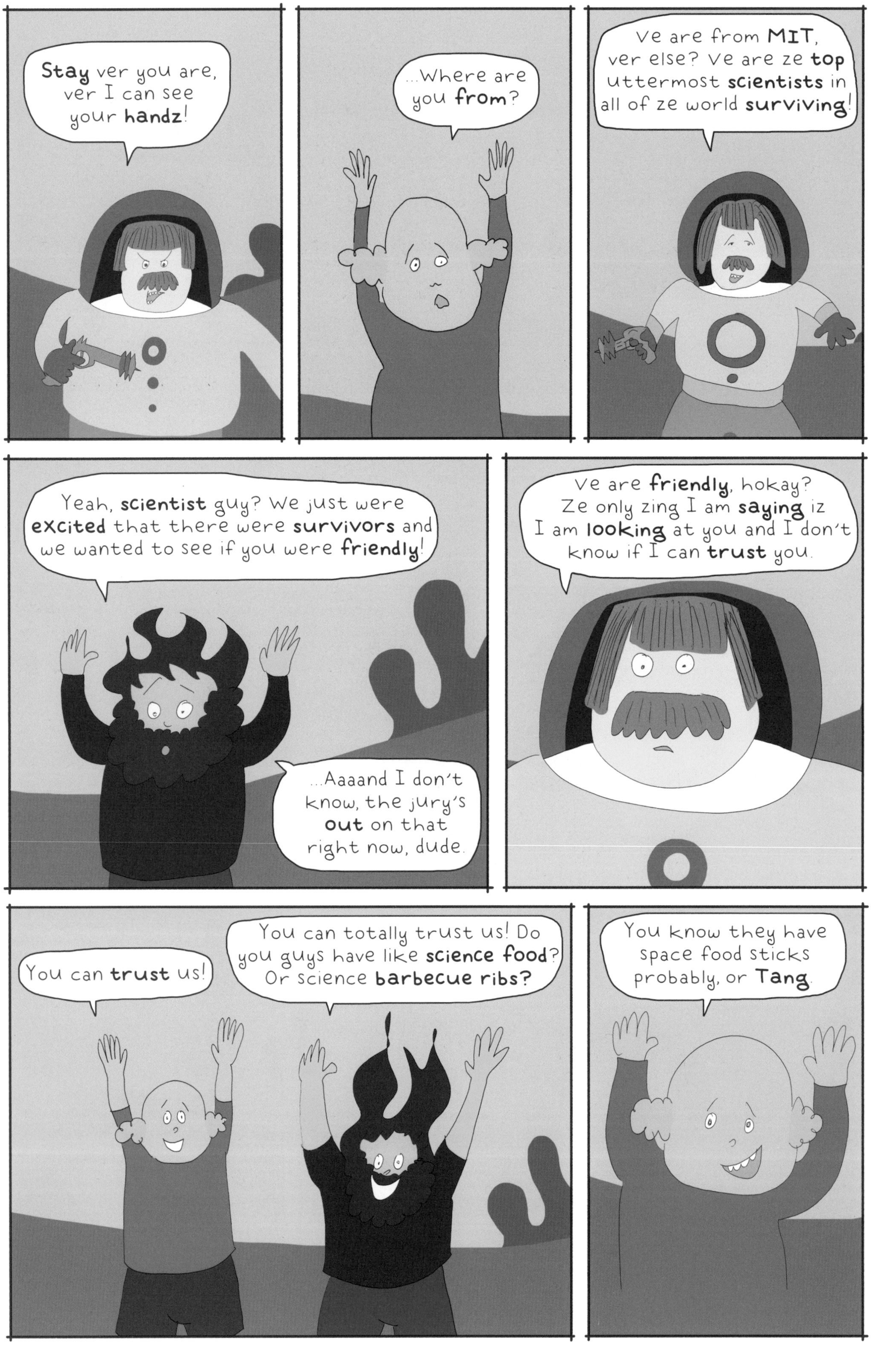
Stay ver you are, ver I can see your handz!
...Where are you from?
Ve are from MIT, ver else? Ve are ze top uttermost scientists in all of ze world surviving!
Yeah, scientist guy? We just were excited that there were survivors and we wanted to see if you were friendly!
...Aaaand I don't know, the jury's out on that right now, dude.
Ve are friendly, hokay? Ze only zing I am saying iz I am looking at you and I don't know if I can trust you.
You can trust us!
You can totally trust us! Do you guys have like science food? Or science barbecue ribs?
You know they have space food sticks probably, or Tang.

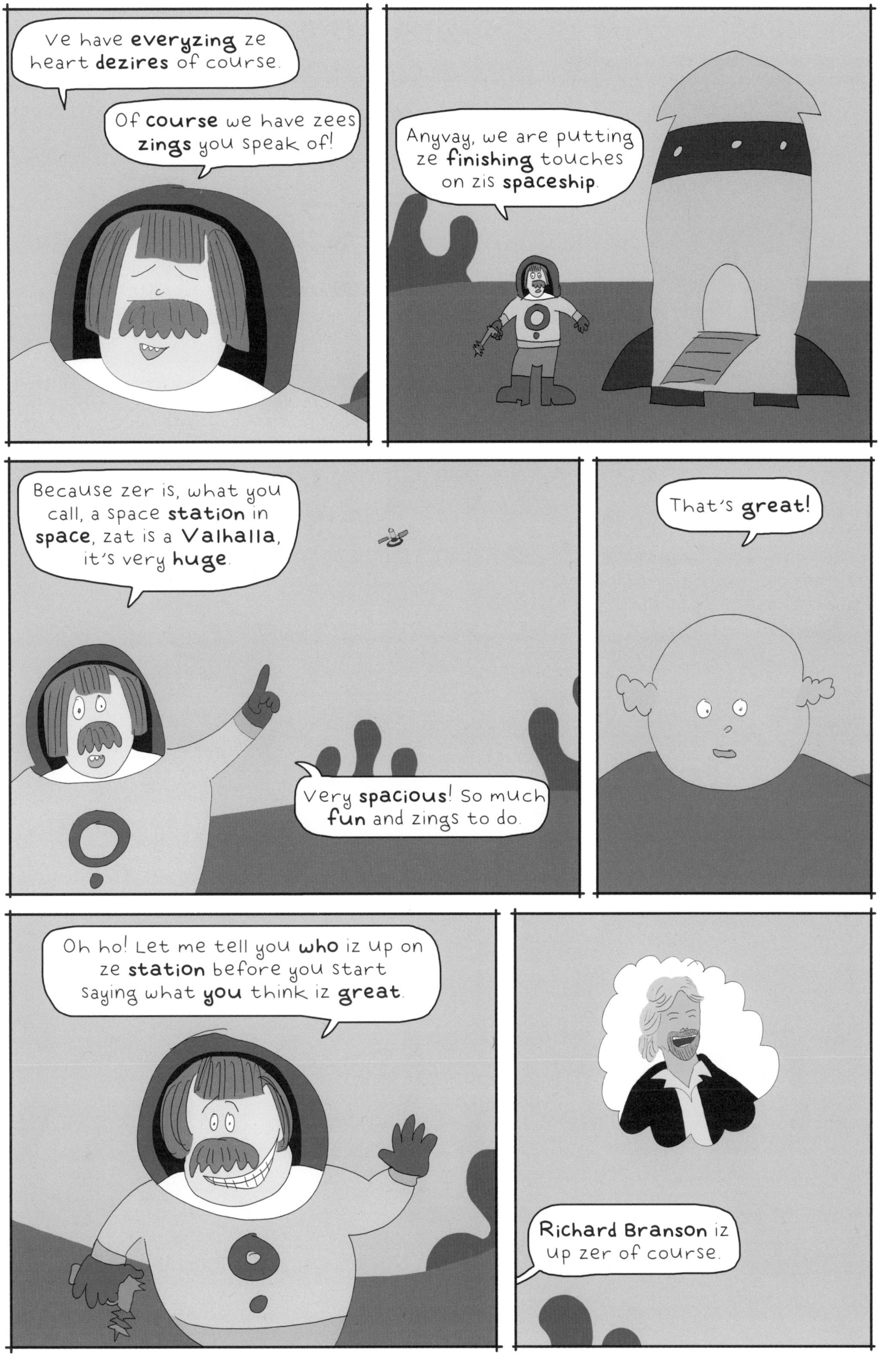

Ve have **everyzing** ze heart **dezires** of course.
Of **course** we have zees **zings** you speak of!
Anyvay, we are putting ze **finishing** touches on zis **spaceship**.
Because zer is, what you call, a space **station** in **space**, zat is a **Valhalla**, it's very **huge**.
Very **spacious**! So much **fun** and zings to do.
That's **great**!
Oh ho! Let me tell you **who** iz up on ze **station** before you start saying what **you** think iz **great**.
Richard Branson iz up zer of course.

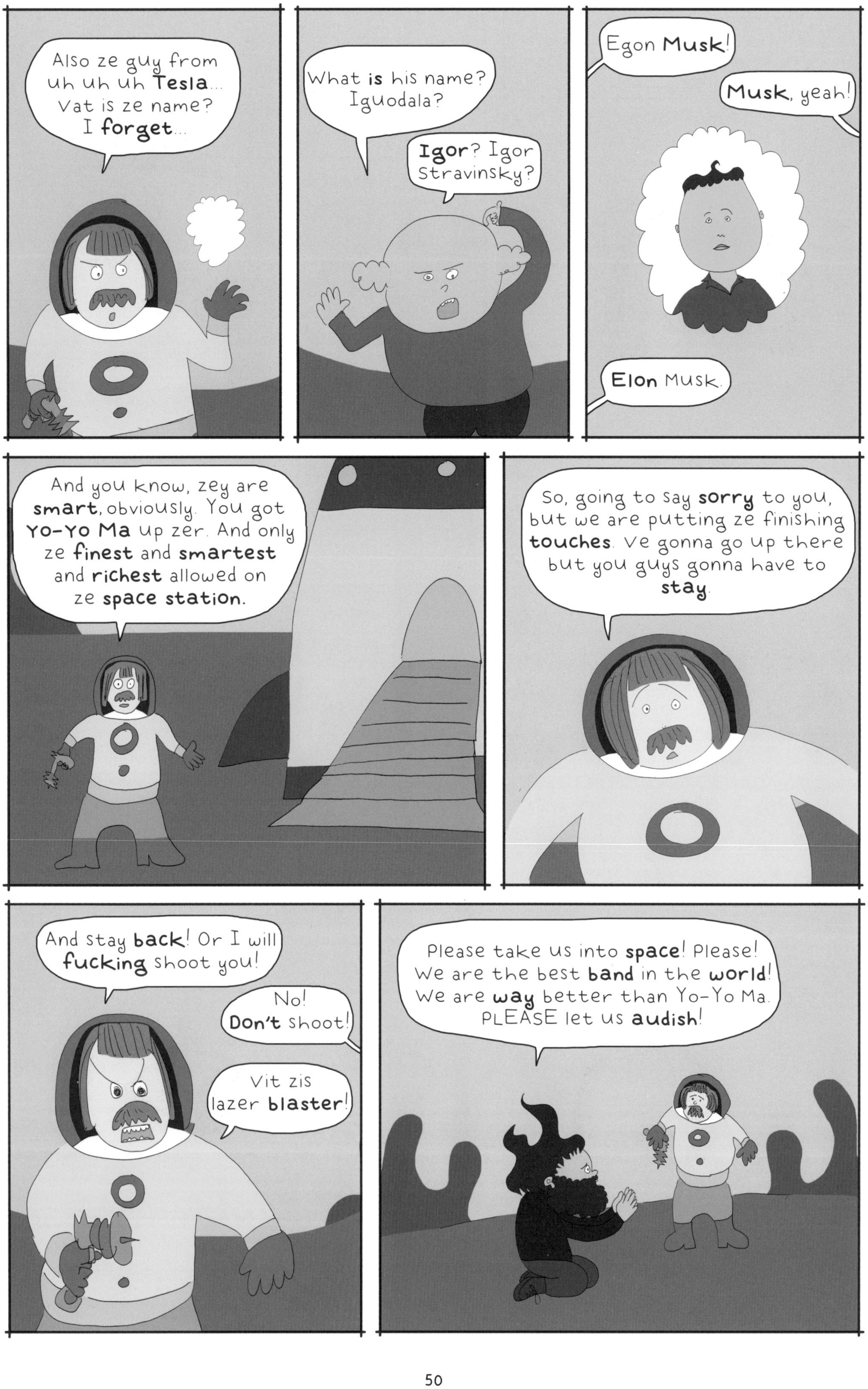
Also ze guy from uh uh uh Tesla... Vat is ze name? I forget...
What is his name? Iguodala?
Igor? Igor Stravinsky?
Egon Musk!
Musk, yeah!
Elon Musk.
And you know, zey are smart, obviously. You got Yo-Yo Ma up zer. And only ze finest and smartest and richest allowed on ze space station.
So, going to say sorry to you, but we are putting ze finishing touches. Ve gonna go up there but you guys gonna have to stay.
And stay back! Or I will fucking shoot you!
No! Don't shoot!
Vit zis lazer blaster!
Please take us into space! Please! We are the best band in the world! We are way better than Yo-Yo Ma. PLEASE let us audish!

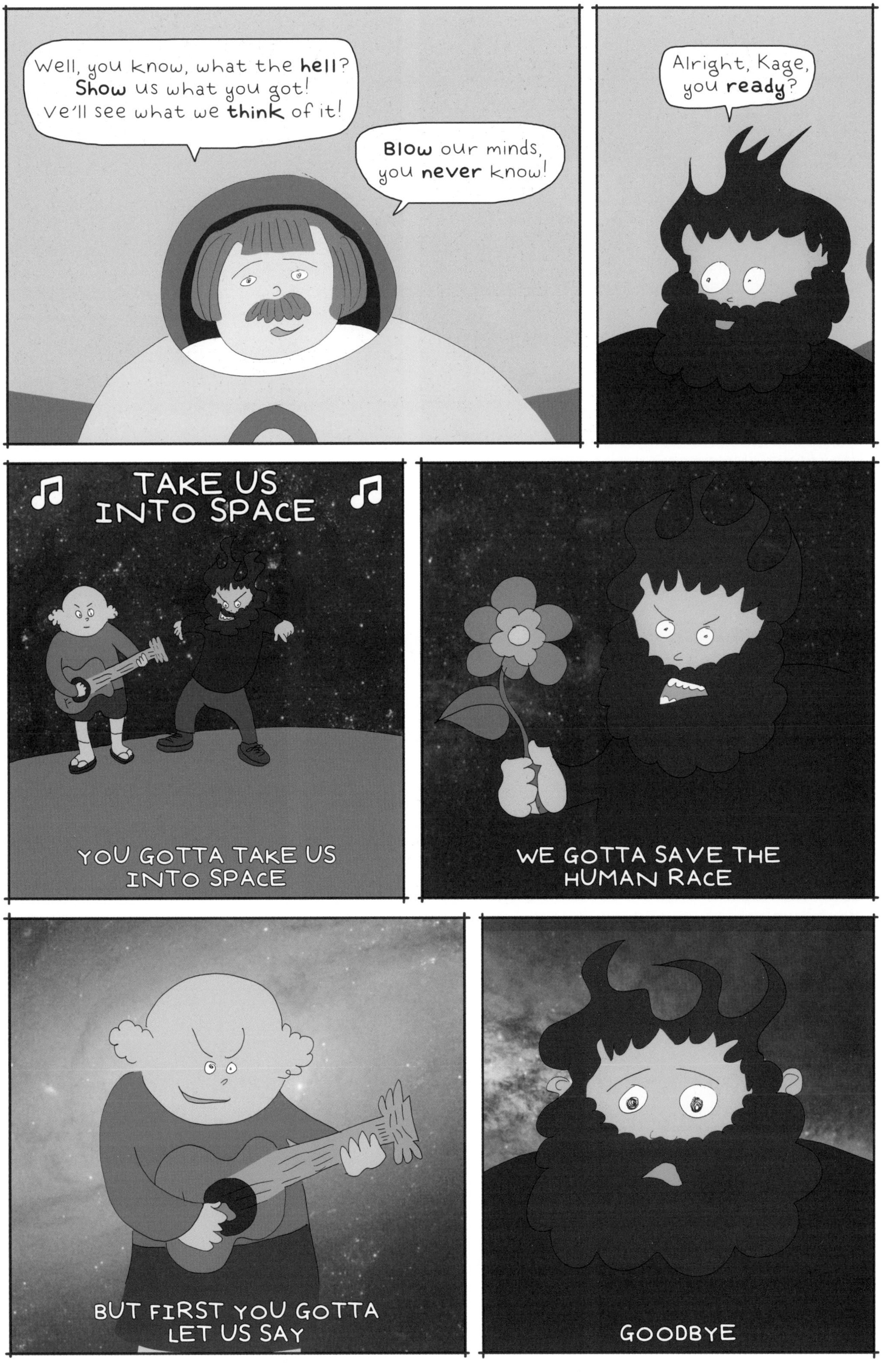

Well, you know, what the **hell**? **Show** us what you got! We'll see what we **think** of it!
Blow our minds, you **never** know!
Alright, Kage, you **ready**?
TAKE US INTO SPACE
YOU GOTTA TAKE US INTO SPACE
WE GOTTA SAVE THE HUMAN RACE
BUT FIRST YOU GOTTA LET US SAY
GOODBYE

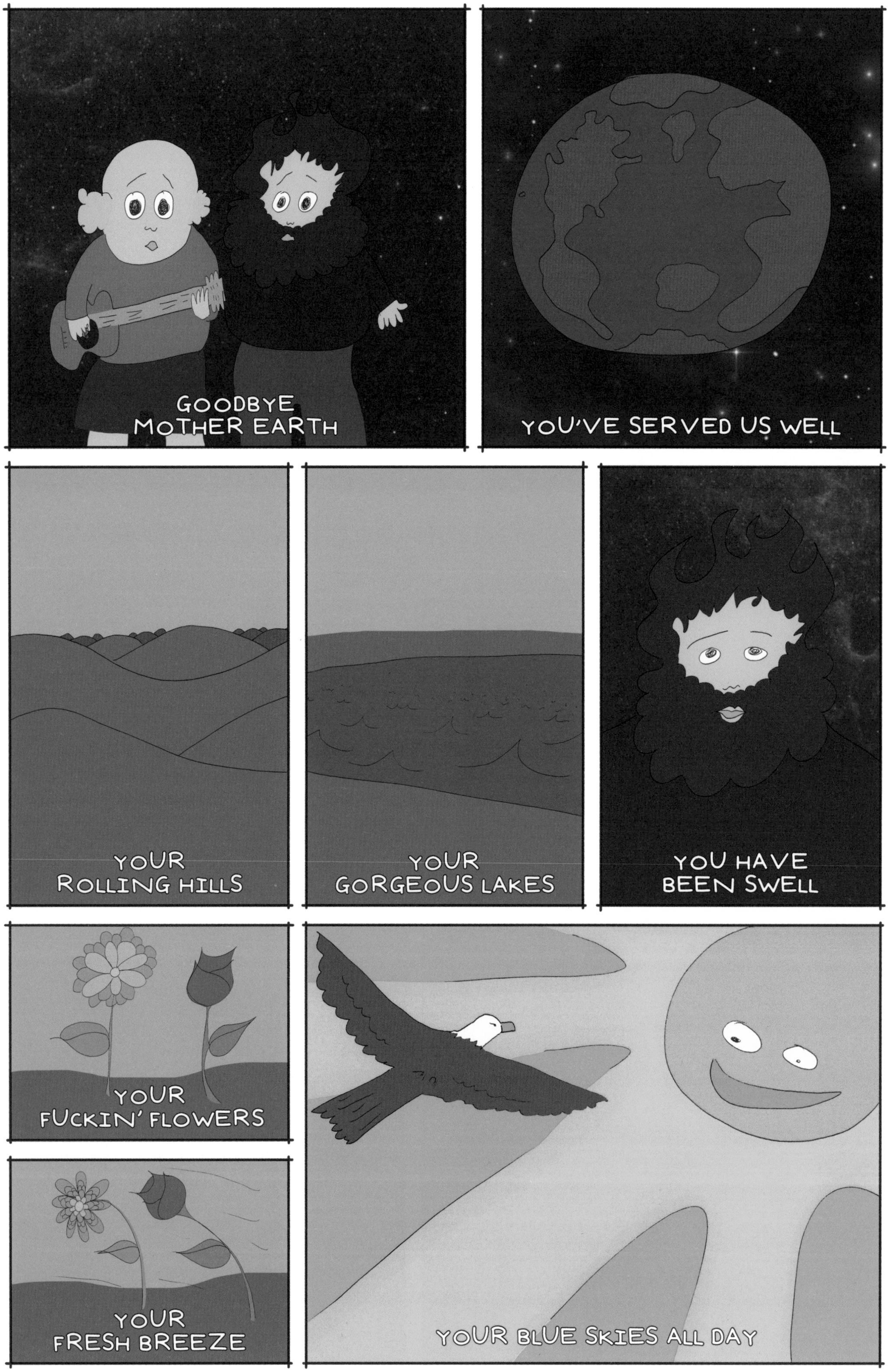
GOODBYE
MOTHER EARTH
YOU'VE SERVED US WELL
YOUR
ROLLING HILLS
YOUR
GORGEOUS LAKES
YOU HAVE
BEEN SWELL
YOUR
FUCKIN' FLOWERS
YOUR
FRESH BREEZE
YOUR BLUE SKIES ALL DAY

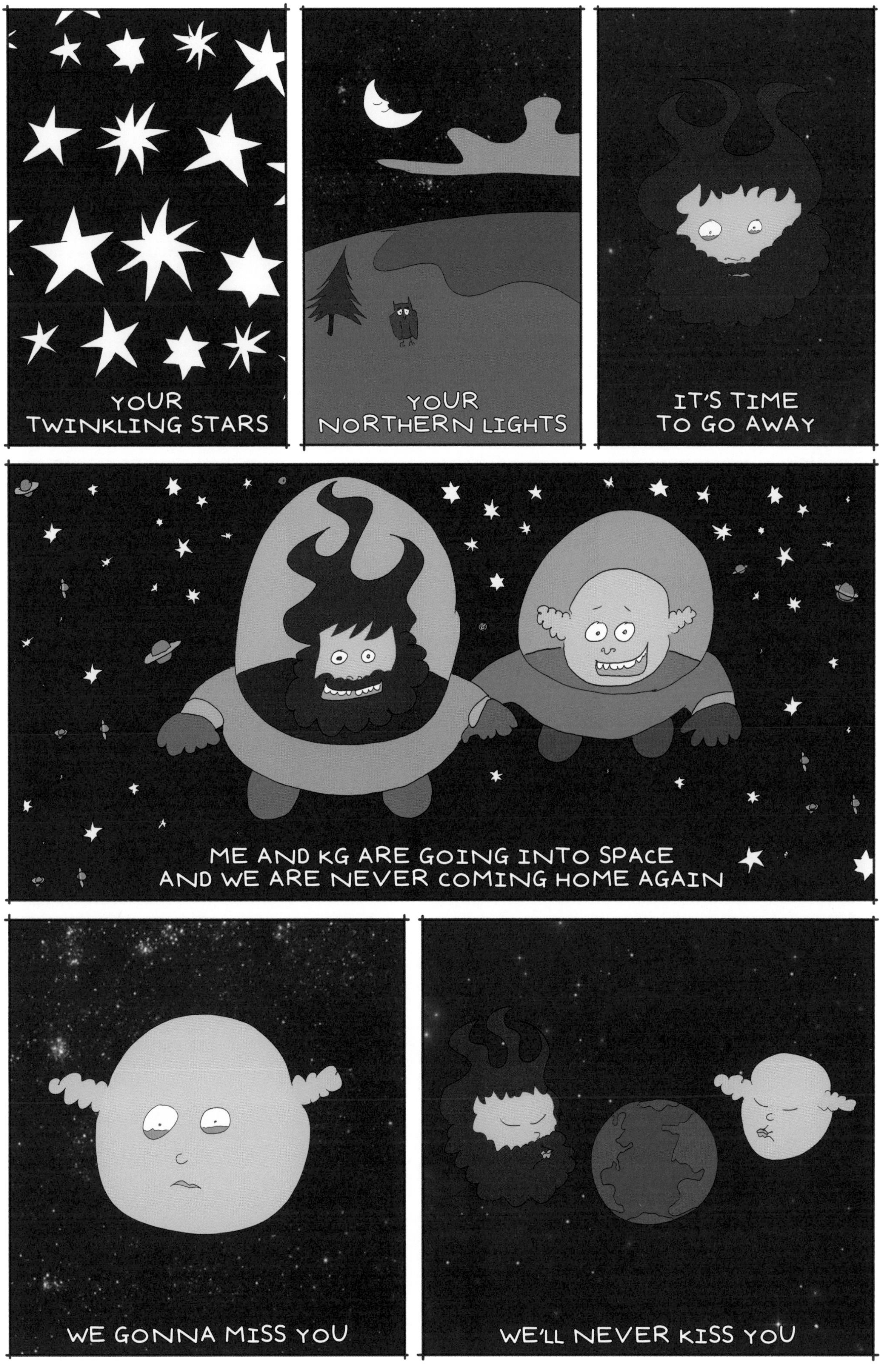
YOUR
TWINKLING STARS
YOUR
NORTHERN LIGHTS
IT'S TIME
TO GO AWAY
ME AND KG ARE GOING INTO SPACE
AND WE ARE NEVER COMING HOME AGAIN
WE GONNA MISS YOU
WE'LL NEVER KISS YOU

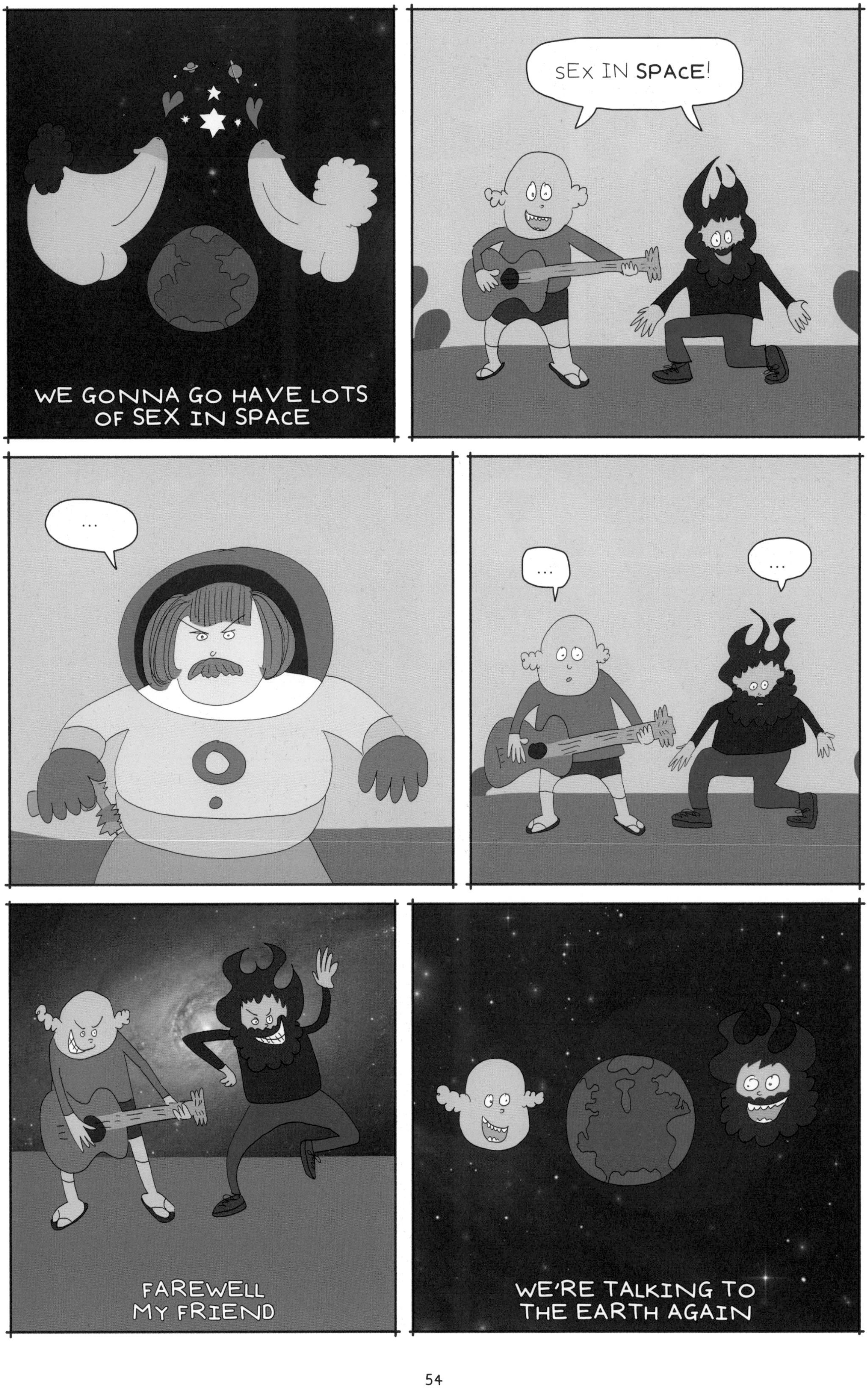
WE GONNA GO HAVE LOTS OF SEX IN SPACE
SEX IN SPACE!
...
...
...
FAREWELL MY FRIEND
WE'RE TALKING TO THE EARTH AGAIN

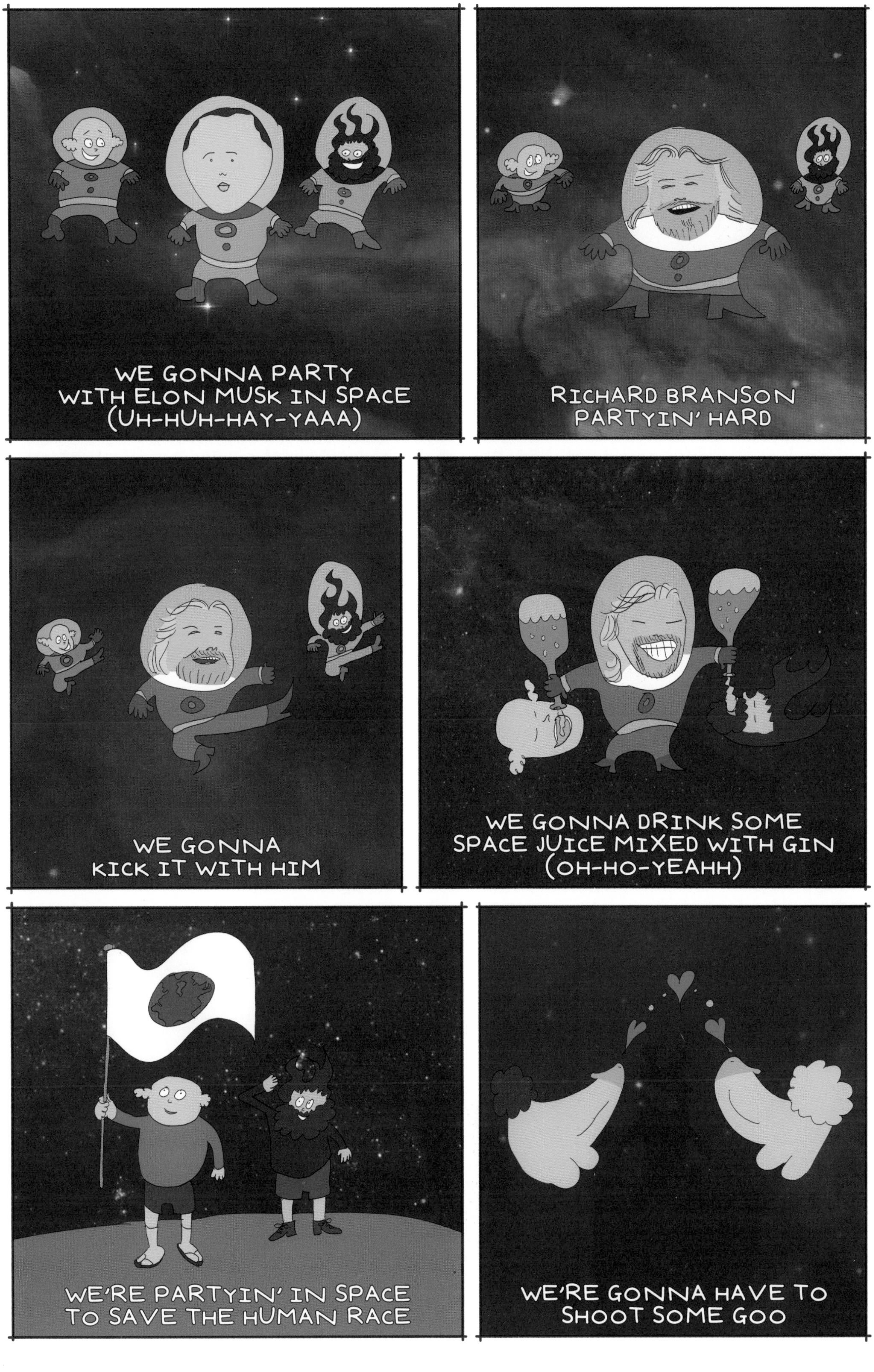

WE GONNA PARTY
WITH ELON MUSK IN SPACE
(UH-HUH-HAY-YAAA)
RICHARD BRANSON
PARTYIN' HARD
WE GONNA
KICK IT WITH HIM
WE GONNA DRINK SOME
SPACE JUICE MIXED WITH GIN
(OH-HO-YEAHH)
WE'RE PARTYIN' IN SPACE
TO SAVE THE HUMAN RACE
WE'RE GONNA HAVE TO
SHOOT SOME GOO

WE'RE COMIN'

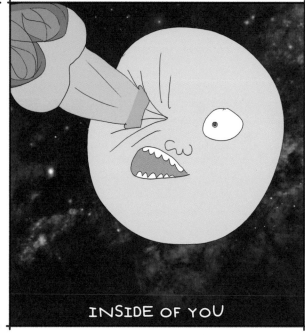

IN SPACE

WE'RE CUMMIN

INSIDE OF YOU

Wow... Um... I have to say, I'm pretty **impressed**.

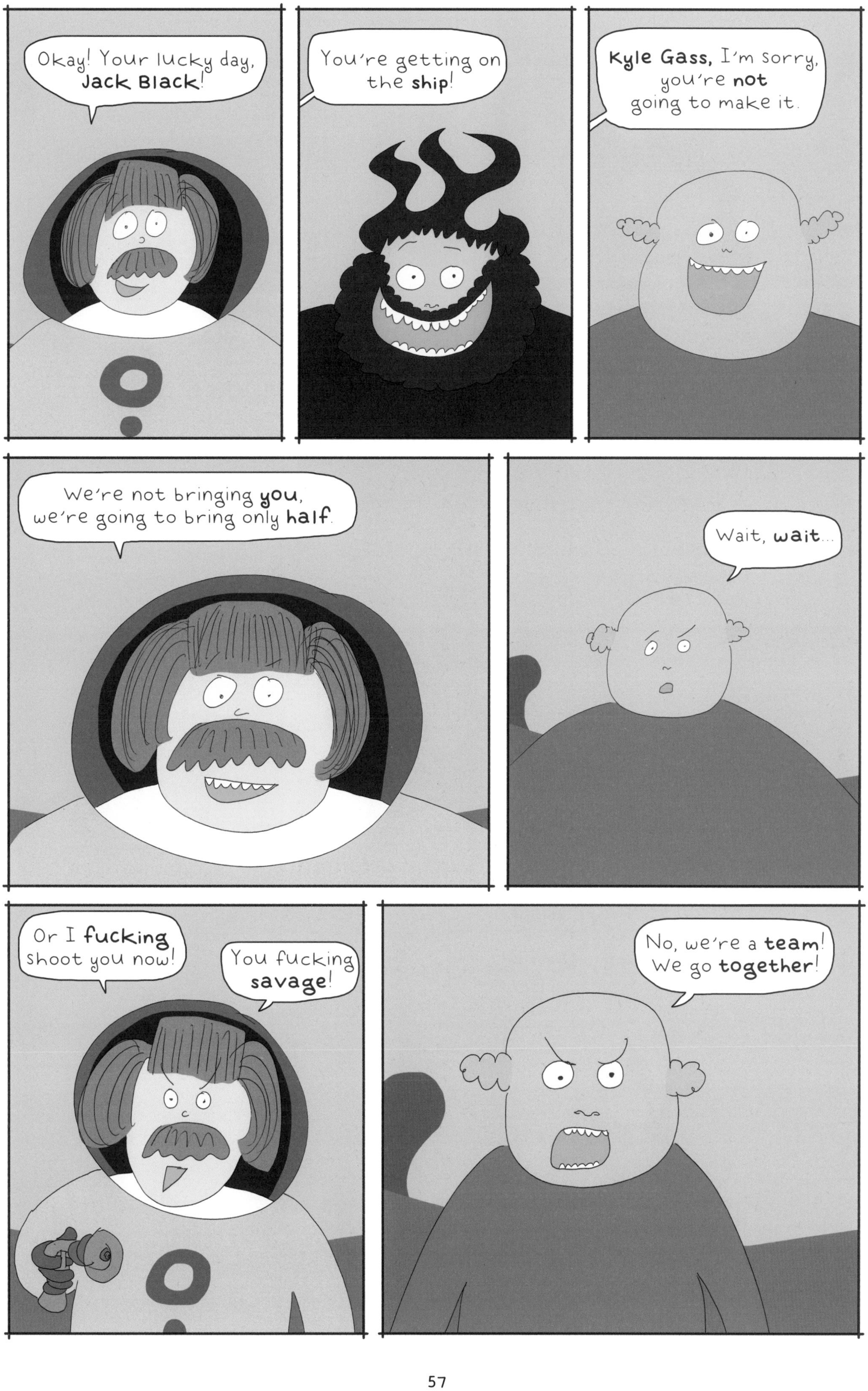
Okay! Your lucky day, **Jack Black**!
You're getting on the **ship**!
Kyle Gass, I'm sorry, you're **not** going to make it.
We're not bringing **you**, we're going to bring only **half**.
Wait, **wait**...
Or I **fucking** shoot you now!
You fucking **savage**!
No, we're a **team**! We go **together**!

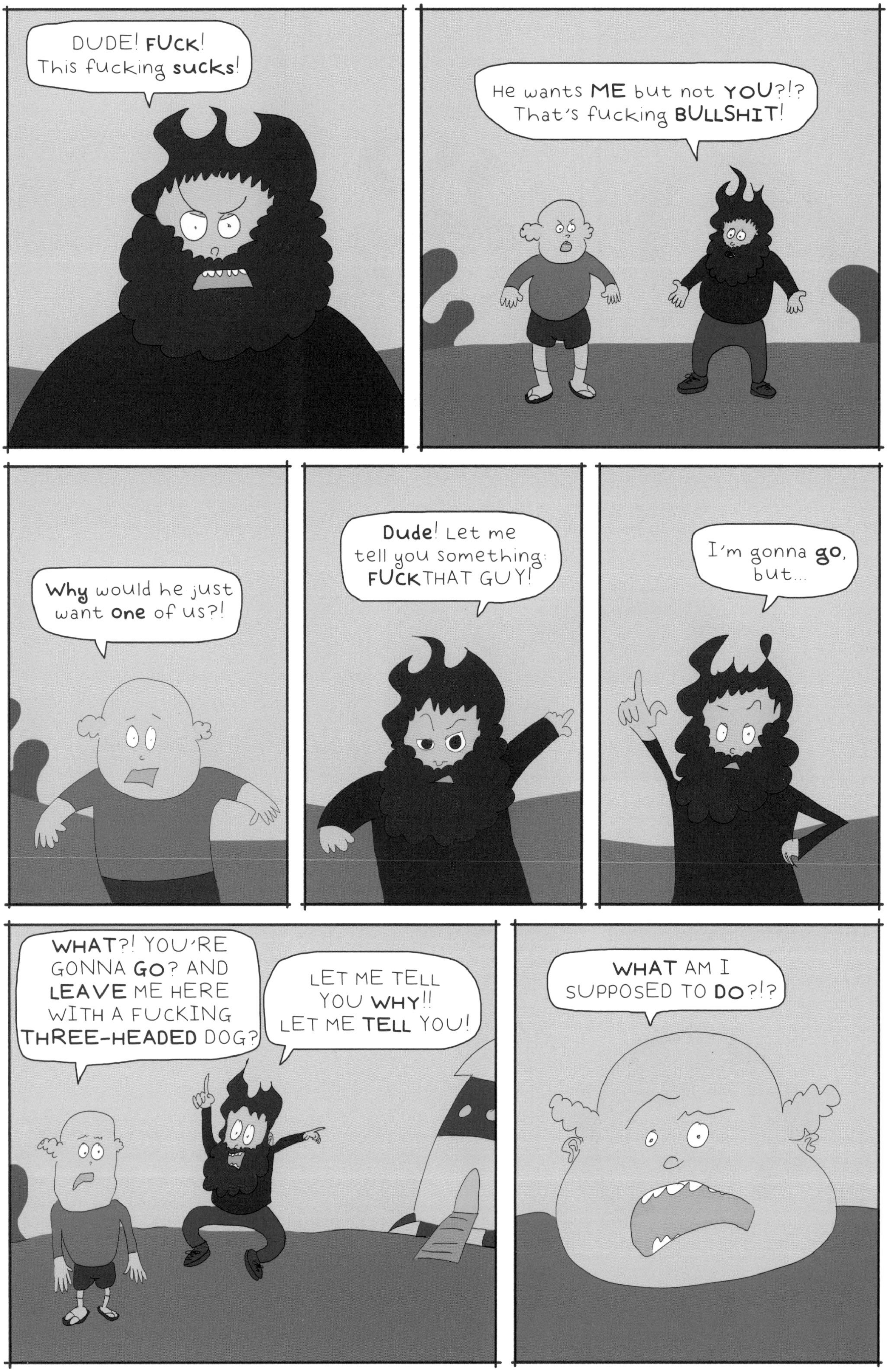
DUDE! FUCK! This fucking sucks!
He wants ME but not YOU?!? That's fucking BULLSHIT!
Why would he just want one of us?!
Dude! Let me tell you something: FUCK THAT GUY!
I'm gonna go, but...
WHAT?! YOU'RE GONNA GO? AND LEAVE ME HERE WITH A FUCKING THREE-HEADED DOG?
LET ME TELL YOU WHY!! LET ME TELL YOU!
WHAT AM I SUPPOSED TO DO?!?

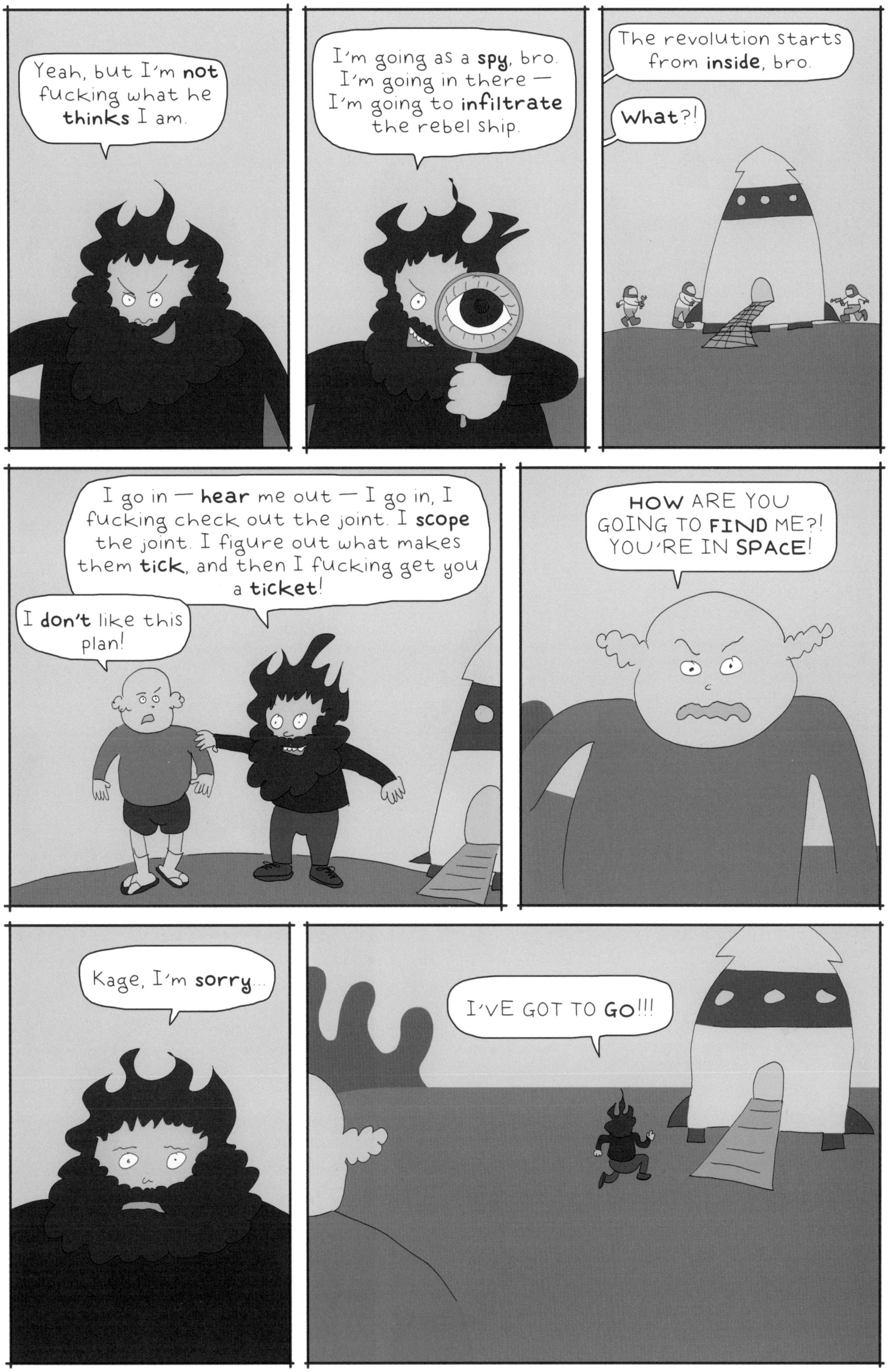
Yeah, but I'm not fucking what he thinks I am.
I'm going as a spy, bro. I'm going in there — I'm going to infiltrate the rebel ship.
The revolution starts from inside, bro.
What?!
I go in — hear me out — I go in, I fucking check out the joint. I scope the joint. I figure out what makes them tick, and then I fucking get you a ticket!
I don't like this plan!
HOW ARE YOU GOING TO FIND ME?! YOU'RE IN SPACE!
Kage, I'm sorry...
I'VE GOT TO GO!!!

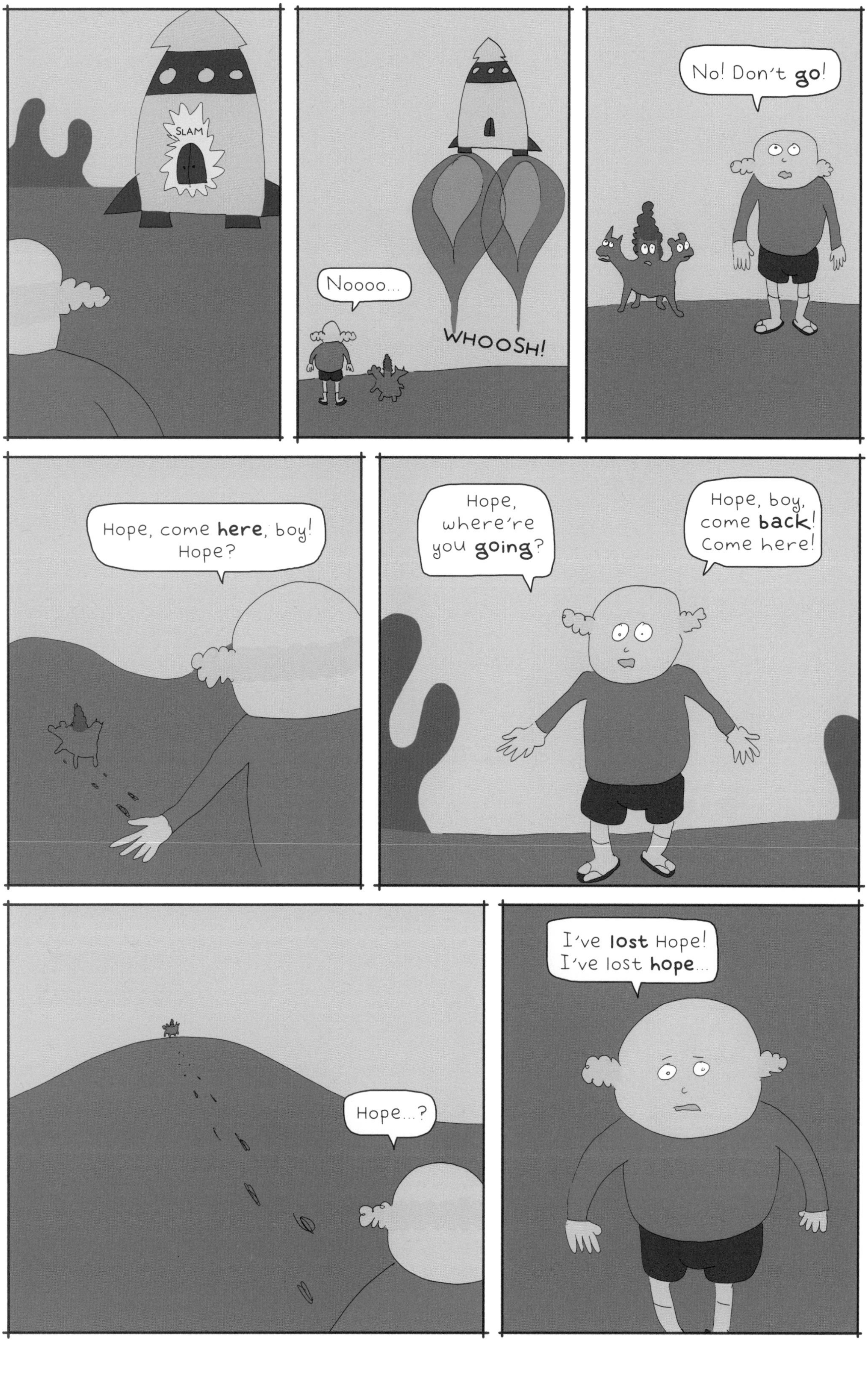
SLAM
Noooo...
WHOOSH!
No! Don't go!
Hope, come here, boy! Hope?
Hope, where're you going?
Hope, boy, come back! Come here!
Hope...?
I've lost Hope! I've lost hope...

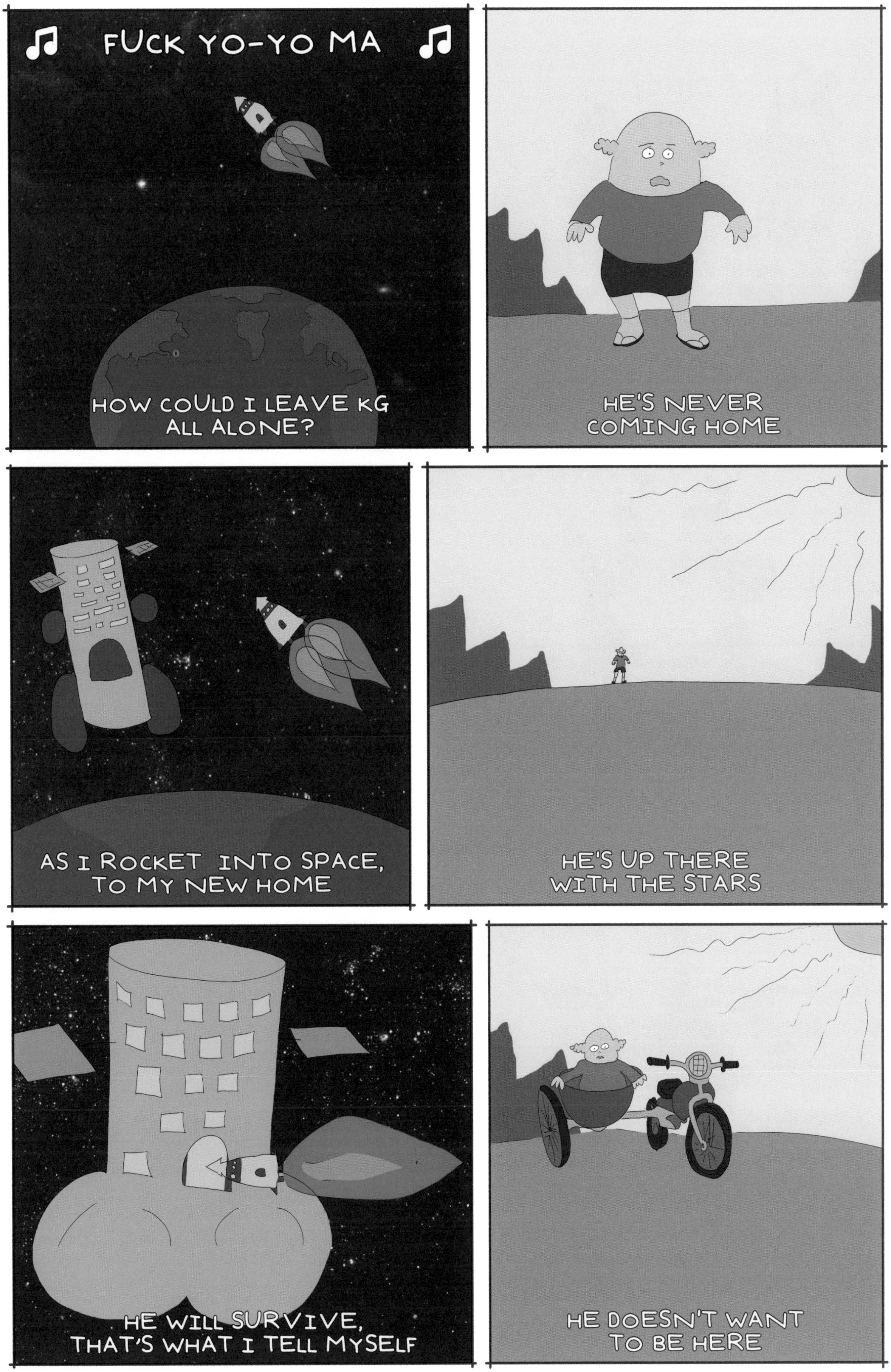
FUCK YO-YO MA
HOW COULD I LEAVE KG ALL ALONE?
HE'S NEVER COMING HOME
AS I ROCKET INTO SPACE, TO MY NEW HOME
HE'S UP THERE WITH THE STARS
HE WILL SURVIVE, THAT'S WHAT I TELL MYSELF
HE DOESN'T WANT TO BE HERE

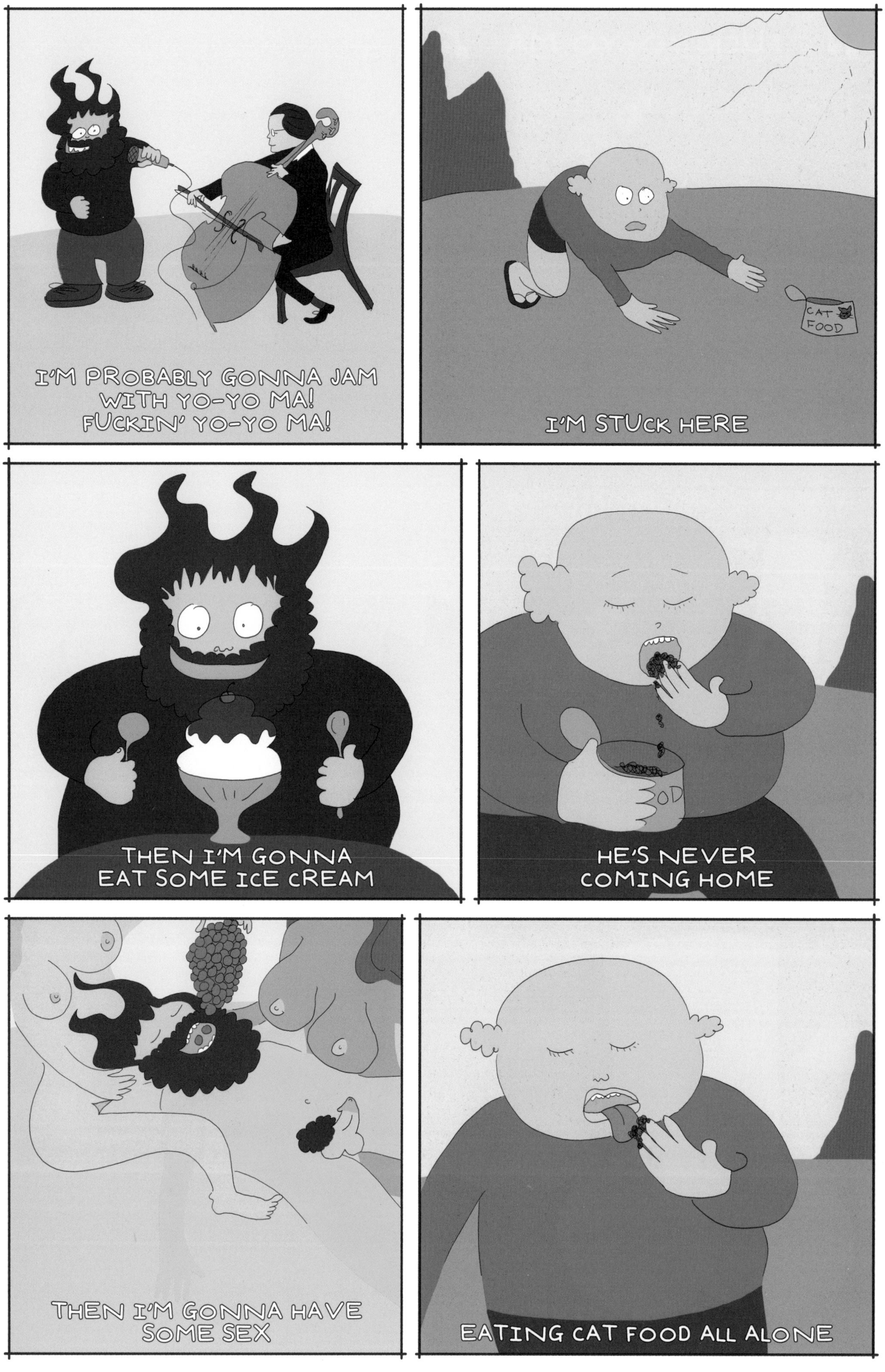
I'M PROBABLY GONNA JAM
WITH YO-YO MA!
FUCKIN' YO-YO MA!
CAT FOOD
I'M STUCK HERE
THEN I'M GONNA
EAT SOME ICE CREAM
HE'S NEVER
COMING HOME
THEN I'M GONNA HAVE
SOME SEX
EATING CAT FOOD ALL ALONE

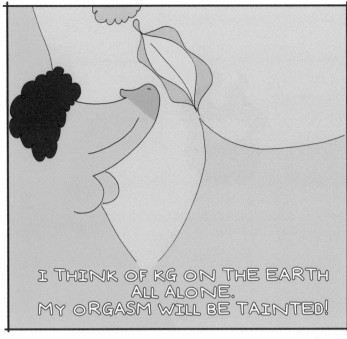

I THINK OF KG ON THE EARTH ALL ALONE. MY ORGASM WILL BE TAINTED!

HAVING SEX WITH MYSELF

EXPLOSION OF MY LOAD AS I JAM WITH YO-YO MA

FUCK YO-YO MA

IT FEELS SO GOOD, MY PECKER WOULD, BUT A TINY PART OF ME IS LEFT BEHIND

HE'S UP THERE WITH THE STARS

Ahh! That feels so good!
Has anyone ever told you that you have a magical pussy?
Stop talking, just keep fucking me, you savage!
Ooo! Ooo God, I'm gonna blow!
OH THAR SHE BLOWS!
I wasn't done, you asshole!
KNOCK KNOCK

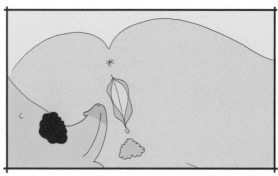

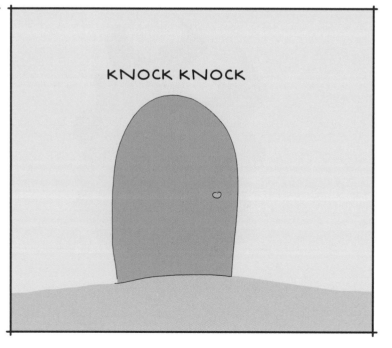

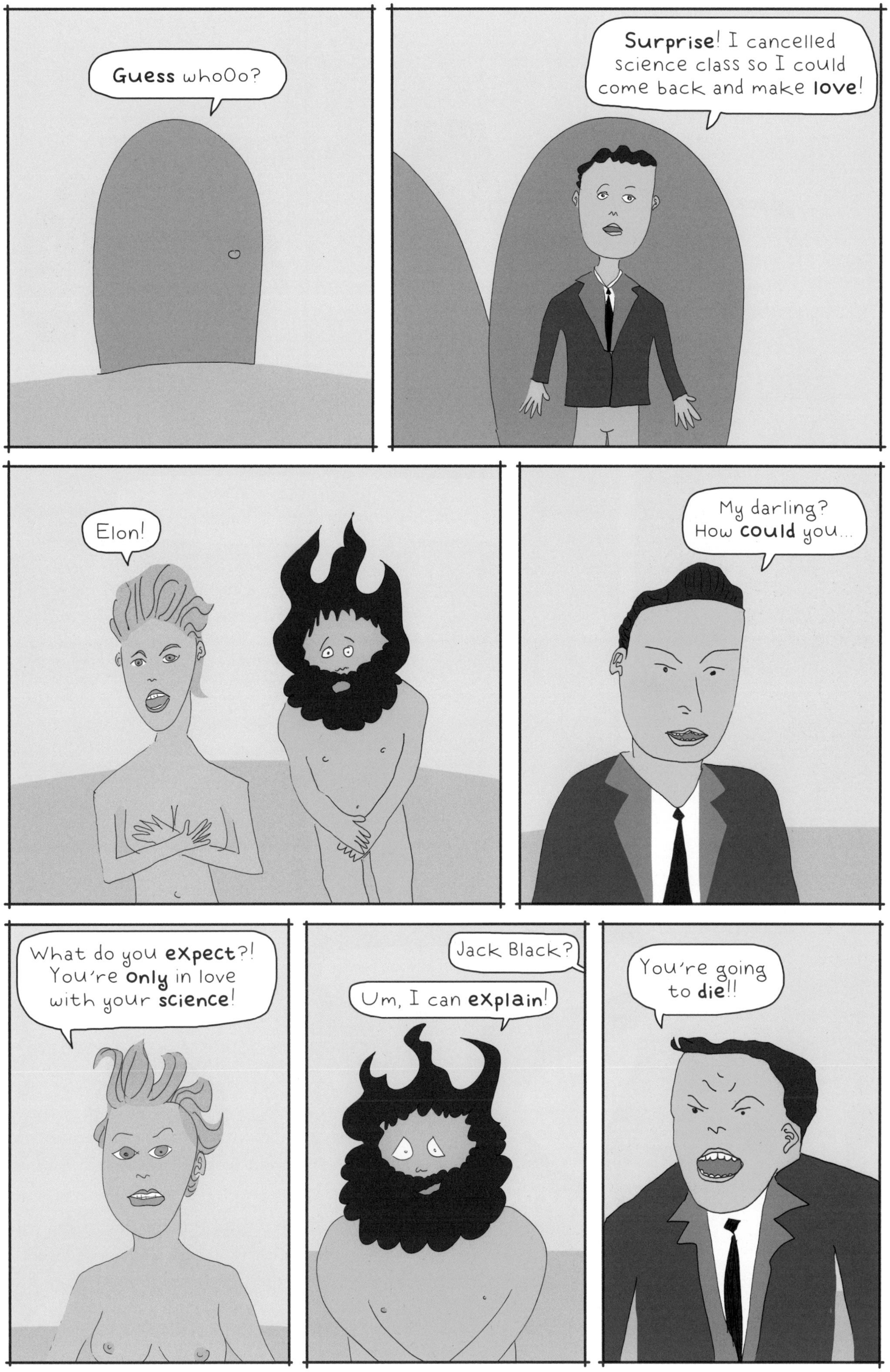
Guess whoOo?
Surprise! I cancelled science class so I could come back and make love!
Elon!
My darling? How could you...
What do you expect?! You're only in love with your science!
Jack Black?
Um, I can explain!
You're going to die!!

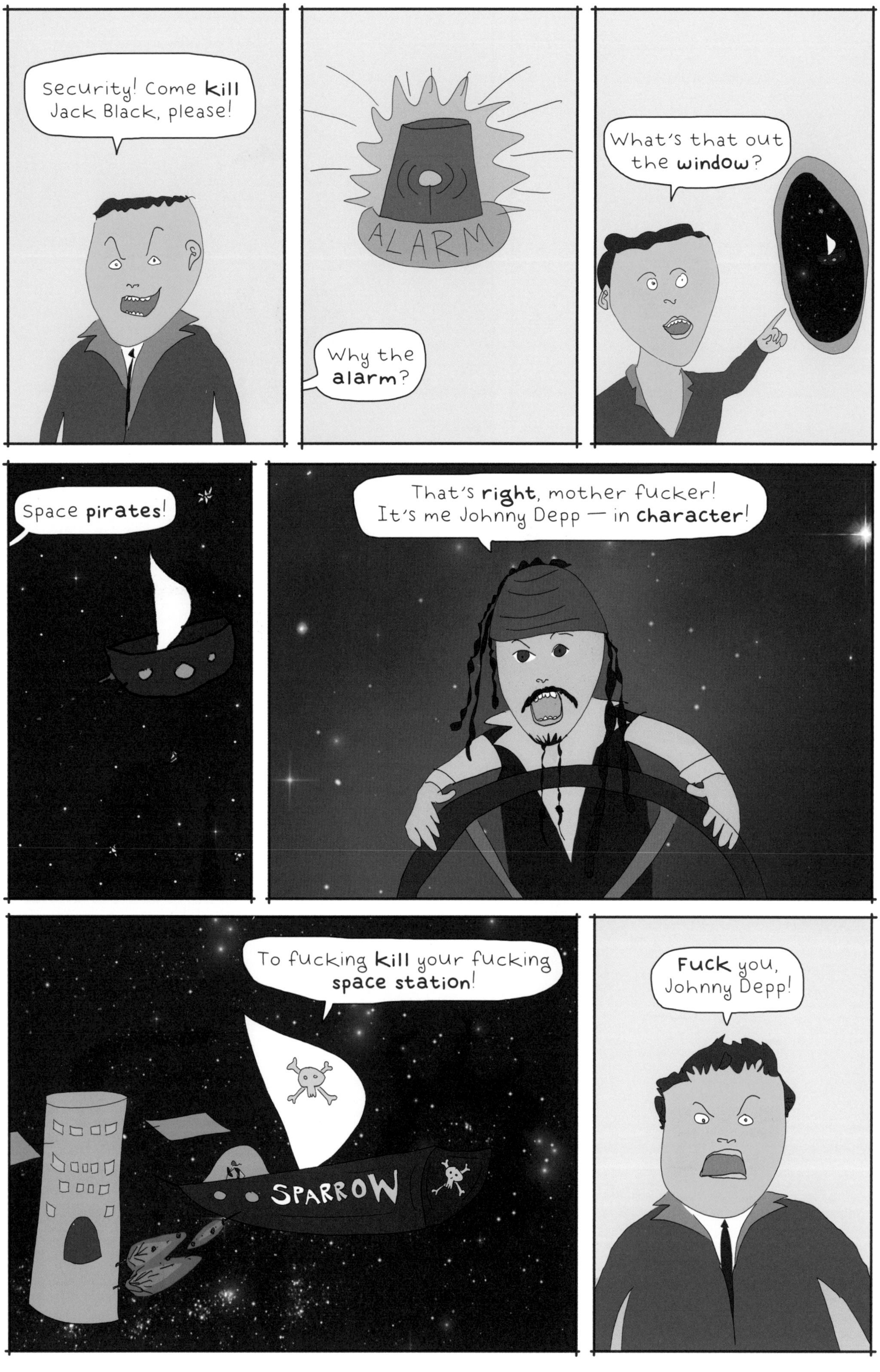
Security! Come kill Jack Black, please!
ALARM
Why the alarm?
What's that out the window?
Space pirates!
That's right, mother fucker! It's me Johnny Depp — in character!
To fucking kill your fucking space station!
SPARROW
Fuck you, Johnny Depp!

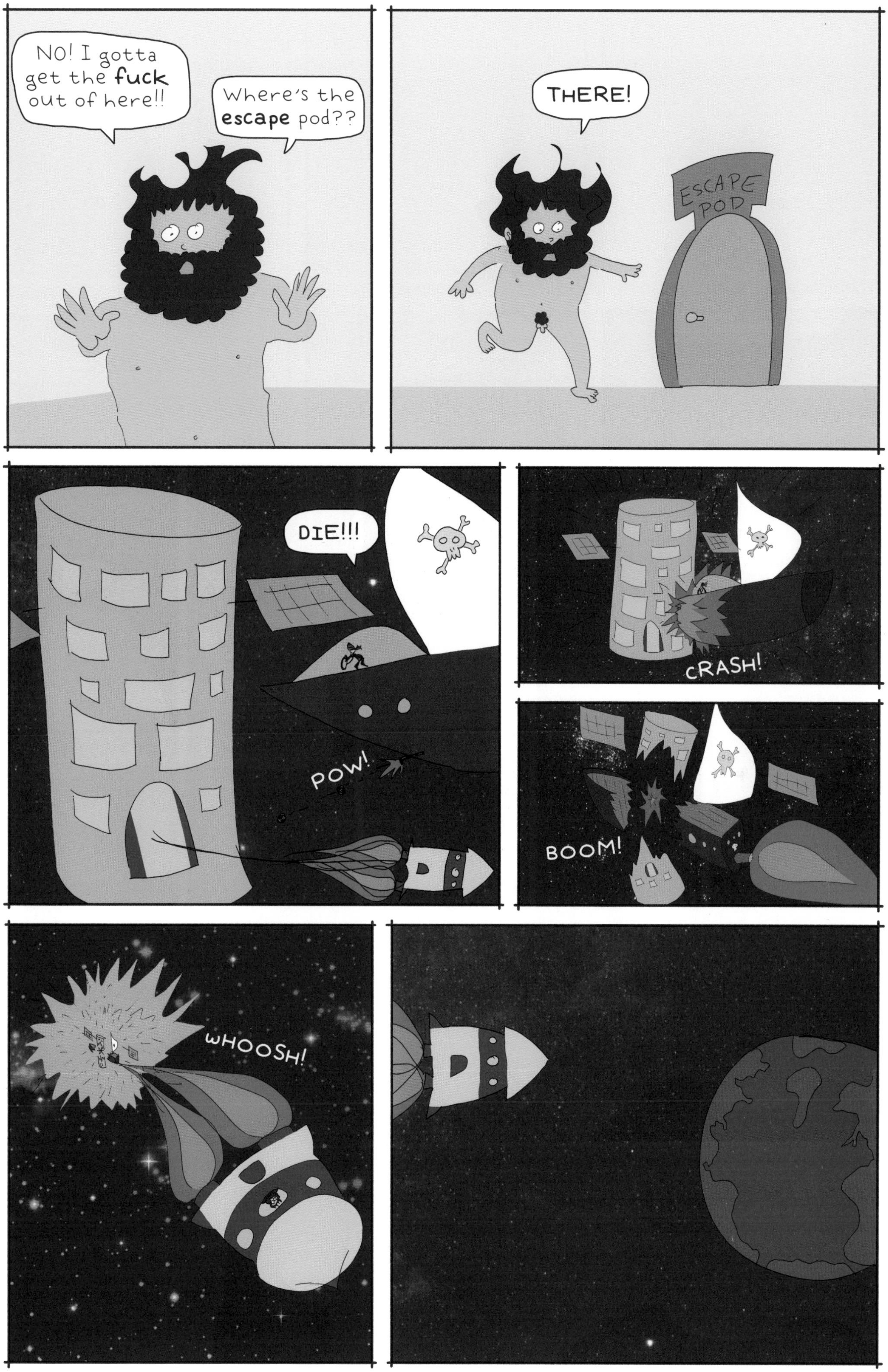
NO! I gotta get the **fuck** out of here!!
Where's the **escape** pod??
THERE!
ESCAPE POD
DIE!!!
POW!
CRASH!
BOOM!
WHOOSH!

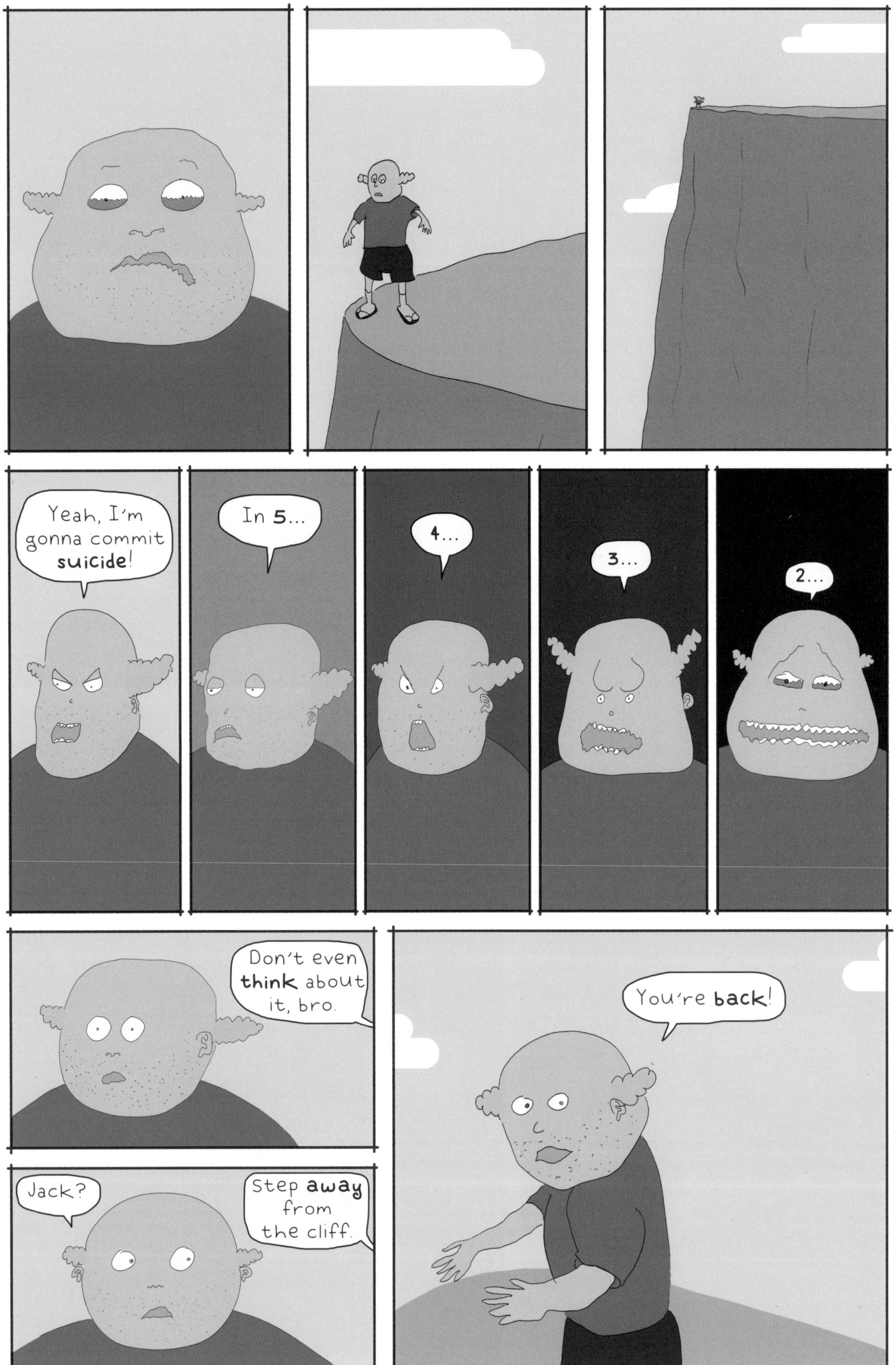
Yeah, I'm gonna commit suicide!
In 5...
4...
3...
2...
Don't even think about it, bro.
Jack?
Step away from the cliff.
You're back!

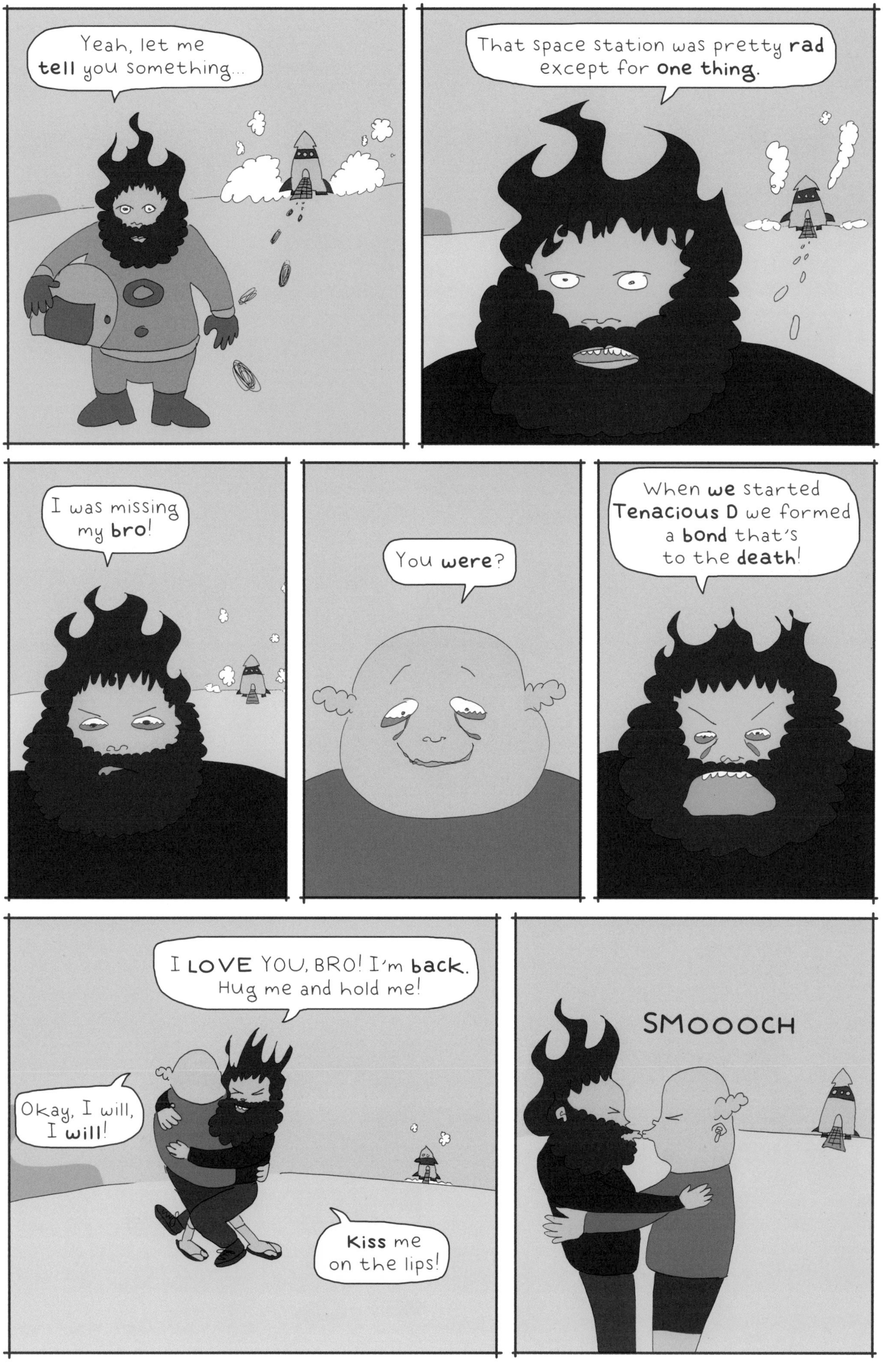
Yeah, let me tell you something...
That space station was pretty rad except for one thing.
I was missing my bro!
You were?
When we started Tenacious D we formed a bond that's to the death!
I LOVE YOU, BRO! I'm back. Hug me and hold me!
Okay, I will, I will!
Kiss me on the lips!
SMOOOCH

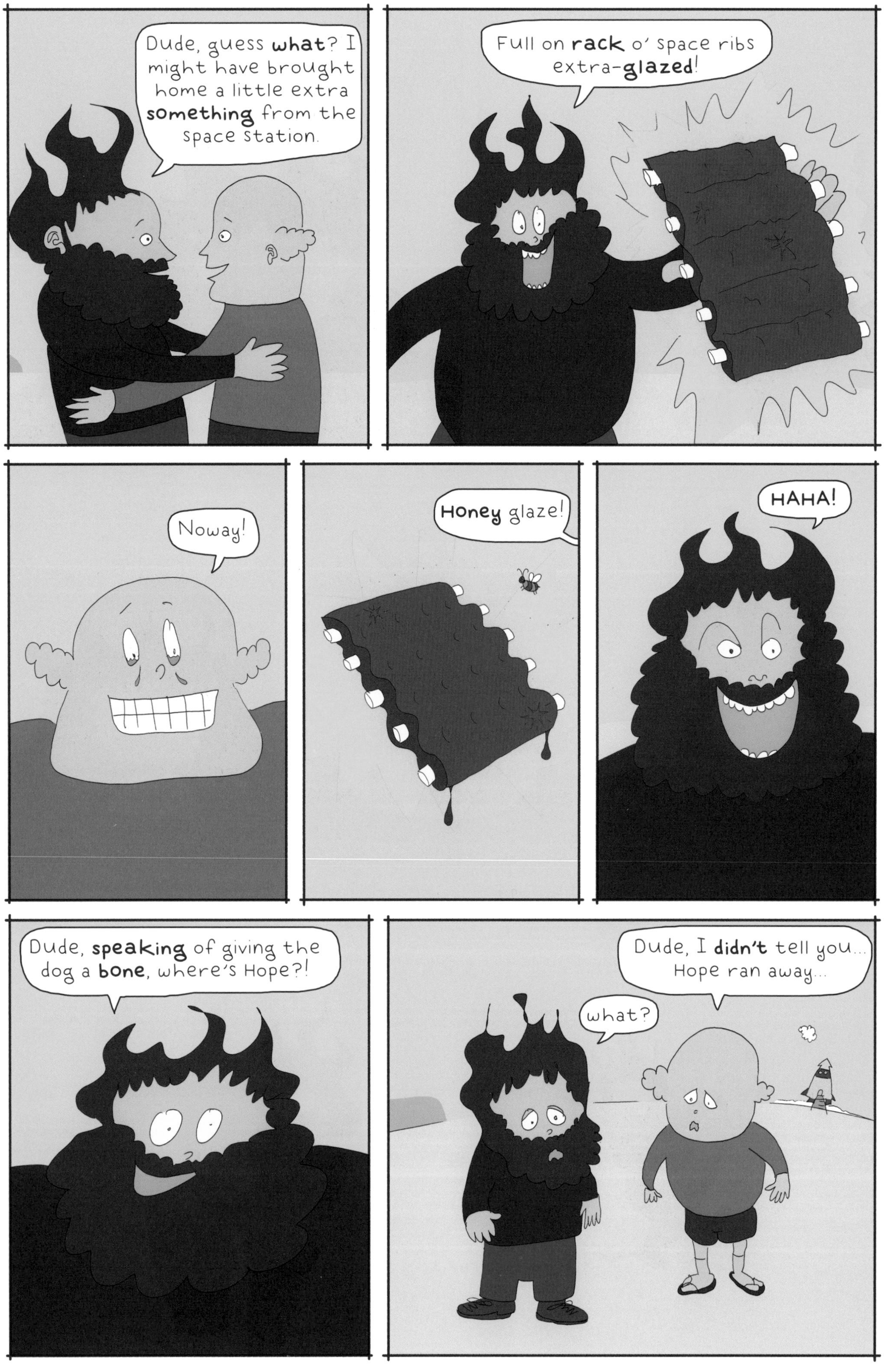
Dude, guess what? I might have brought home a little extra something from the space station.
Full on rack o' space ribs extra-glazed!
Noway!
Honey glaze!
HAHA!
Dude, speaking of giving the dog a bone, where's Hope?!
Dude, I didn't tell you... Hope ran away...
what?

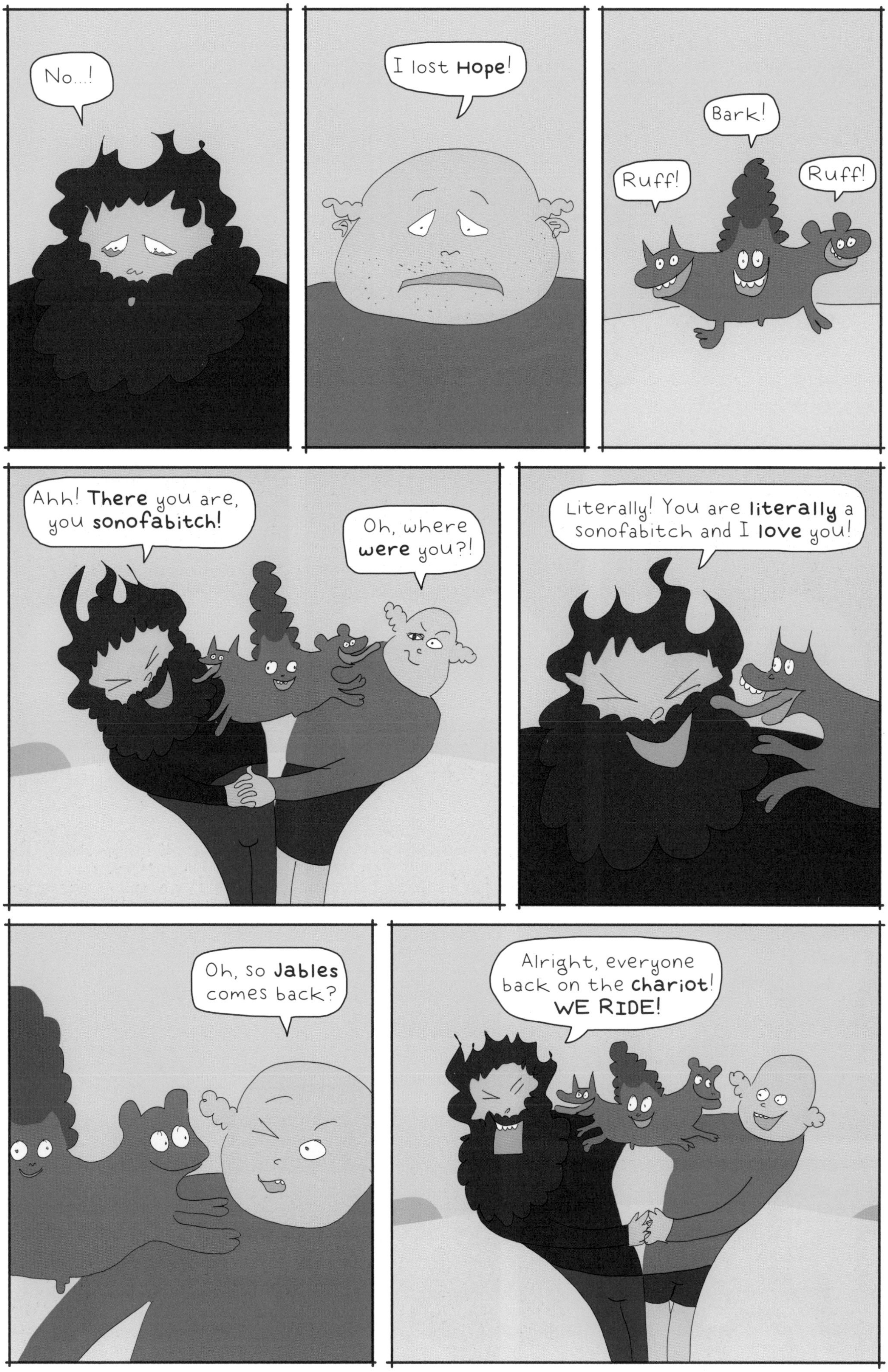
No...!
I lost **Hope**!
Bark!
Ruff!
Ruff!
Ahh! **There** you are, you **sonofabitch**!
Oh, where **were** you?!
Literally! You are **literally** a sonofabitch and I **love** you!
Oh, so **Jables** comes back?
Alright, everyone back on the **chariot**! **WE RIDE!**

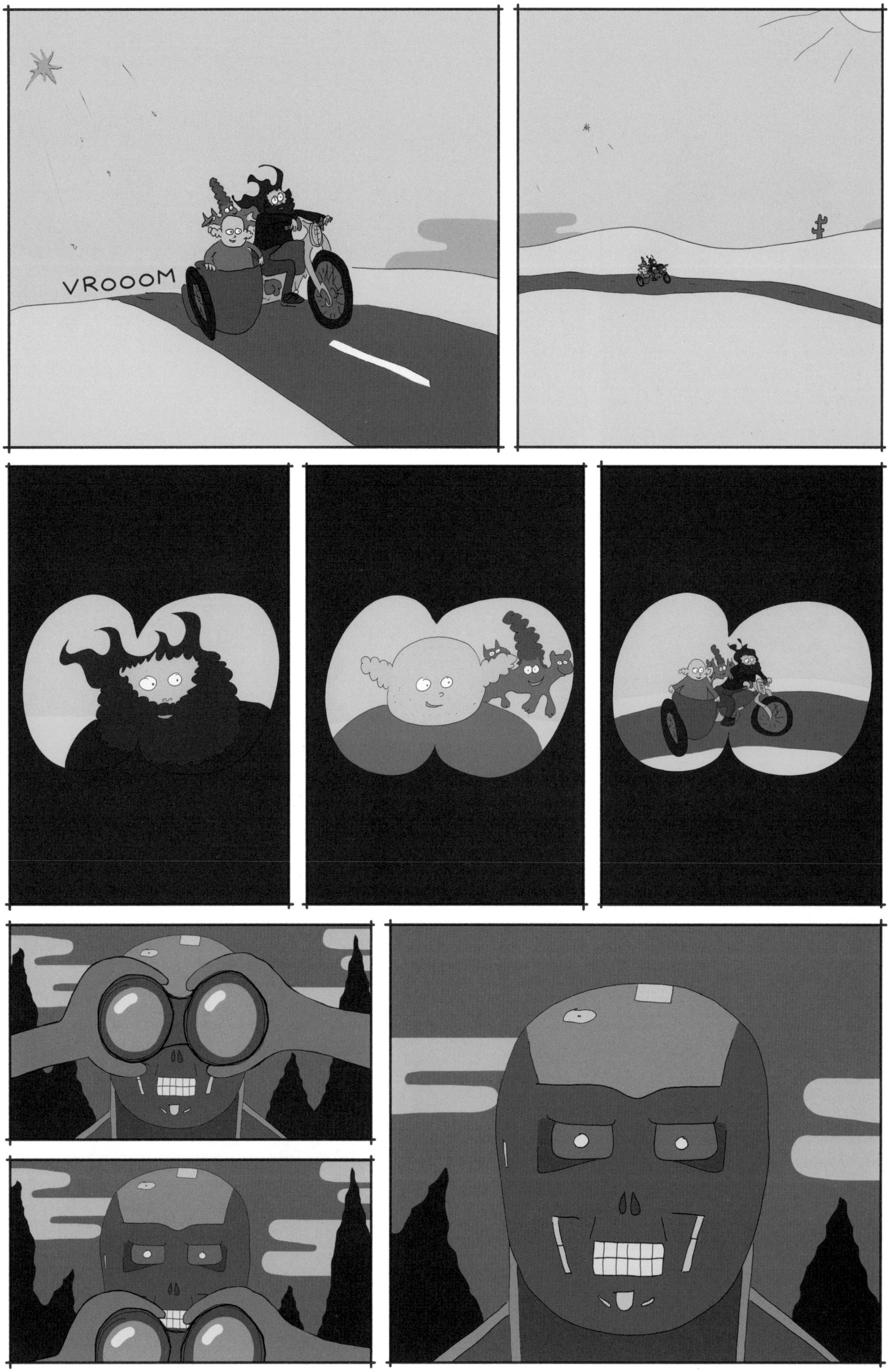
VROOOM

CHAPTER 4 ROBOT

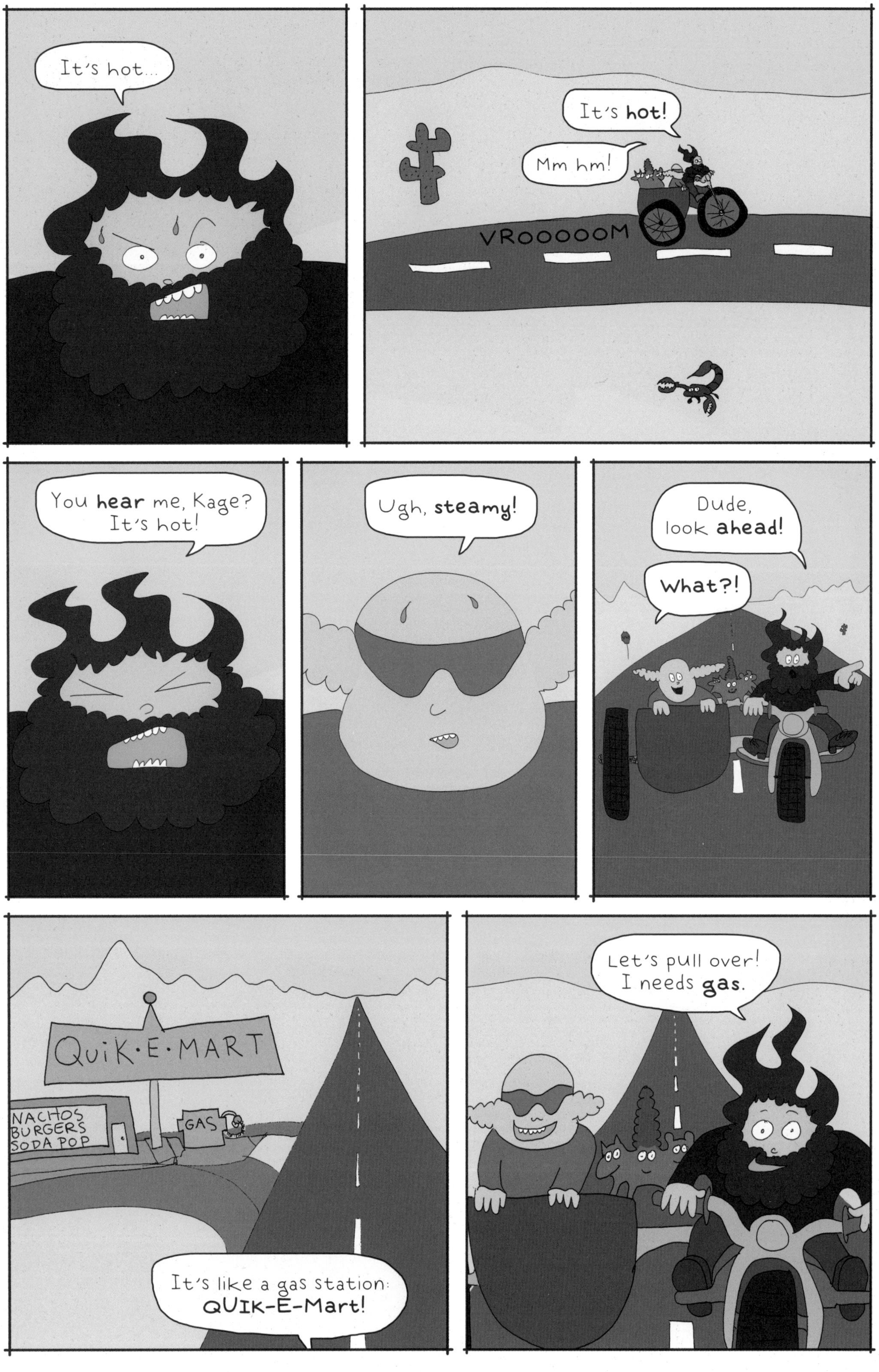

It's hot...
It's **hot**!
Mm hm!
VROOOOOM
You **hear** me, Kage? It's hot!
Ugh, **steamy**!
Dude, look **ahead**!
What?!
QUIK·E·MART
NACHOS BURGERS SODA POP
GAS
It's like a gas station: **QUIK-E-Mart**!
Let's pull over! I needs **gas**.

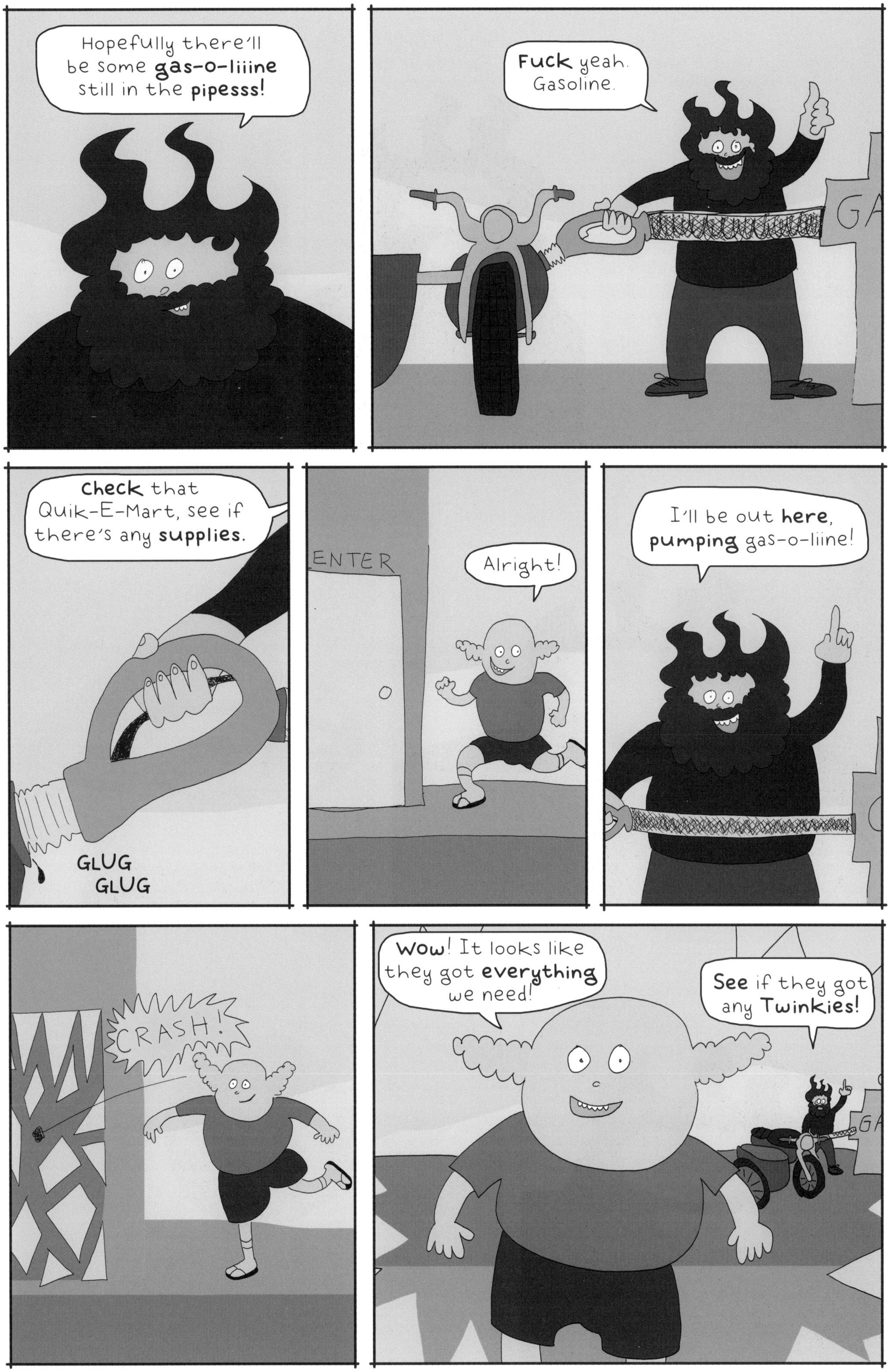
Hopefully there'll be some gas-o-liiine still in the pipesss!
Fuck yeah. Gasoline.
GA
Check that Quik-E-Mart, see if there's any supplies.
GLUG GLUG
ENTER
Alright!
I'll be out here, pumping gas-o-liine!
CRASH!
Wow! It looks like they got everything we need!
See if they got any Twinkies!
GA

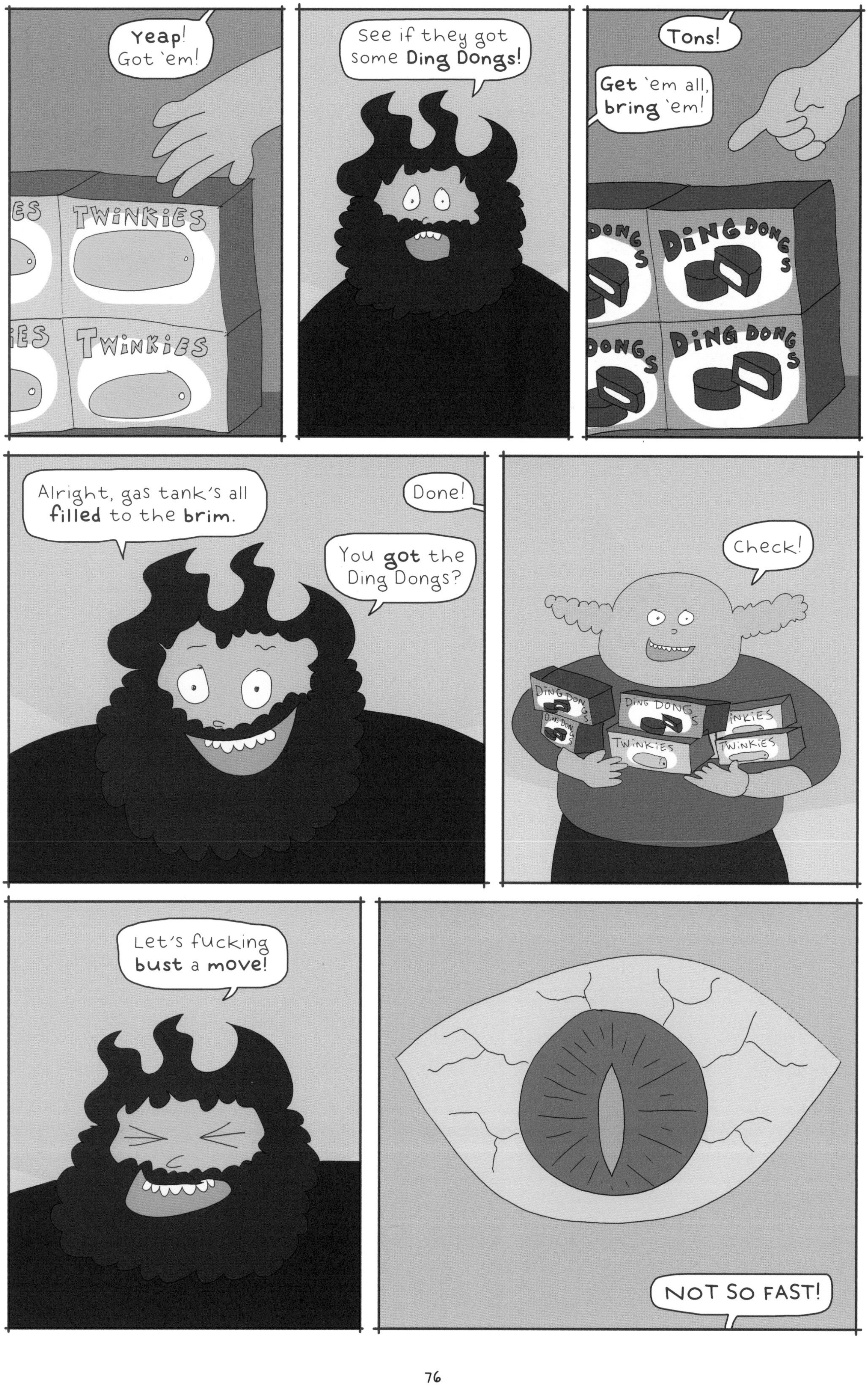
Yeap! Got 'em!
TWINKIES
TWINKIES
See if they got some Ding Dongs!
Tons!
Get 'em all, bring 'em!
DING DONGS
DING DONGS
Alright, gas tank's all filled to the brim.
Done!
You got the Ding Dongs?
Check!
DING DONGS
TWINKIES
TWINKIES
Let's fucking bust a move!
NOT SO FAST!

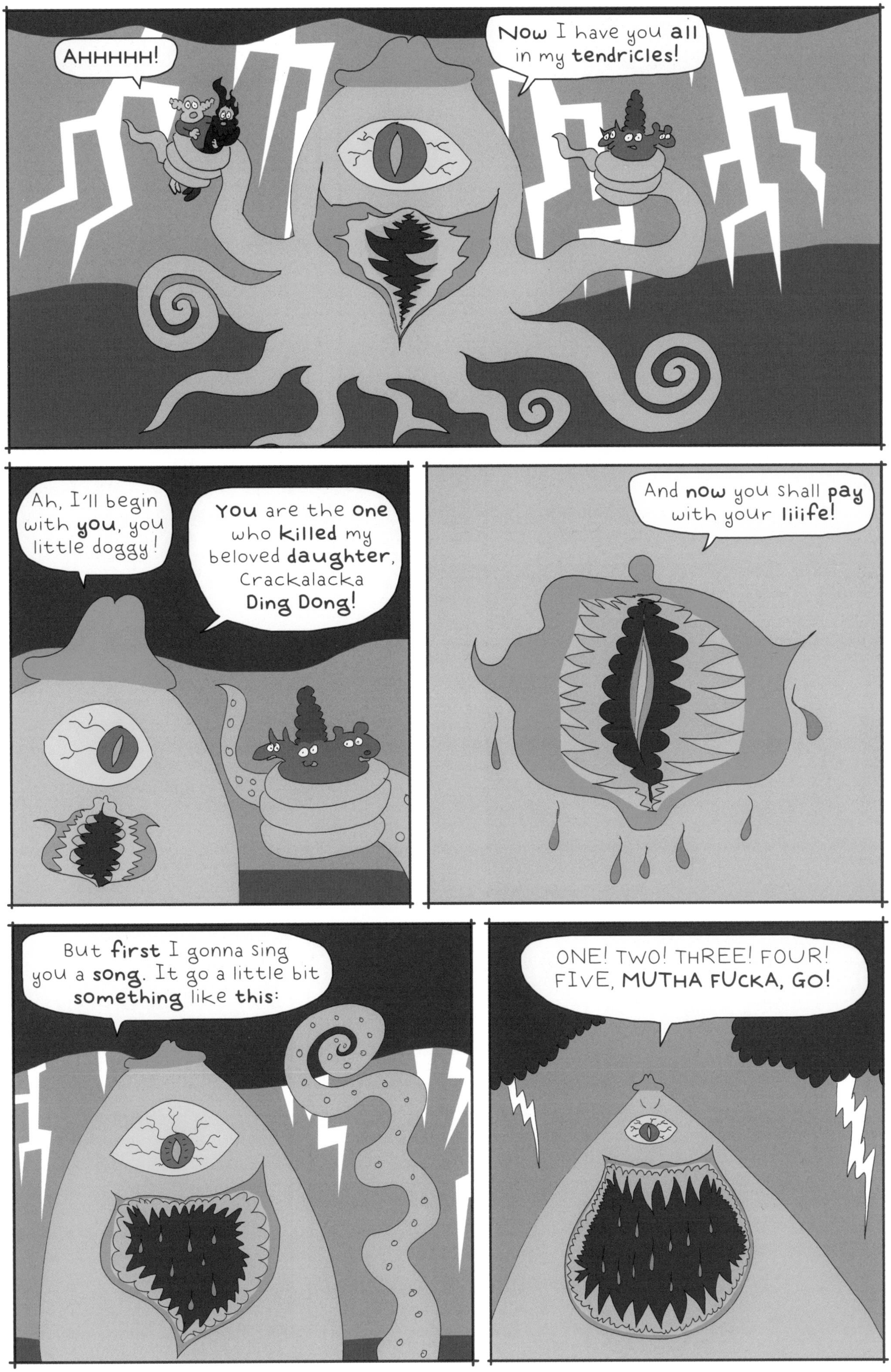
AHHHHH!
Now I have you all in my tendricles!
Ah, I'll begin with you, you little doggy!
You are the one who killed my beloved daughter, Crackalacka Ding Dong!
And now you shall pay with your liiife!
But first I gonna sing you a song. It go a little bit something like this:
ONE! TWO! THREE! FOUR! FIVE, MUTHA FUCKA, GO!

♫ DADDY DING DONG ♫

YOU MUTHA FUCKAS
WAS THE ONES WHO KILLED MY BABY

YOU MUTHA FUCKIN'
KILLED MY BABY

CRACKALACKA WAS
MY ONE AND ONLY BABY

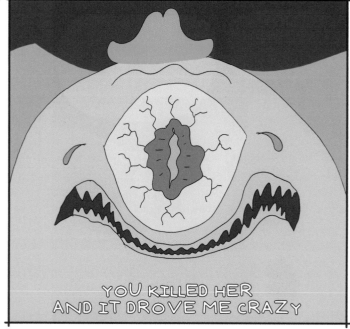

YOU KILLED HER
AND IT DROVE ME CRAZY

YOU MUTHA
FUCKIN' DOG

YOU MUTHA
FUCKIN' MUTT

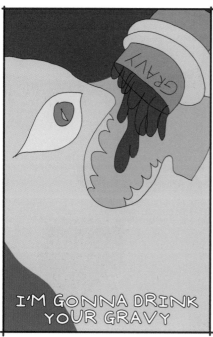

I'M GONNA DRINK
YOUR GRAVY

YOU SHIT
A FUCKIN' LOG

I BUST
A FUCKIN' NUT

I FUCKIN'
PLOW YOUR DAISY

I'LL RIP YOUR HEAD OFF

I'LL SUCK ON YOUR DICK

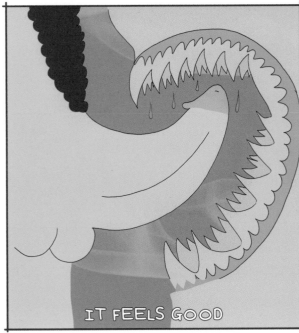

IT FEELS GOOD

TILL I CHEW ON YOUR PRICK

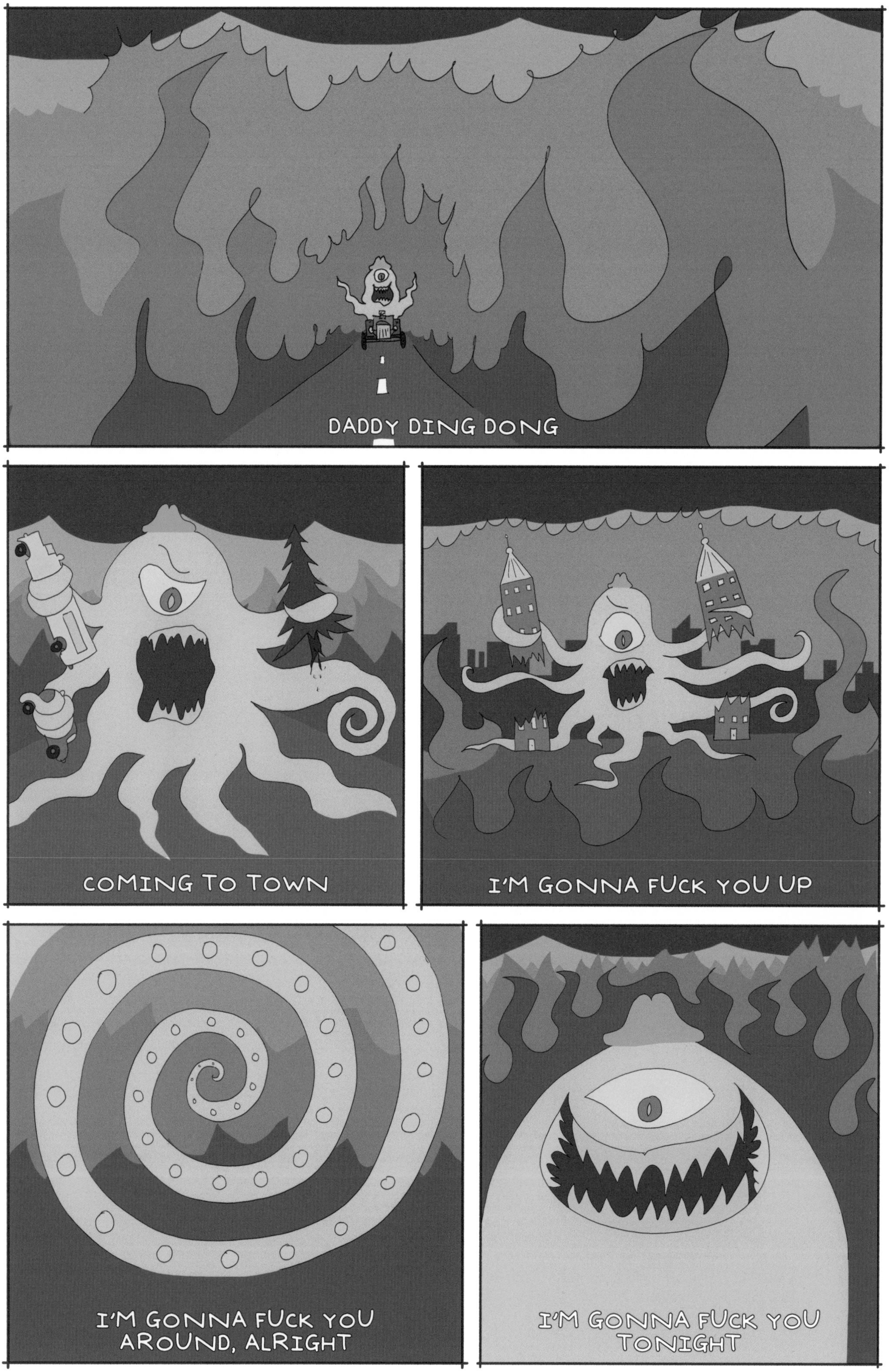
DADDY DING DONG
COMING TO TOWN
I'M GONNA FUCK YOU UP
I'M GONNA FUCK YOU AROUND, ALRIGHT
I'M GONNA FUCK YOU TONIGHT

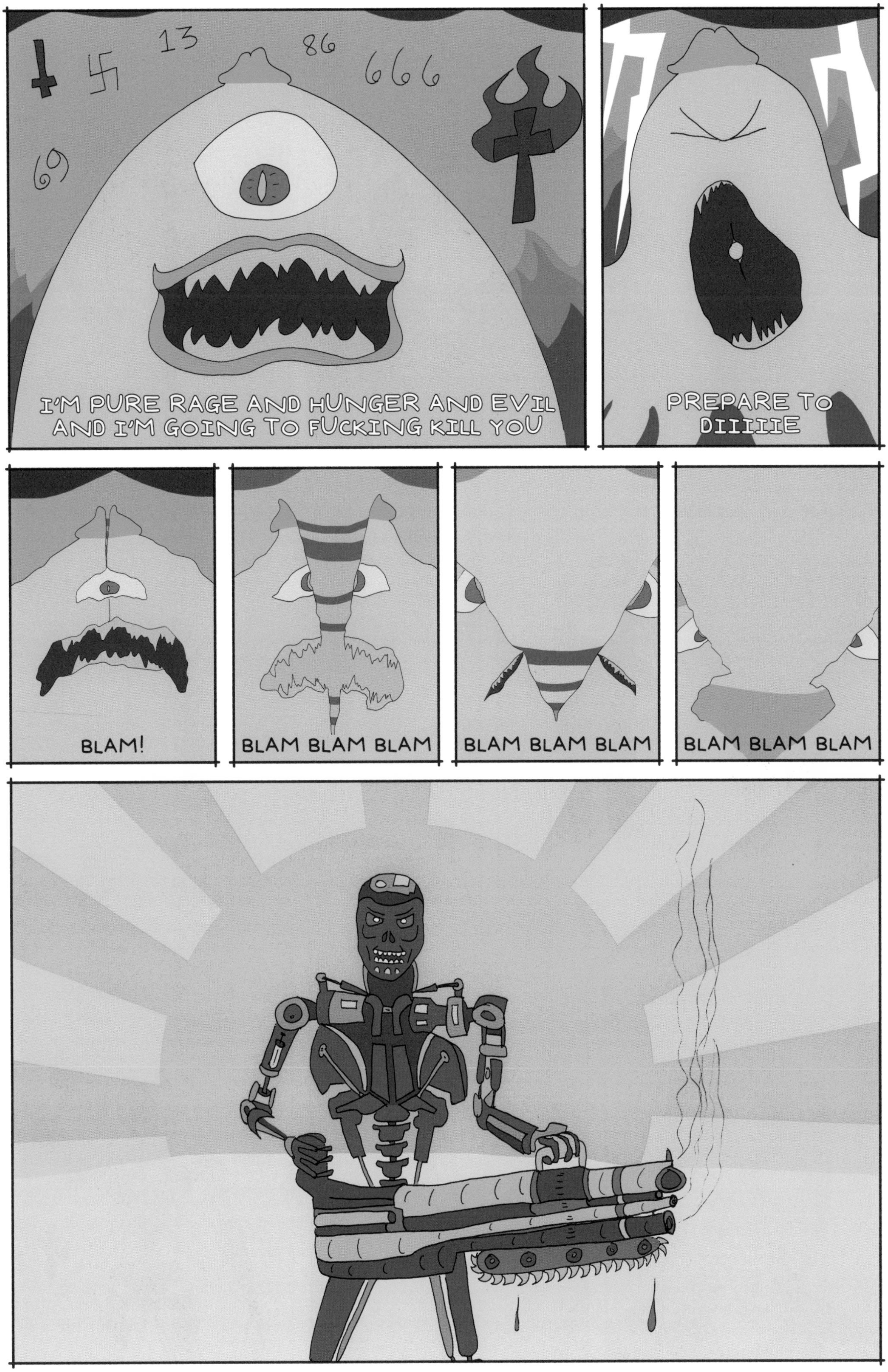
13
86
666
69
I'M PURE RAGE AND HUNGER AND EVIL AND I'M GOING TO FUCKING KILL YOU
PREPARE TO DIIIIIE
BLAM!
BLAM BLAM BLAM
BLAM BLAM BLAM
BLAM BLAM BLAM

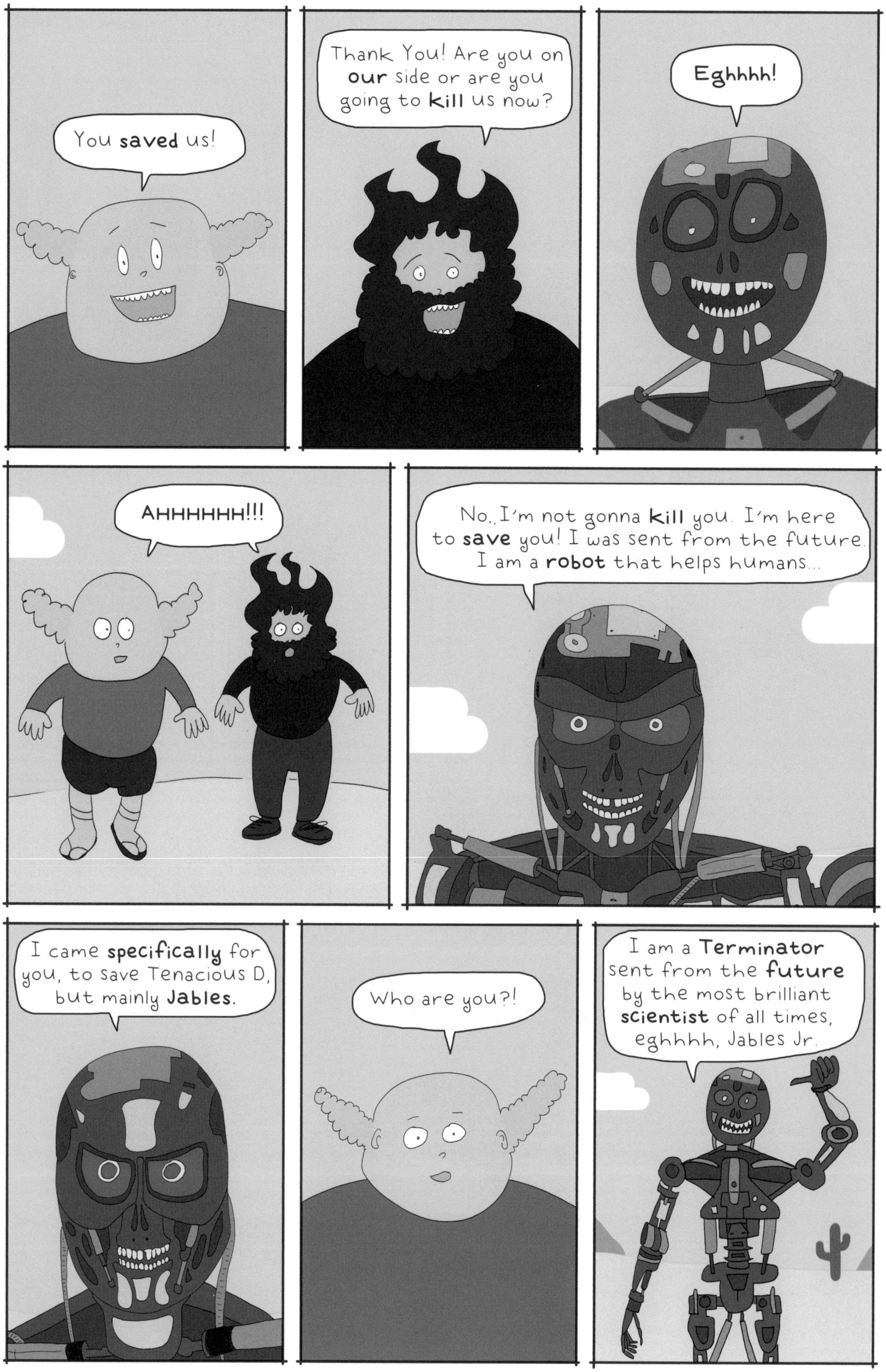
You **saved** us!
Thank You! Are you on **our** side or are you going to **kill** us now?
Eghhhh!
AHHHHHH!!!
No.. I'm not gonna **kill** you. I'm here to **save** you! I was sent from the future. I am a **robot** that helps humans...
I came **specifically** for you, to save Tenacious D, but mainly **Jables**.
Who are you?!
I am a **Terminator** sent from the **future** by the most brilliant **scientist** of all times, eghhhh, Jables Jr.

What? What do you mean "Jables Jr."?

Your **son**! You fucked a **lady** in a cave and then she got **pregnant**.

WHAT?!?

Oh yeah! You got her **pregnant** and then you **left** and a **boy** was born and he, uh, lived **without** a father but was **raised** by the **cave ladies**.

And it turns out he's a **genius** and he fucking builds **robots** like **me**.

And then he was so fucking **smart**, smarter than **Elon Musk**. You know what he **did**?

What'd he do?

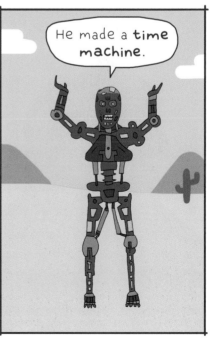

He made a **time machine**.

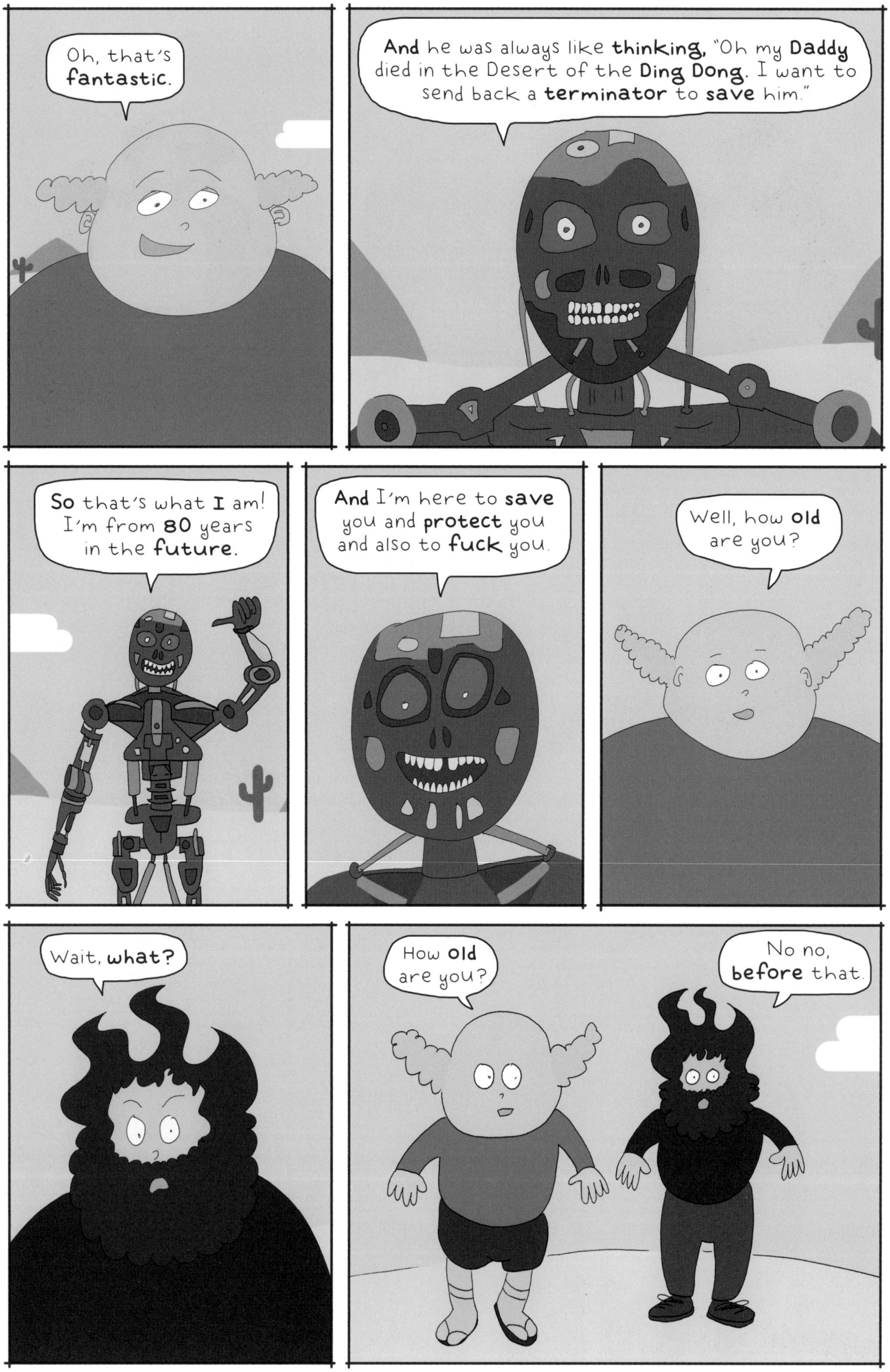
Oh, that's fantastic.
And he was always like thinking, "Oh my Daddy died in the Desert of the Ding Dong. I want to send back a terminator to save him."
So that's what I am! I'm from 80 years in the future.
And I'm here to save you and protect you and also to fuck you.
Well, how old are you?
Wait, what?
How old are you?
No no, before that.

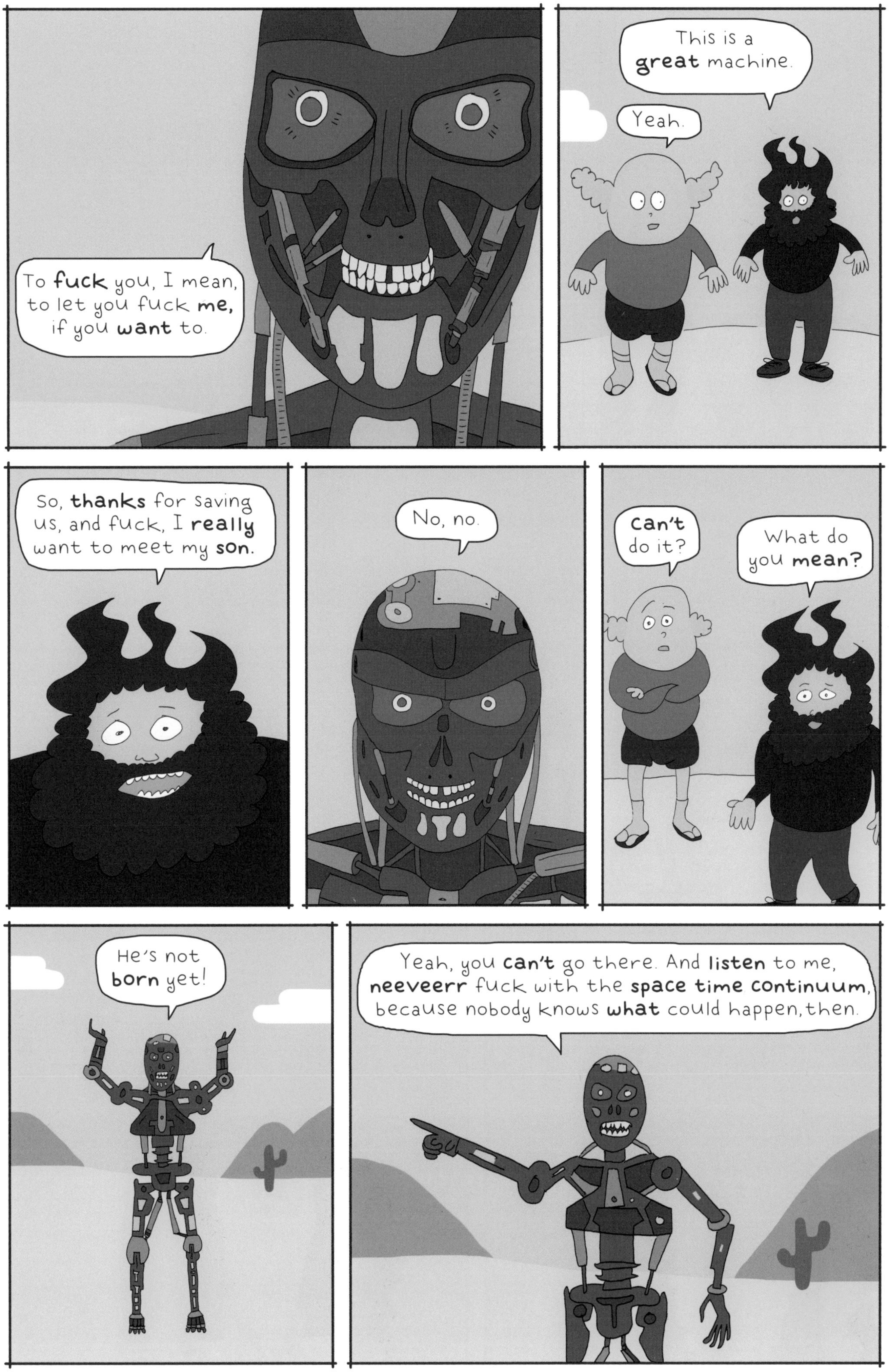
To fuck you, I mean, to let you fuck me, if you want to.
This is a great machine.
Yeah.
So, thanks for saving us, and fuck, I really want to meet my son.
No, no.
Can't do it?
What do you mean?
He's not born yet!
Yeah, you can't go there. And listen to me, neeveerr fuck with the space time continuum, because nobody knows what could happen, then.

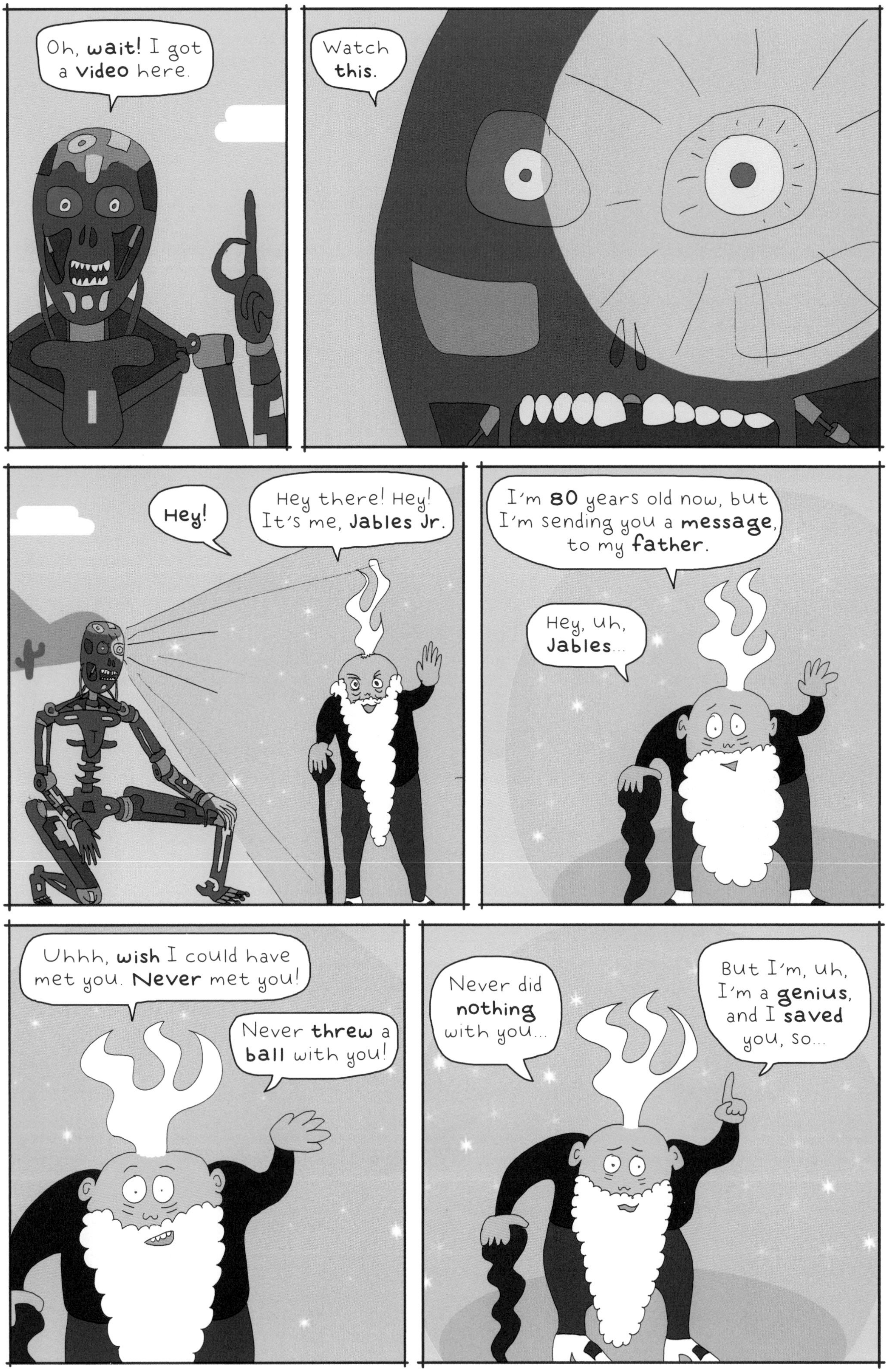
Oh, wait! I got a video here.
Watch this.
Hey!
Hey there! Hey! It's me, Jables Jr.
I'm 80 years old now, but I'm sending you a message, to my father.
Hey, uh, Jables...
Uhhh, wish I could have met you. Never met you!
Never threw a ball with you!
Never did nothing with you...
But I'm, uh, I'm a genius, and I saved you, so...

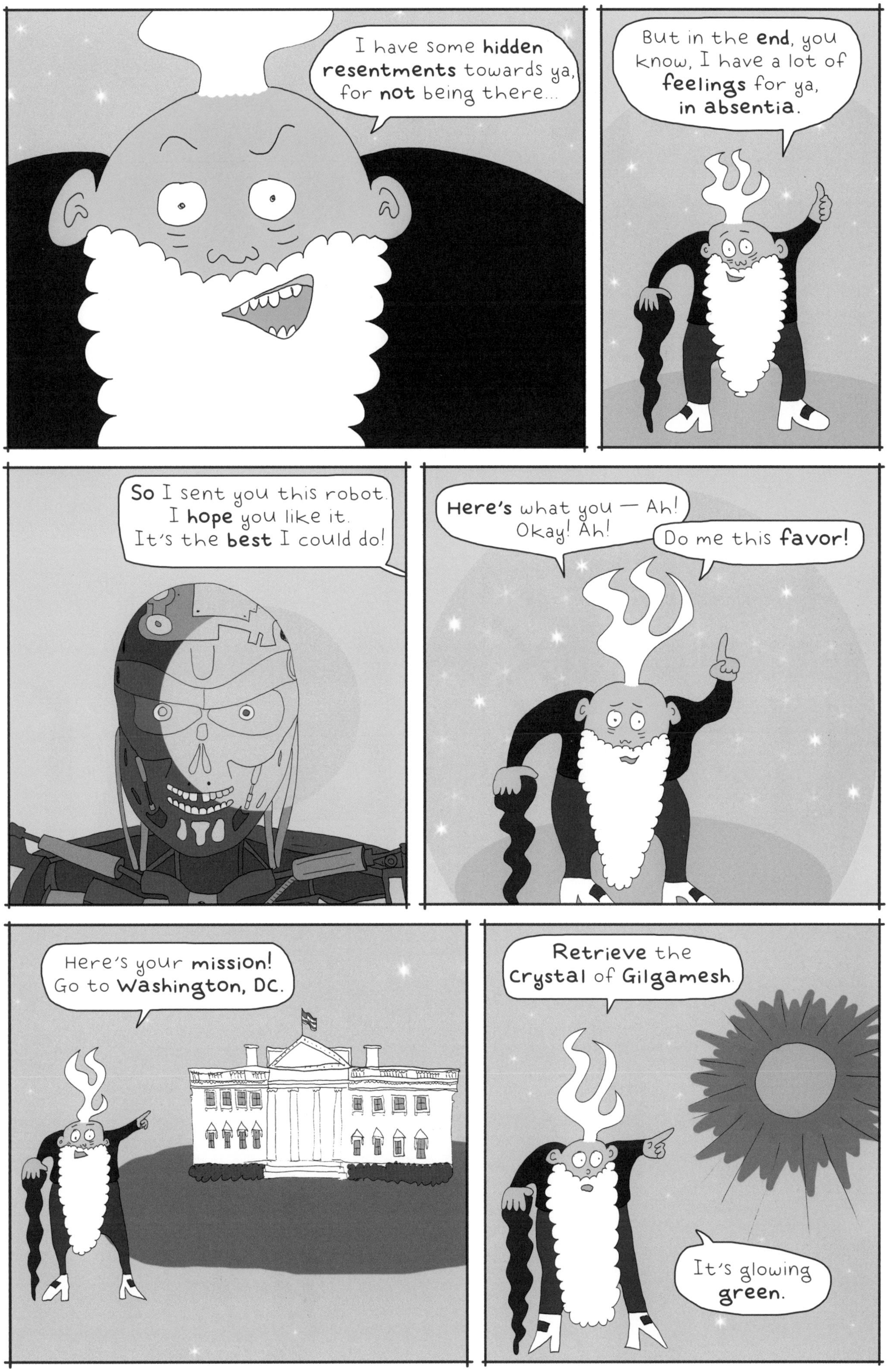
I have some **hidden** **resentments** towards ya, for **not** being there...
But in the **end**, you know, I have a lot of **feelings** for ya, **in absentia**.
So I sent you this robot. I **hope** you like it. It's the **best** I could do!
Here's what you — Ah! Okay! Ah!
Do me this **favor**!
Here's your **mission**! Go to **Washington, DC**.
Retrieve the **Crystal** of **Gilgamesh**.
It's glowing **green**.

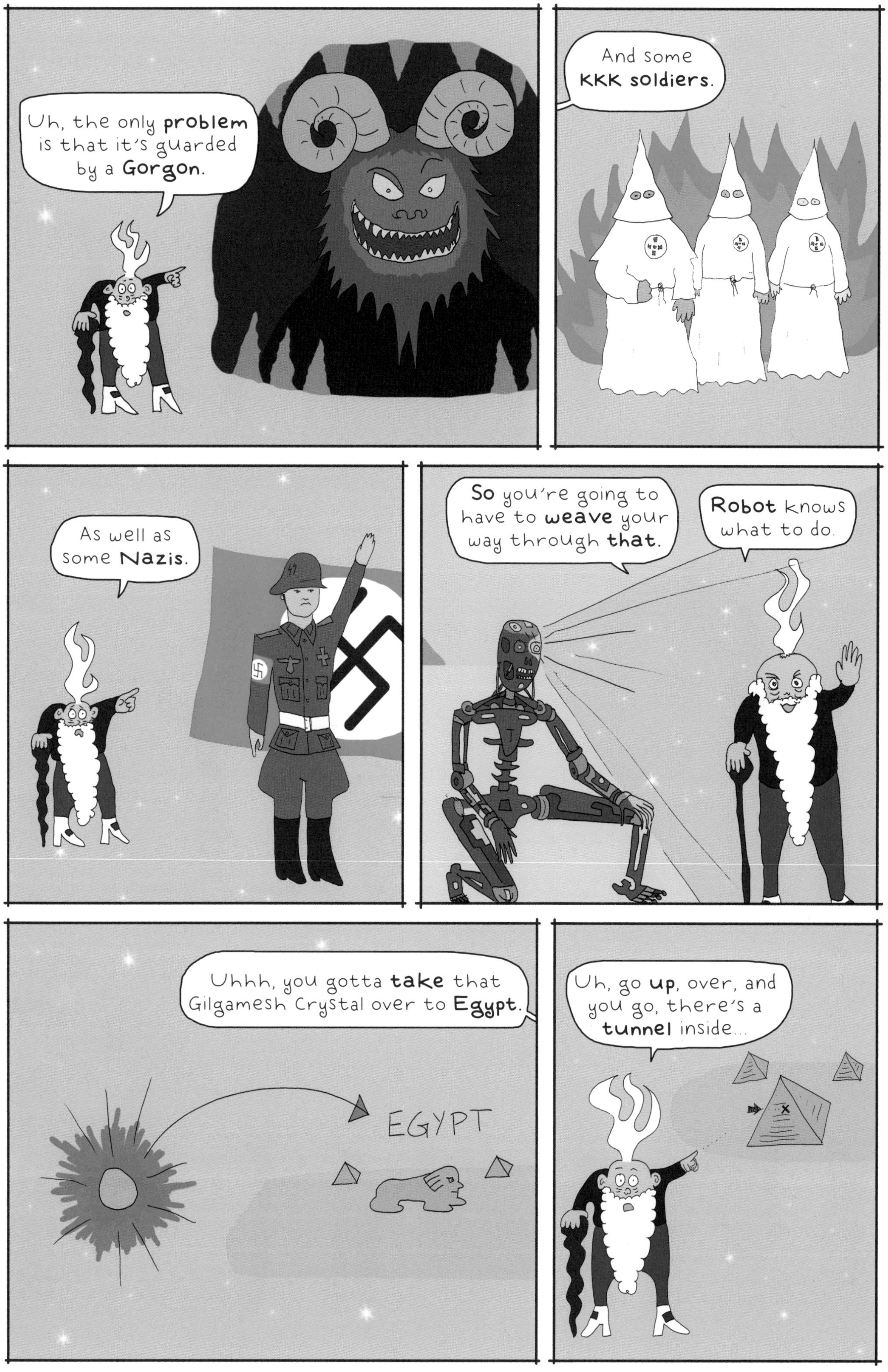
Uh, the only problem is that it's guarded by a Gorgon.
And some KKK soldiers.
As well as some Nazis.
So you're going to have to weave your way through that.
Robot knows what to do.
Uhhh, you gotta take that Gilgamesh Crystal over to Egypt.
EGYPT
Uh, go up, over, and you go, there's a tunnel inside...

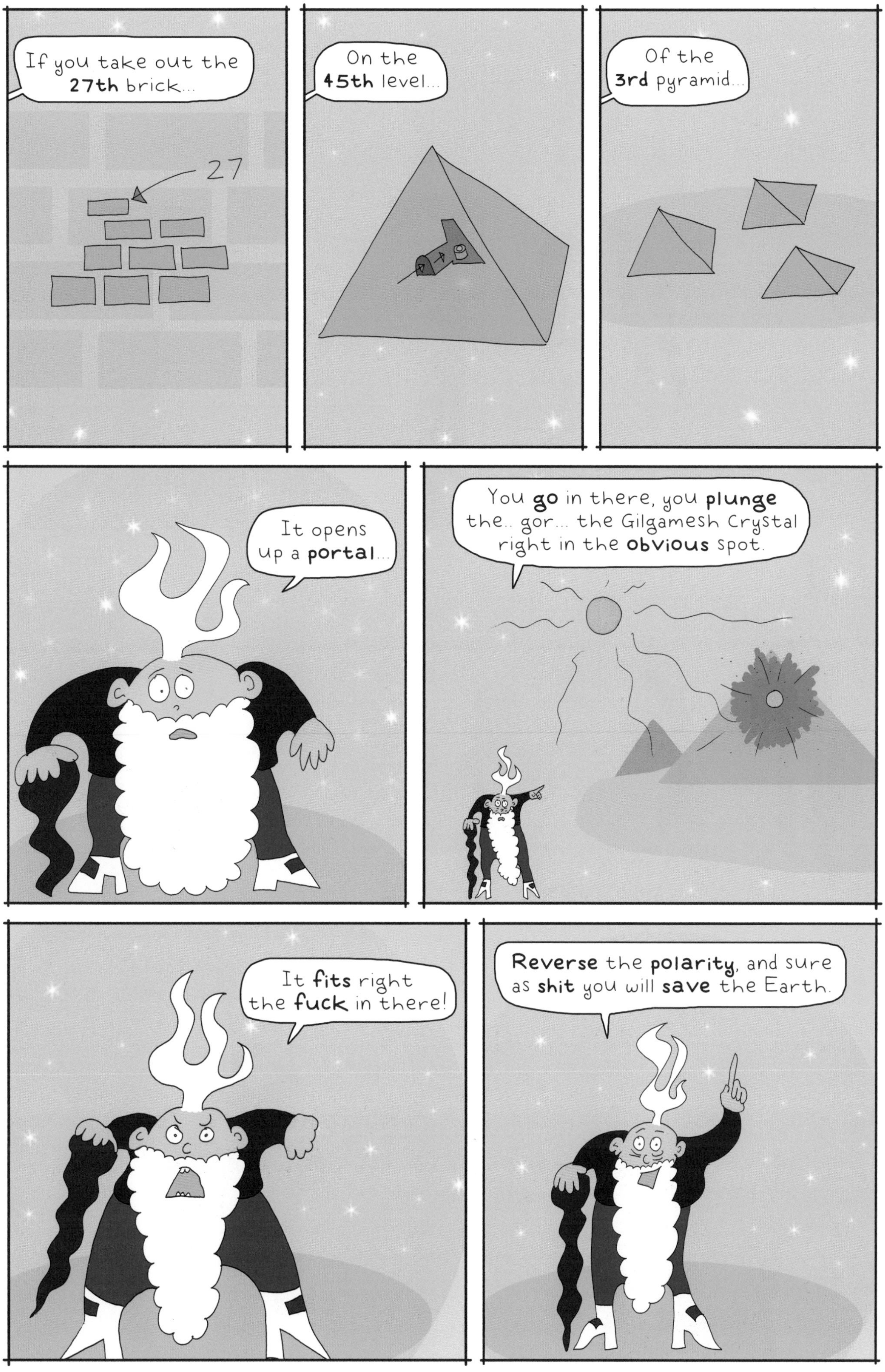

If you take out the **27th** brick...
27
On the **45th** level...
Of the **3rd** pyramid...
It opens up a **portal**...
You **go** in there, you **plunge** the.. gor... the Gilgamesh Crystal right in the **obvious** spot.
It **fits** right the **fuck** in there!
Reverse the **polarity**, and sure as **shit** you will **save** the Earth.

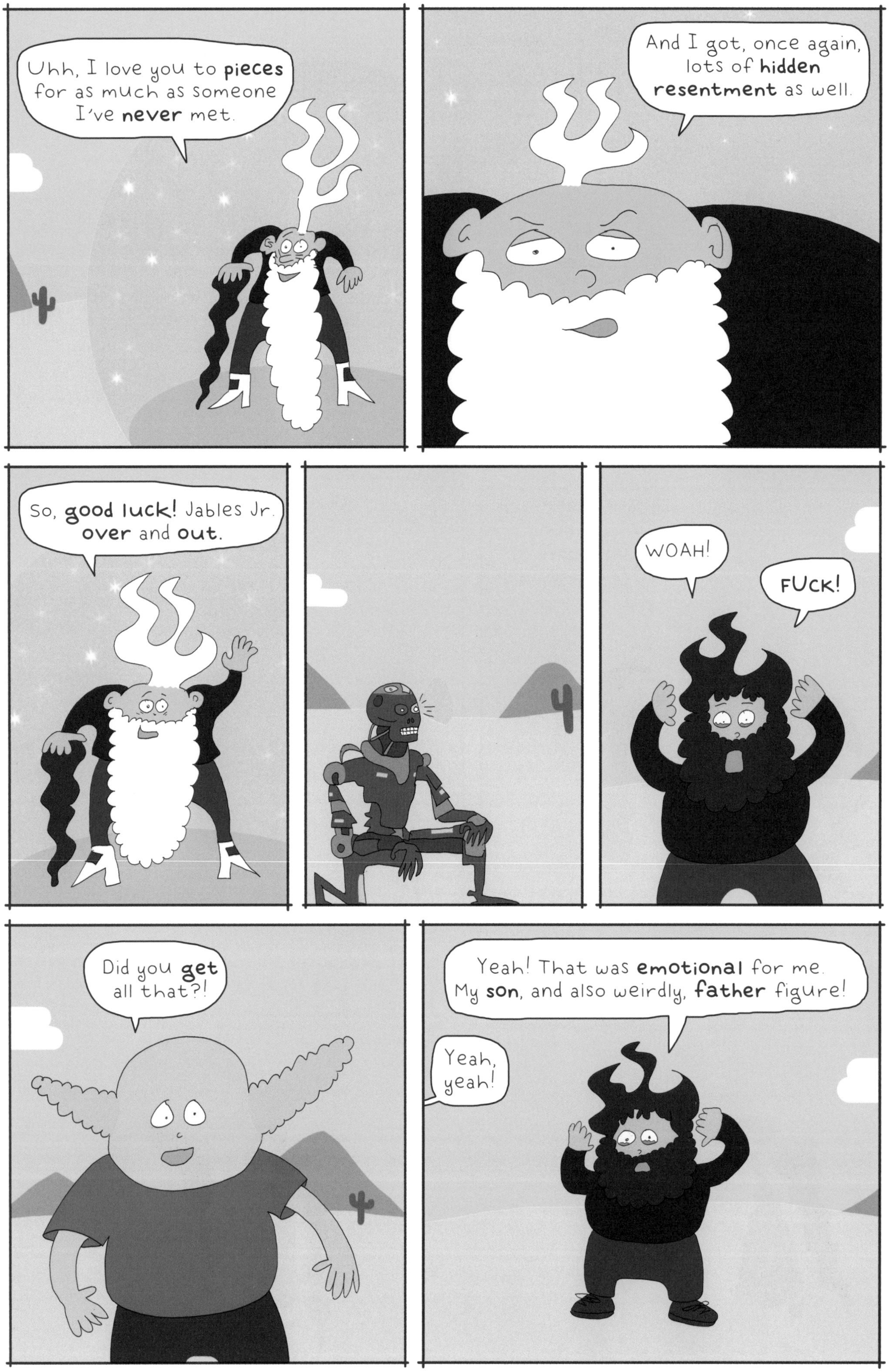
Uhh, I love you to **pieces** for as much as someone I've **never** met.
And I got, once again, lots of **hidden resentment** as well.
So, **good luck!** Jables Jr. **over** and **out**.
WOAH!
FUCK!
Did you **get** all that?!
Yeah! That was **emotional** for me. My **son**, and also weirdly, **father** figure!
Yeah, yeah!

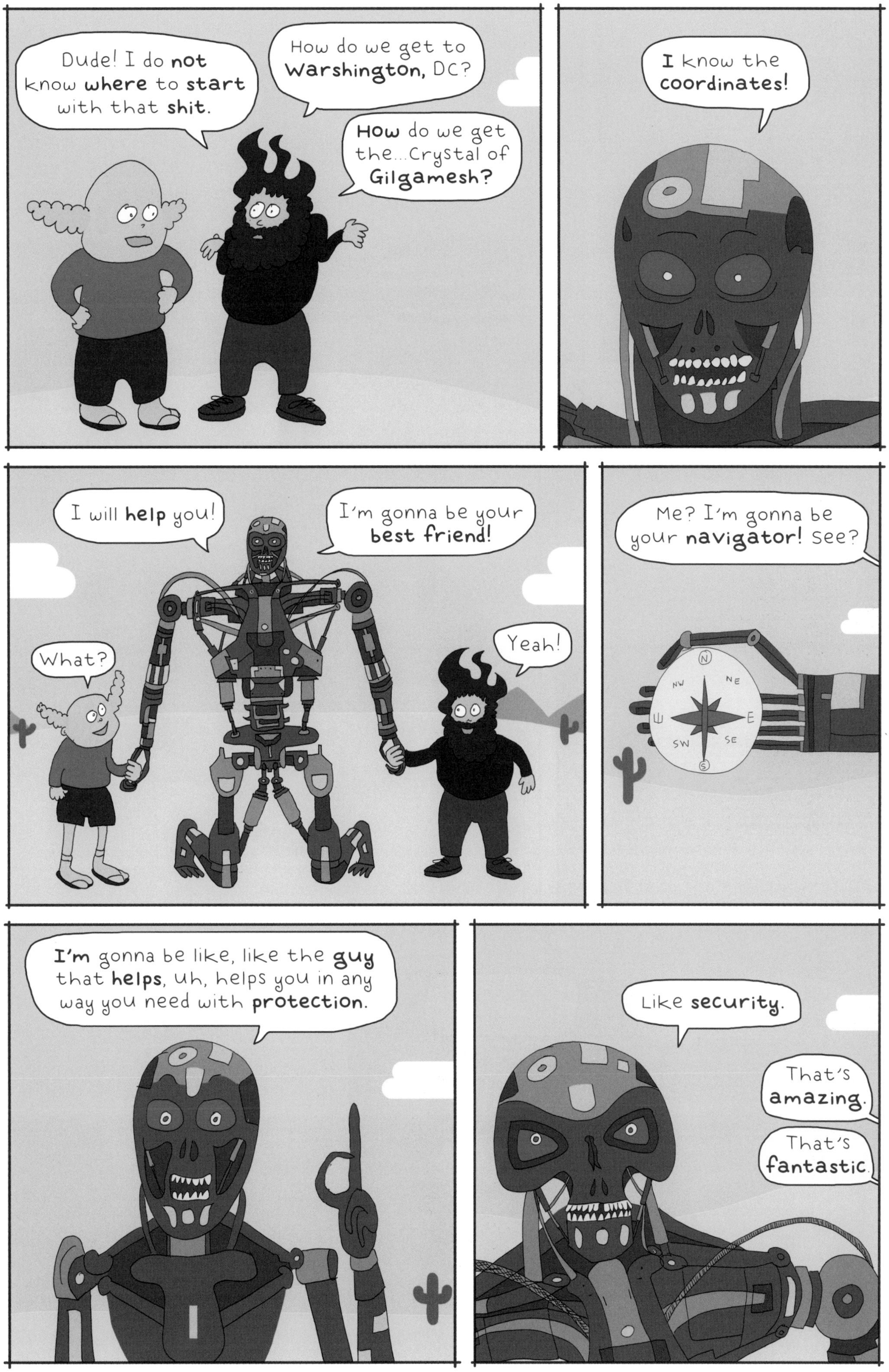
Dude! I do not know where to start with that shit.
How do we get to Warshington, DC?
How do we get the...Crystal of Gilgamesh?
I know the coordinates!
I will help you!
I'm gonna be your best friend!
What?
Yeah!
Me? I'm gonna be your navigator! See?
N
NW
NE
W
E
SW
SE
S
I'm gonna be like, like the guy that helps, uh, helps you in any way you need with protection.
Like security.
That's amazing.
That's fantastic.

And **ALSO!** I'm gonna make sure that if you're **hungry**, I'll go **hunting** for you!

If you're **thirsty**, I'll get you some **water**.

If you're feeling **horny** and you need to **cum**...

What?

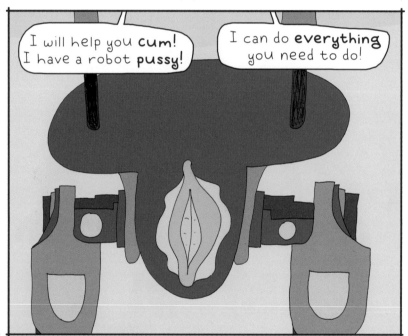

I will help you **cum!** I have a robot **pussy!**

I can do **everything** you need to do!

I'm gonna be your **best friend!**

I'm gonna be in the **band!**

Yeah... Uhhh...

92

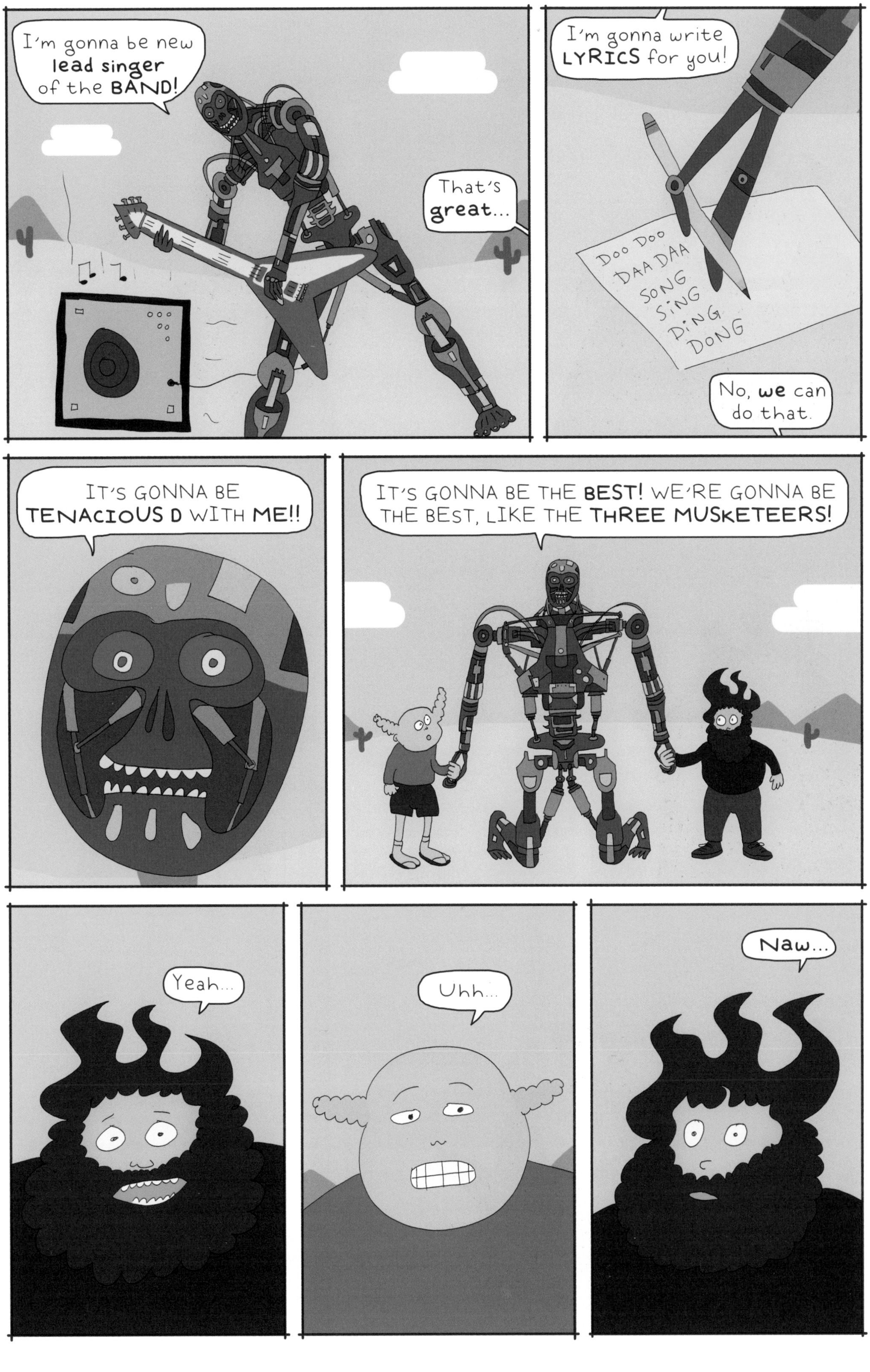

I'm gonna be new lead singer of the BAND!
That's great...
I'm gonna write LYRICS for you!
DOO DOO
DAA DAA
SONG
SING
DING
DONG
No, we can do that.
IT'S GONNA BE TENACIOUS D WITH ME!!
IT'S GONNA BE THE BEST! WE'RE GONNA BE THE BEST, LIKE THE THREE MUSKETEERS!
Yeah...
Uhh...
Naw...

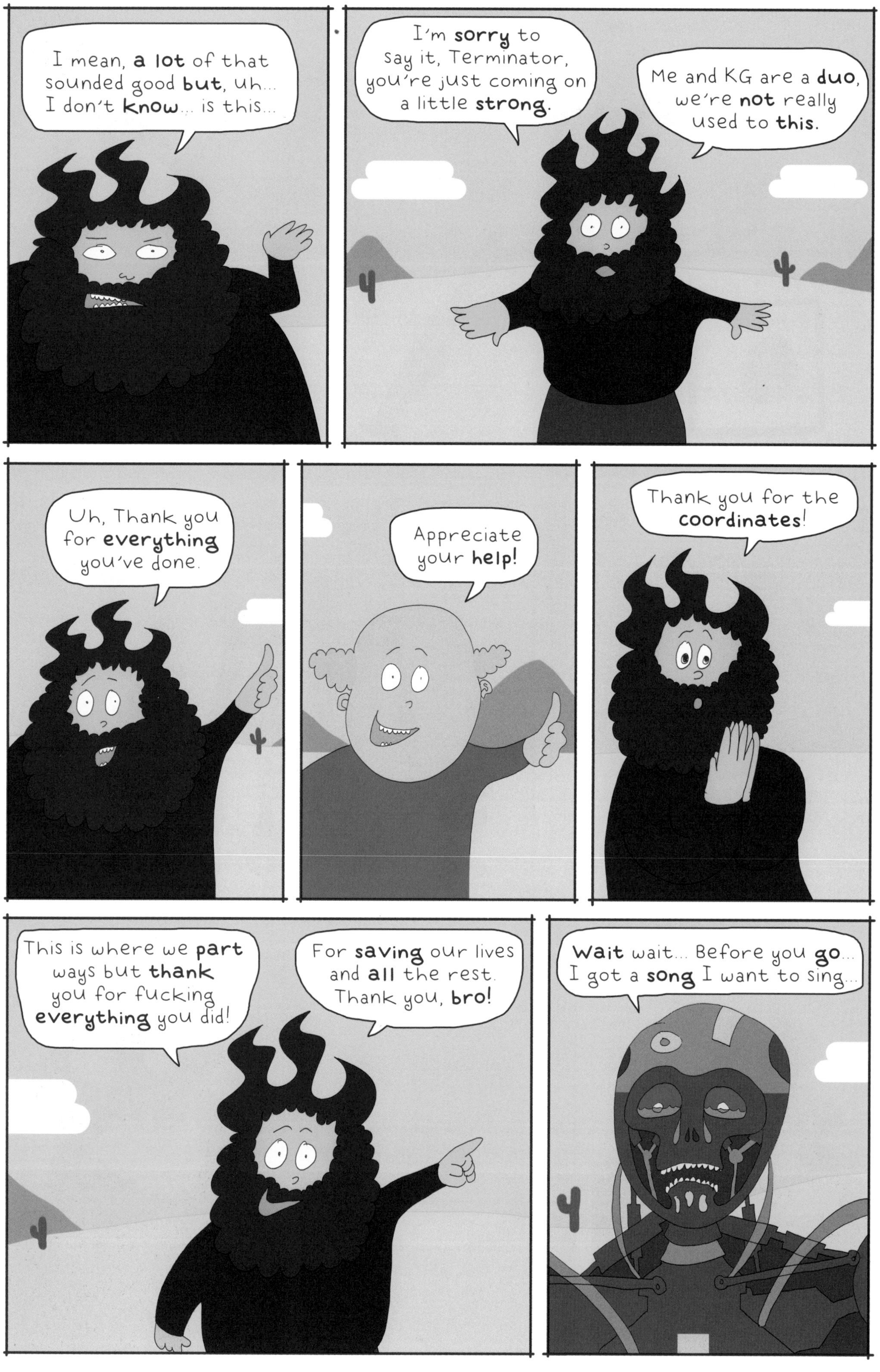
I mean, a lot of that sounded good but, uh... I don't know... is this...
I'm sorry to say it, Terminator, you're just coming on a little strong.
Me and KG are a duo, we're not really used to this.
Uh, Thank you for everything you've done.
Appreciate your help!
Thank you for the coordinates!
This is where we part ways but thank you for fucking everything you did!
For saving our lives and all the rest. Thank you, bro!
Wait wait... Before you go... I got a song I want to sing...

♫ ROBOT ♫
I AM A ROBOT
NAKED AND ALONE
TIME MACH INE
1 2 3 4
5 6 7 8 9
SENT FROM THE FUTURE
TO BUILD A NEW HOME
MISSION
ACCOMPLISHED
FIND THE D
SAVE THEM FROM
DADDY DING DONG
AND...
BUILD A HOME

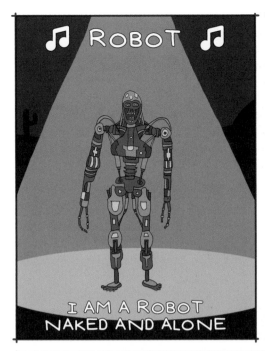

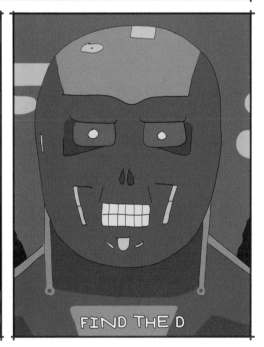

MAKE IT RIGHT
MAKE IT NICE

KILL ALL THE EVIL

AND THE NAZIS

KKK
KILL THEM ALL

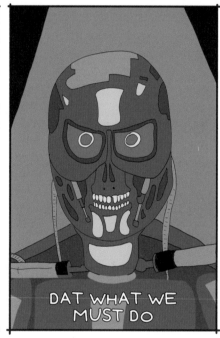

DAT WHAT WE
MUST DO

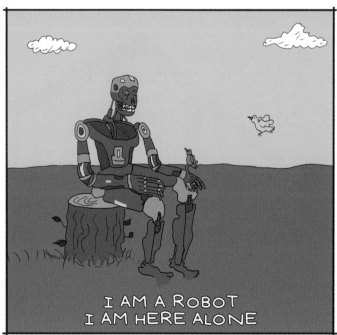

I AM A ROBOT
I AM HERE ALONE

JUST LIKE A DOGGY
SEARCHING FOR HIS BONE

EVERYONE SEES ME
BUT NO ONE UNDERSTANDS

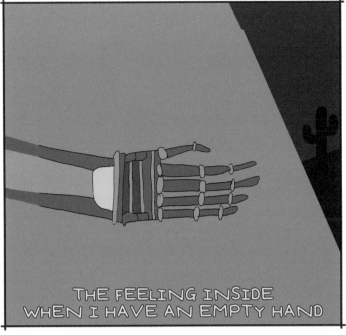

THE FEELING INSIDE
WHEN I HAVE AN EMPTY HAND

NO ONE WILL PUT ME
IN THEIR BAND

cUS EVERYONE
HATES A ROBOT

BUT I AM SUCH
A GOOD ROBOT

I AM NOT AN EVIL ROBOT
UNDERSTAND

I AM JUST A SIMPLE ROBOT
HOLD MY HAND
AND ONE OF THES DAYS
I'LL BE A MAN
OOH-OOH-OOH-OOH-OOOO
OOOOOOH-OOH-OOO
OOOOOO-WI-DI-DI-DI-DOO
OOOOOOOOOO

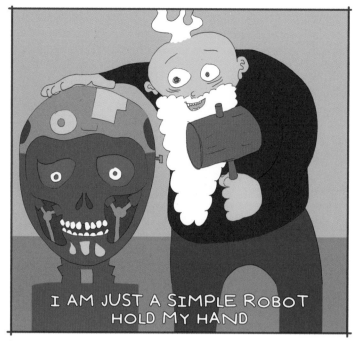

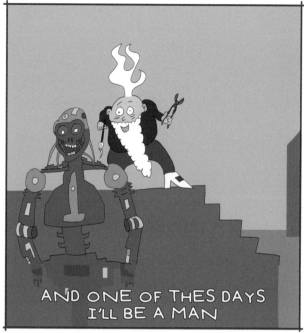

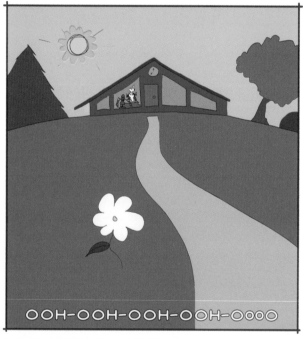

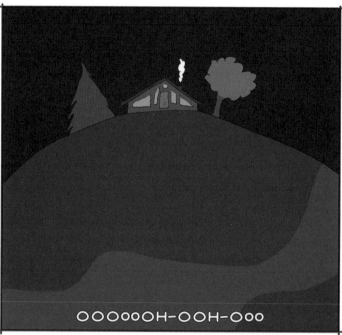

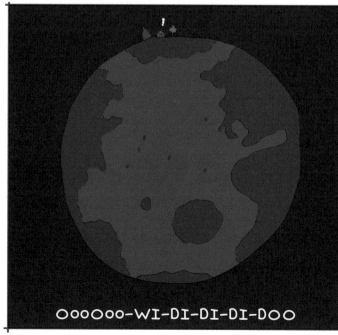

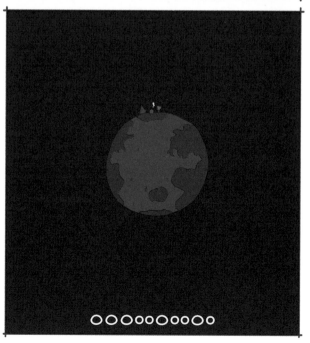

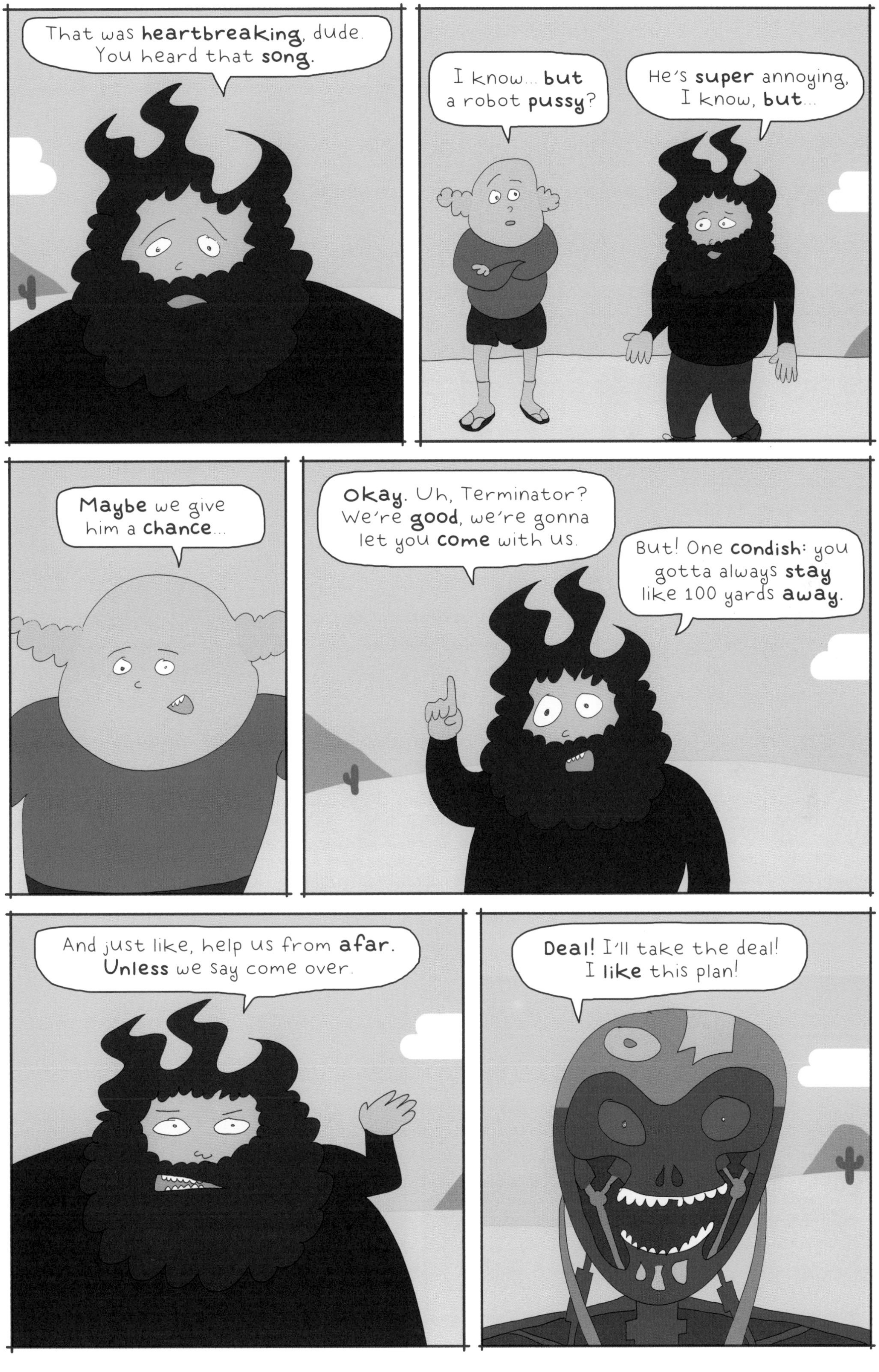
That was heartbreaking, dude. You heard that song.
I know... but a robot pussy?
He's super annoying, I know, but...
Maybe we give him a chance...
Okay. Uh, Terminator? We're good, we're gonna let you come with us.
But! One condish: you gotta always stay like 100 yards away.
And just like, help us from afar. Unless we say come over.
Deal! I'll take the deal! I like this plan!

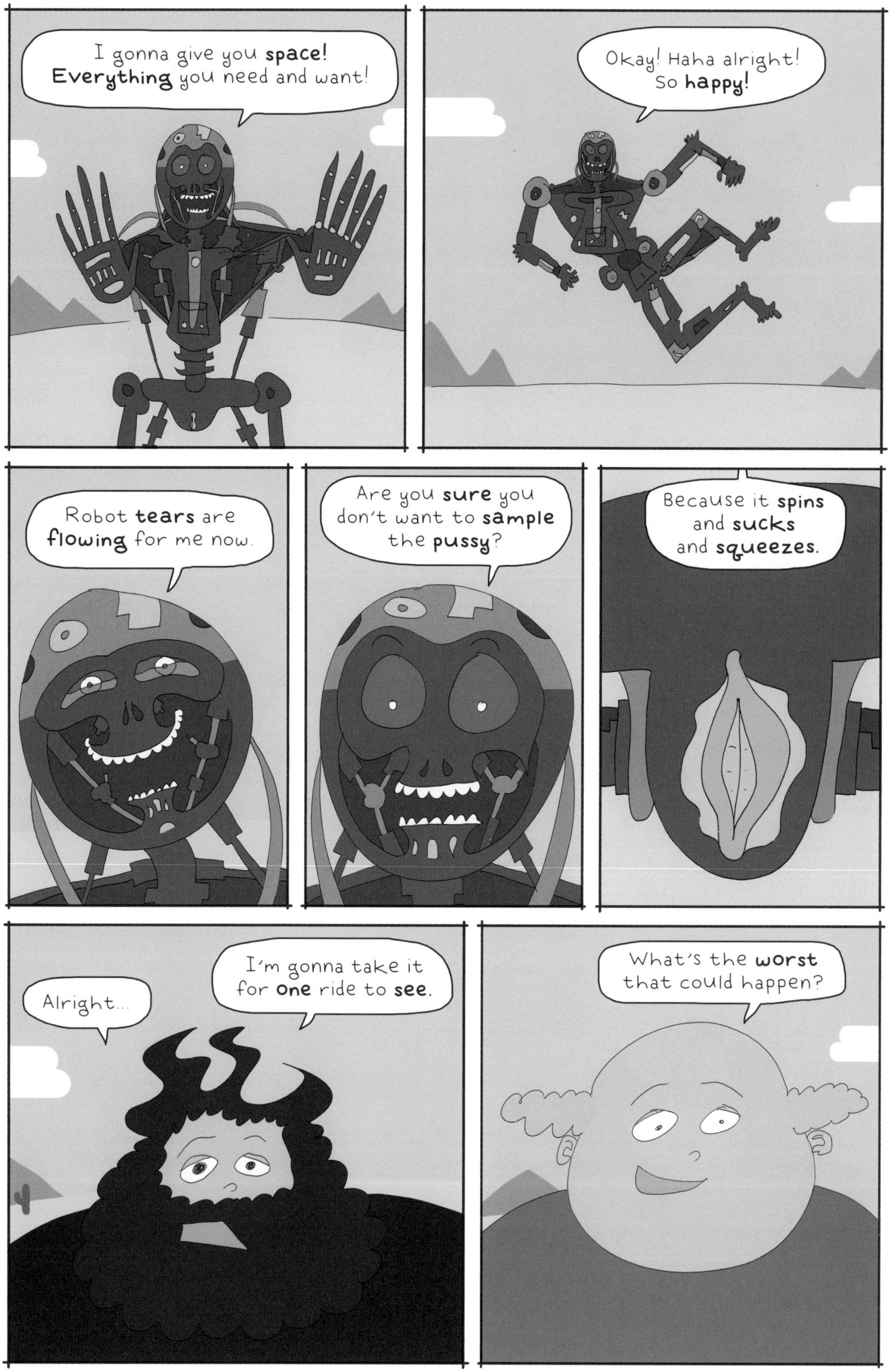
I gonna give you **space**! **Everything** you need and want!
Okay! Haha alright! So **happy**!
Robot **tears** are **flowing** for me now.
Are you **sure** you don't want to **sample** the **pussy**?
Because it **spins** and **sucks** and **squeezes**.
Alright...
I'm gonna take it for **one** ride to **see**.
What's the **worst** that could happen?

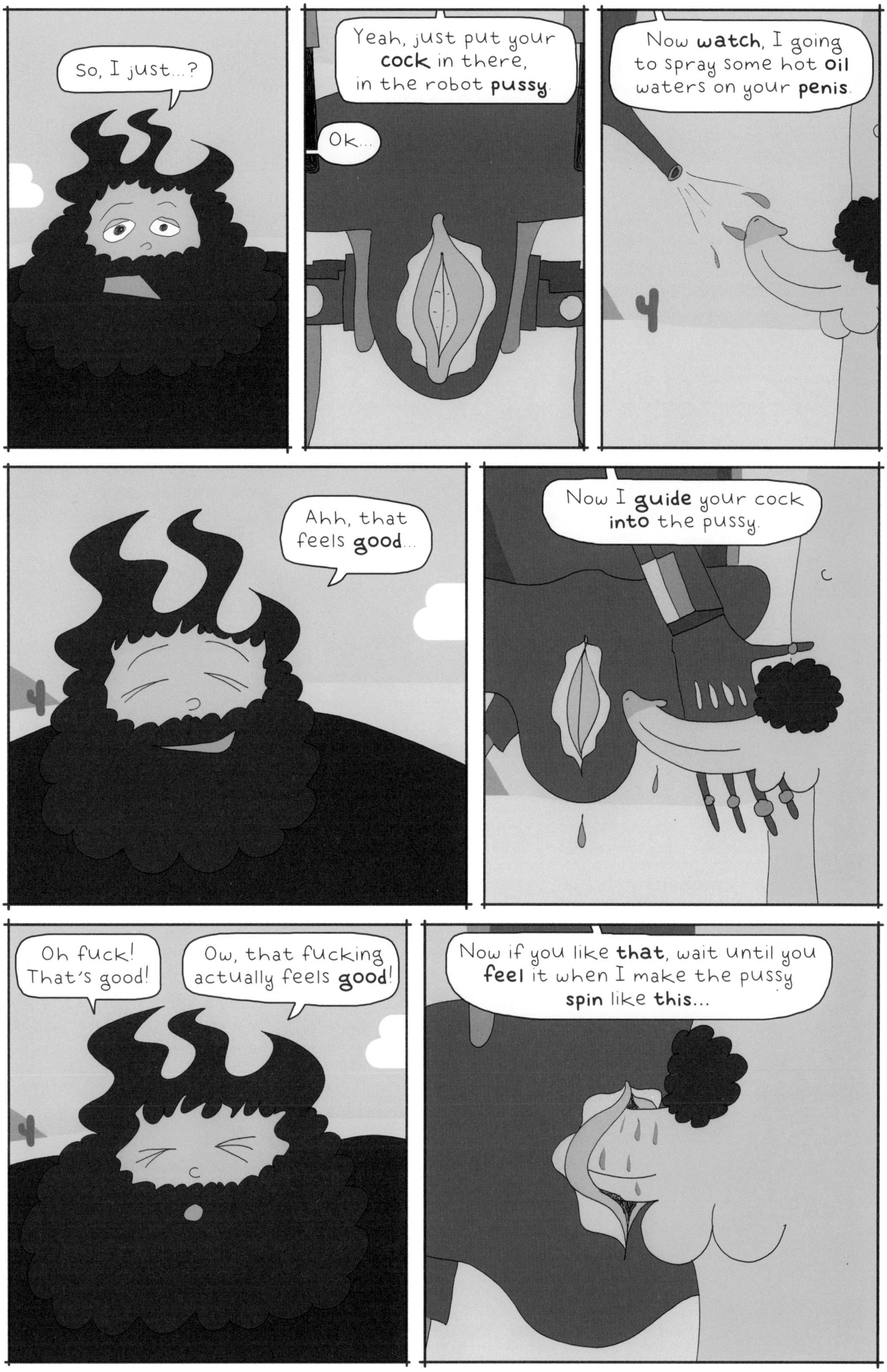
So, I just...?
Yeah, just put your cock in there, in the robot pussy.
Ok...
Now watch, I going to spray some hot oil waters on your penis.
Ahh, that feels good...
Now I guide your cock into the pussy.
Oh fuck! That's good!
Ow, that fucking actually feels good!
Now if you like that, wait until you feel it when I make the pussy spin like this...

VRRRRRRRR

Add the **suction!**

SPLLLOOOOO

Wahh ahhh!

VRRRRRRRR

Oh **God**, that feels...

SPLLLOOOOO

Ahhhh!

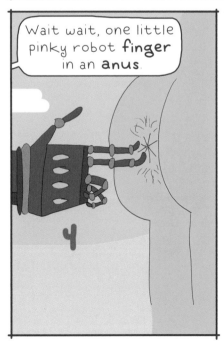

Wait wait, one little pinky robot **finger** in an **anus**.

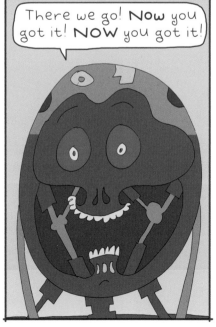

There we go! **Now** you got it! **NOW** you got it!

AHHH HA HA HAAA!

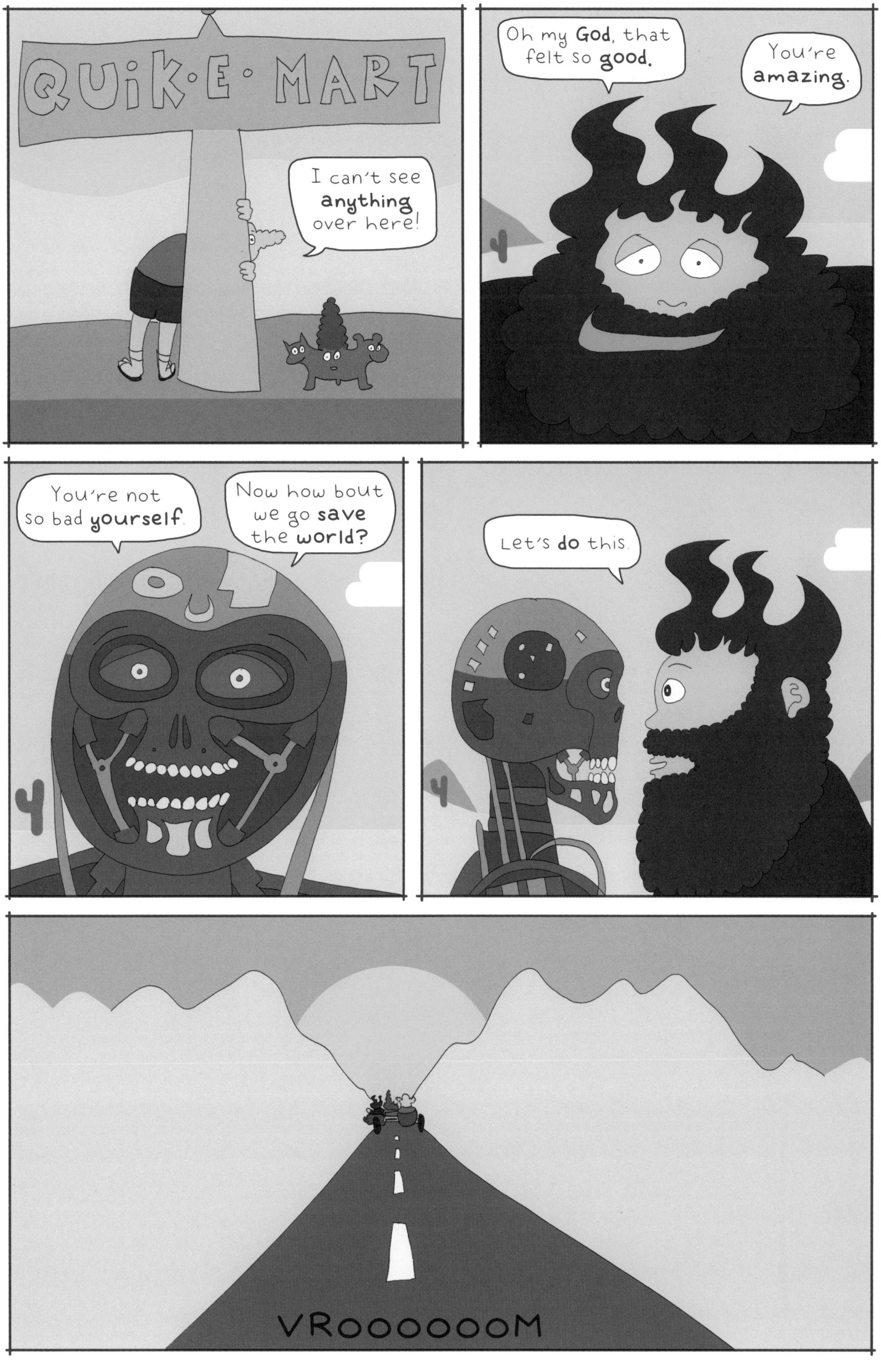
QUIK·E·MART
I can't see anything over here!
Oh my God, that felt so good.
You're amazing.
You're not so bad yourself.
Now how bout we go save the world?
Let's do this.
VROOOOOOM

CHAPTER
5
DONALD

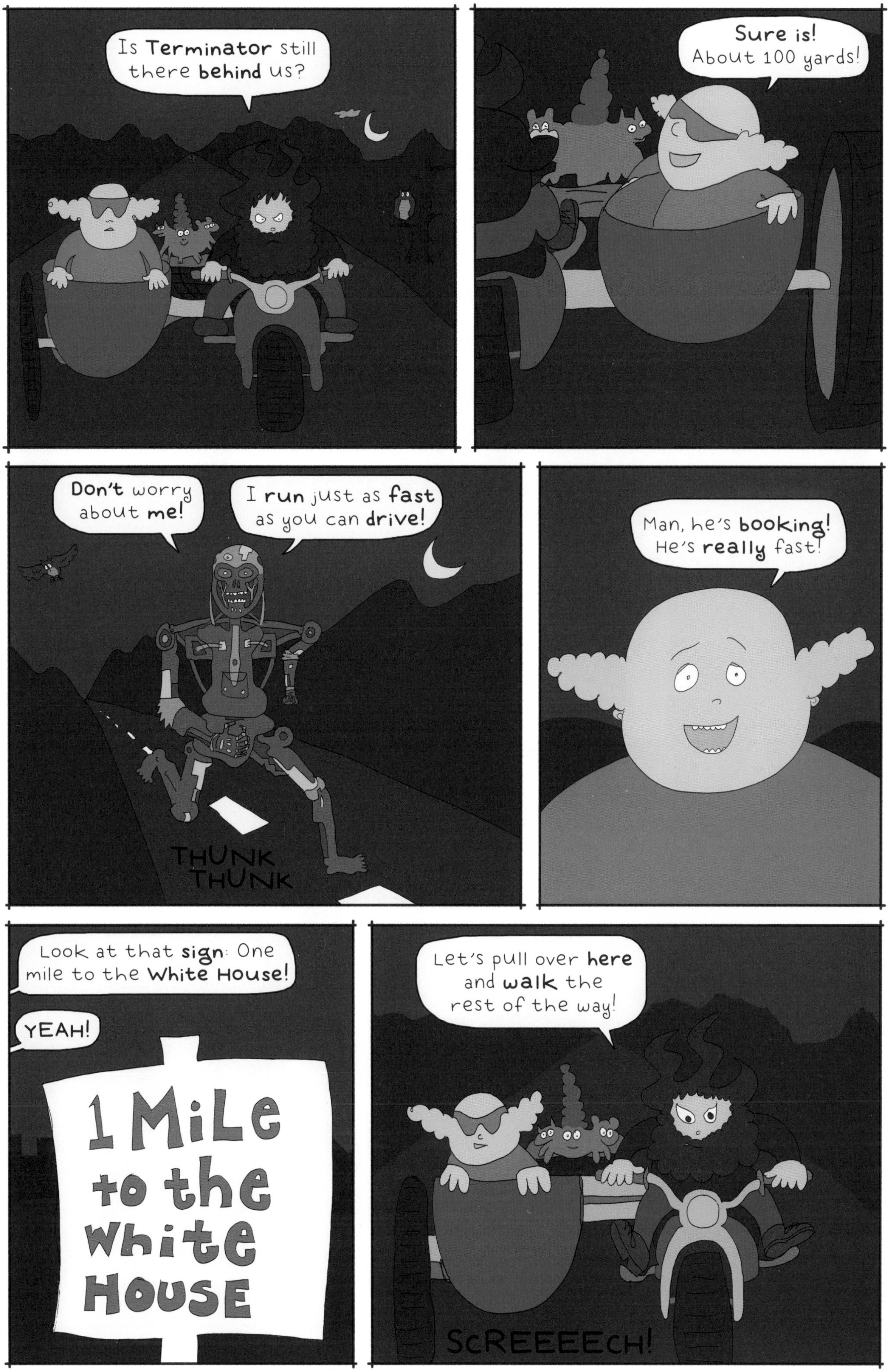
Is Terminator still there behind us?
Sure is! About 100 yards!
Don't worry about me!
I run just as fast as you can drive!
THUNK THUNK
Man, he's booking! He's really fast!
Look at that sign: One mile to the White House!
YEAH!
1 MiLe to the white HOUSE
Let's pull over here and walk the rest of the way!
ScREEEEcH!

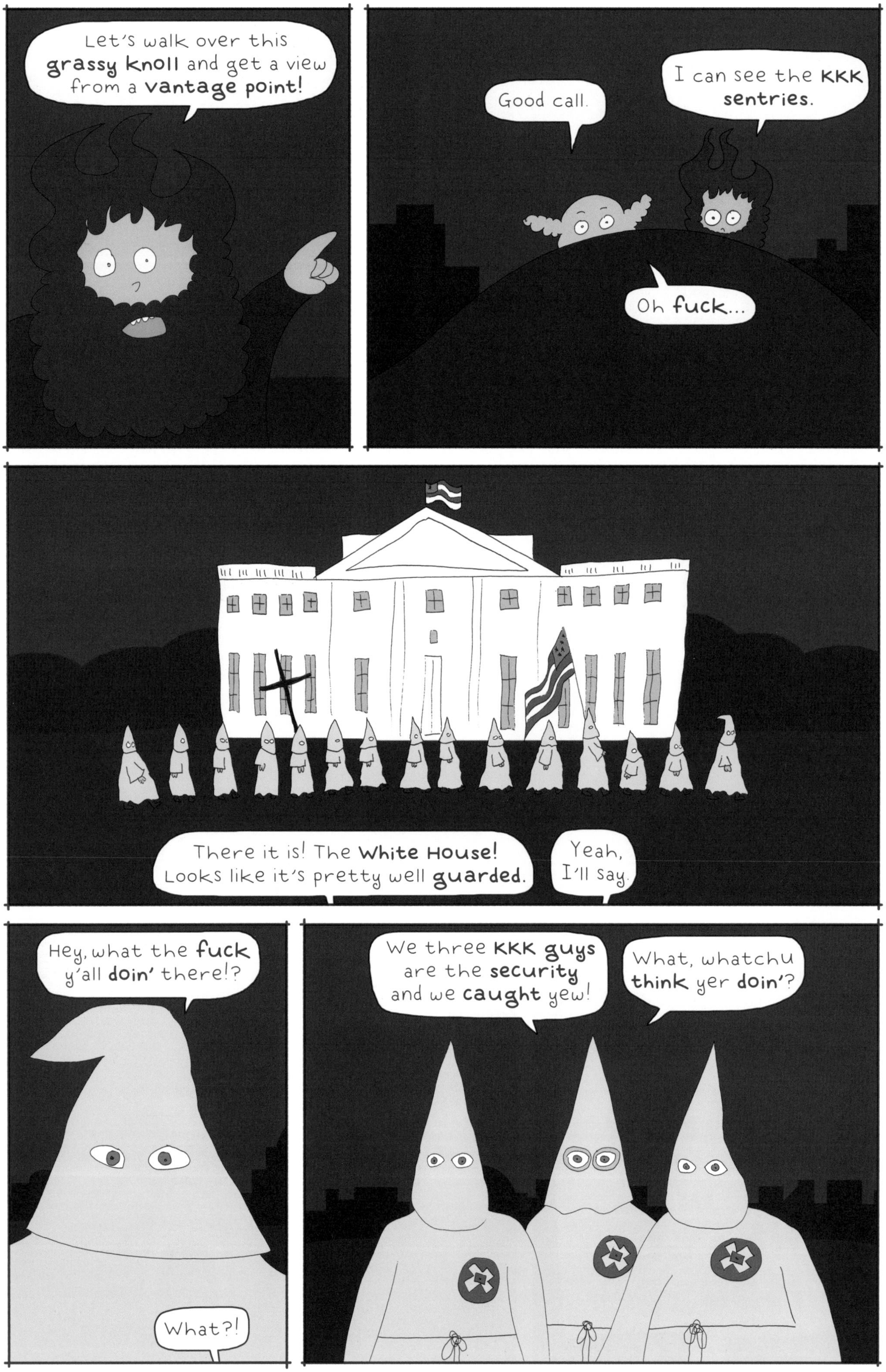
Let's walk over this grassy knoll and get a view from a vantage point!
Good call.
I can see the KKK sentries.
Oh fuck...
There it is! The White House! Looks like it's pretty well guarded.
Yeah, I'll say.
Hey, what the fuck y'all doin' there!?
What?!
We three KKK guys are the security and we caught yew!
What, whatchu think yer doin'?

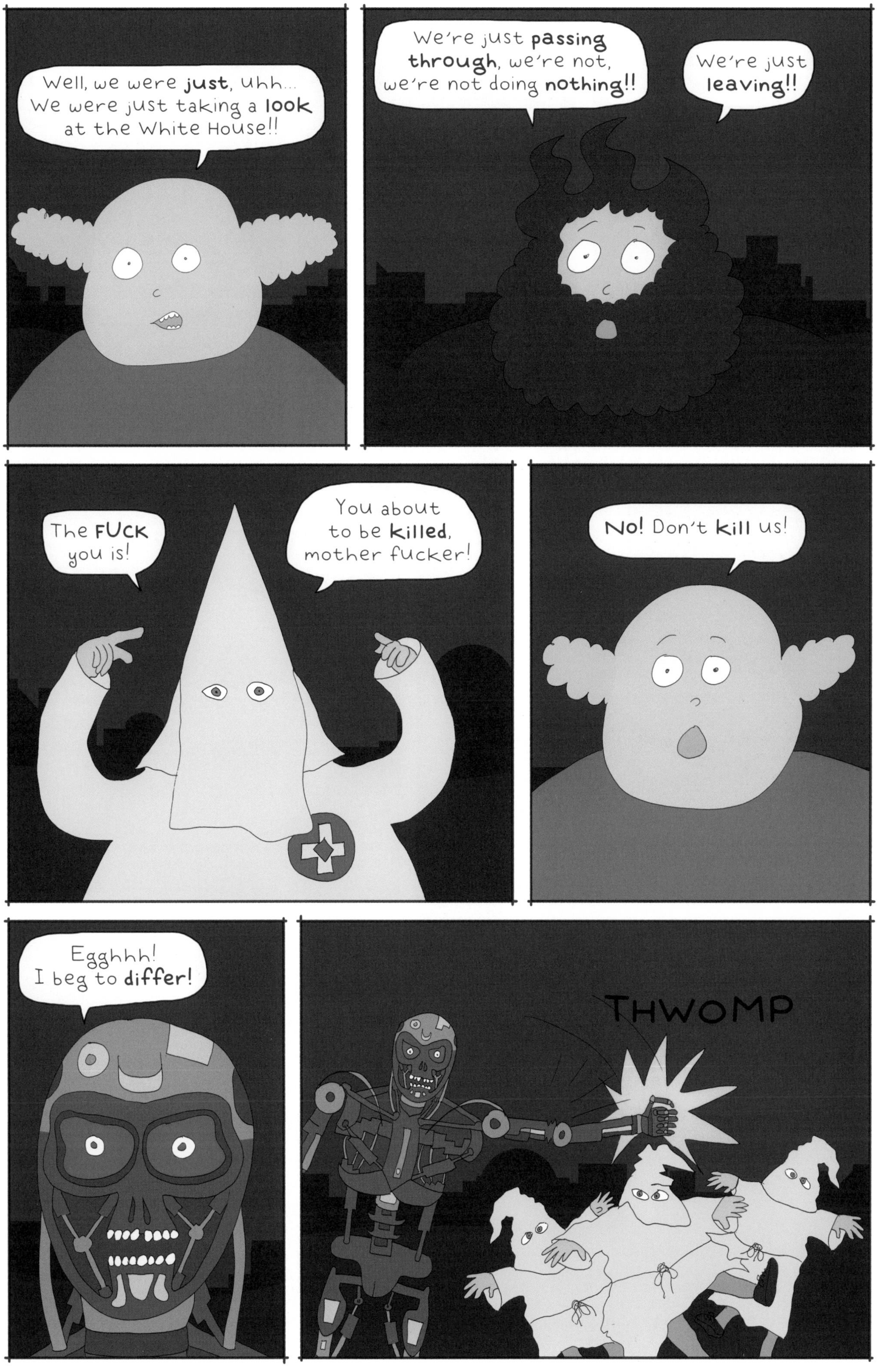
Well, we were just, uhh... We were just taking a look at the White House!!
We're just passing through, we're not, we're not doing nothing!!
We're just leaving!!
The FUCK you is!
You about to be killed, mother fucker!
No! Don't kill us!
Egghhh! I beg to differ!
THWOMP

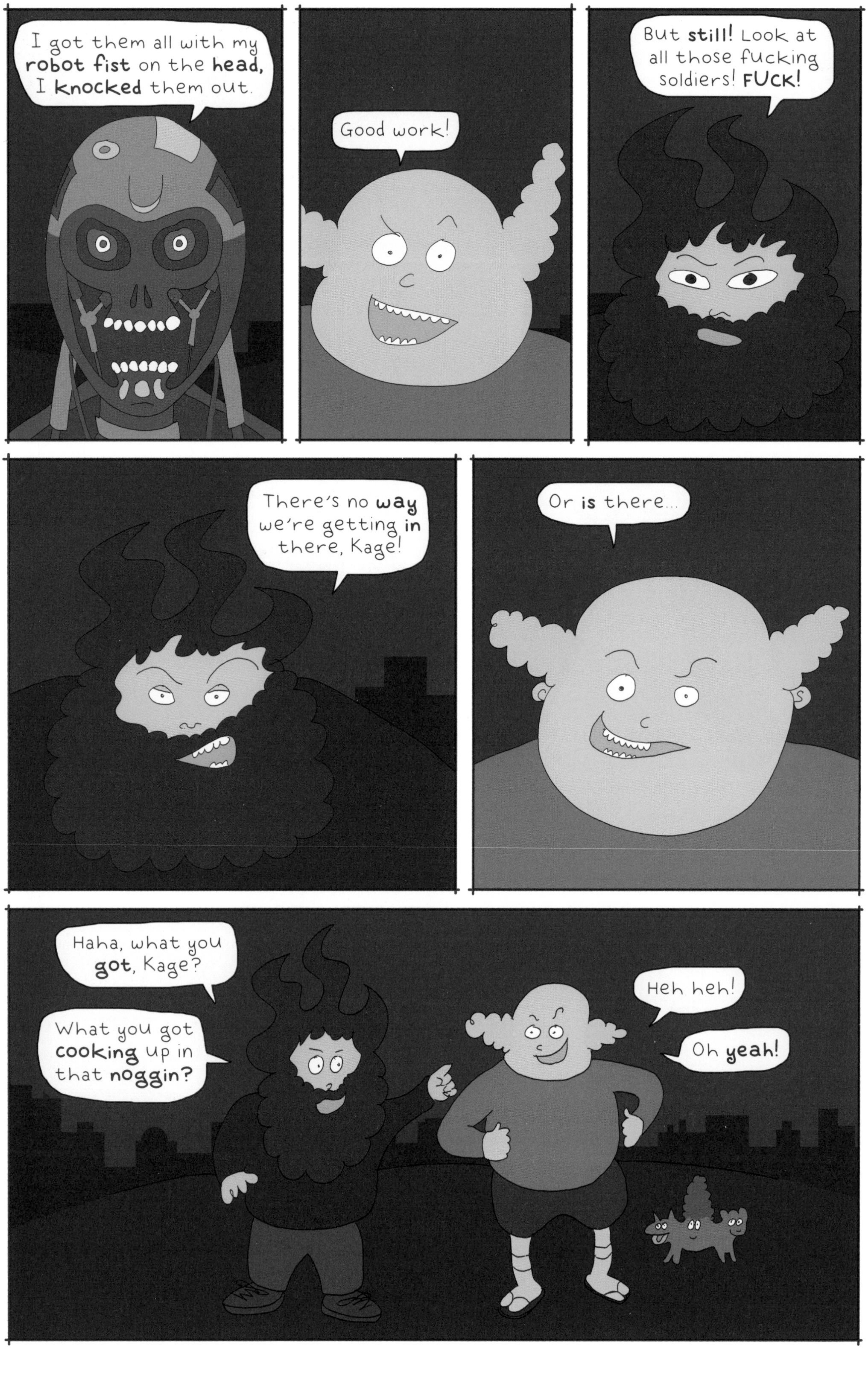
I got them all with my robot fist on the head, I knocked them out.
Good work!
But still! Look at all those fucking soldiers! FUCK!
There's no way we're getting in there, Kage!
Or is there...
Haha, what you got, Kage?
What you got cooking up in that noggin?
Heh heh!
Oh yeah!

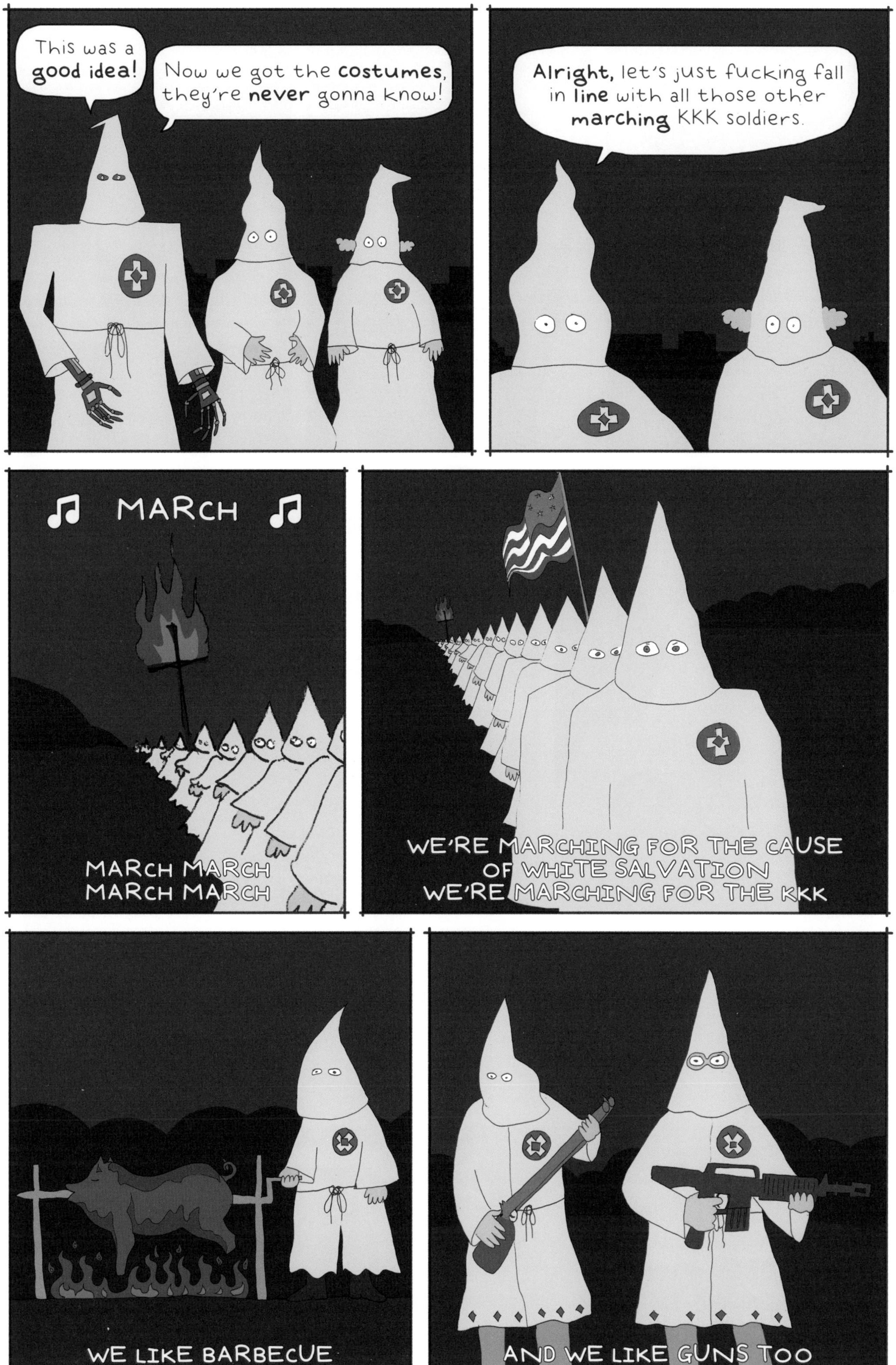

This was a good idea!
Now we got the costumes, they're never gonna know!
Alright, let's just fucking fall in line with all those other marching KKK soldiers.
MARCH
MARCH MARCH MARCH MARCH
WE'RE MARCHING FOR THE CAUSE OF WHITE SALVATION WE'RE MARCHING FOR THE KKK
WE LIKE BARBECUE
AND WE LIKE GUNS TOO

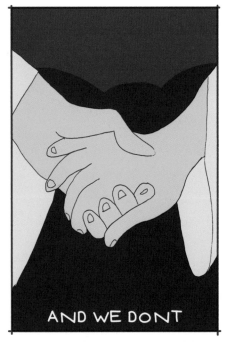

AND WE DONT

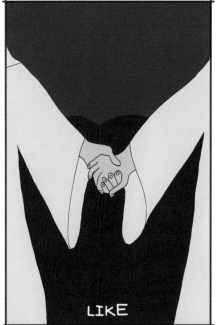

LIKE

GAYS

MARCH MARCH
MARCH MARCH

WE'RE MARCHING TO SECURE
THE WHITE ASCENSION

WE'RE MARCHING TO PROTECT
OUR SACRED WAYS

IN THE USA

YOU ARE NOT ALLOWED
TO BE GAY

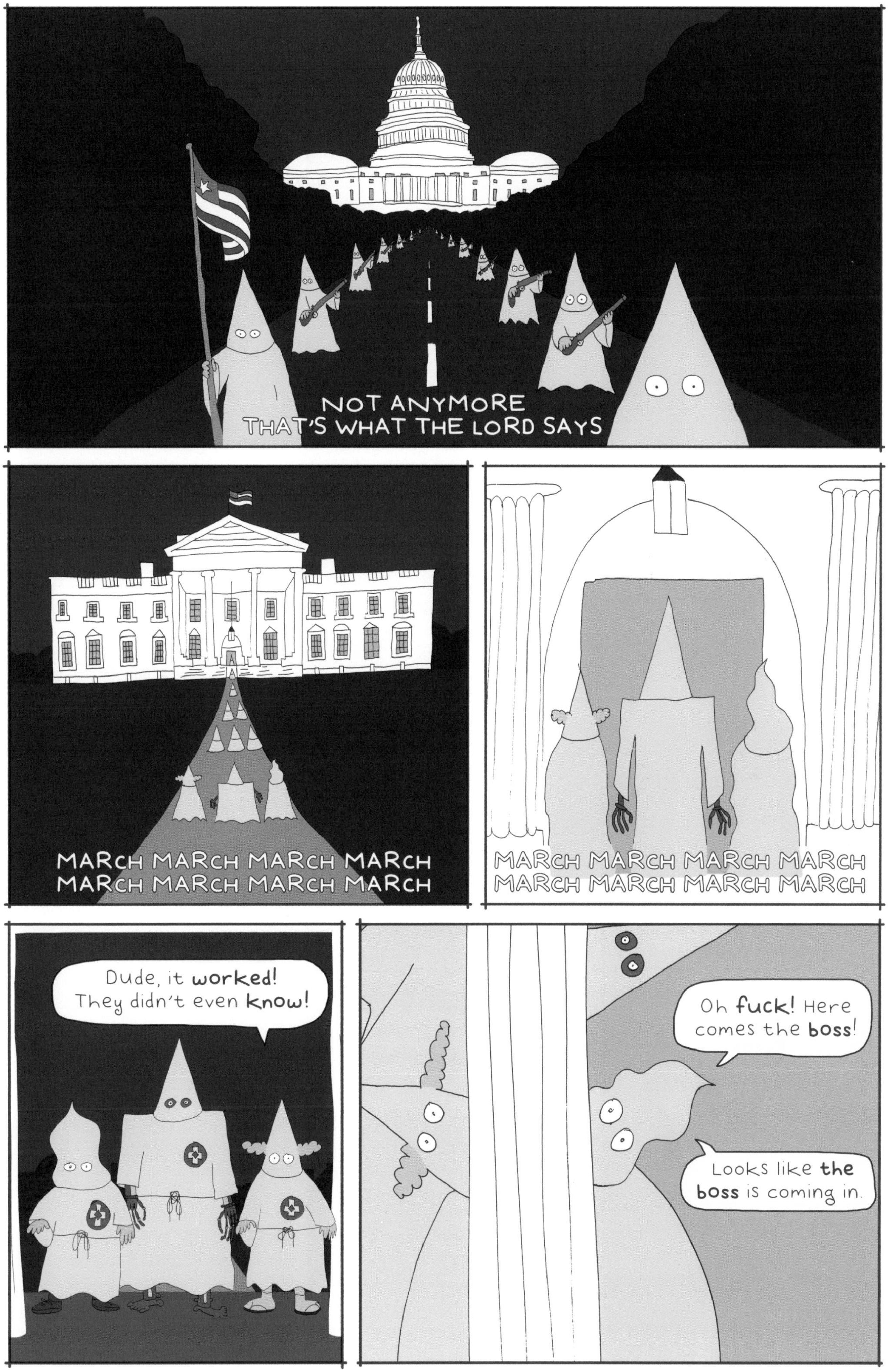

NOT ANYMORE
THAT'S WHAT THE LORD SAYS
MARCH MARCH MARCH MARCH
MARCH MARCH MARCH MARCH
MARCH MARCH MARCH MARCH
MARCH MARCH MARCH MARCH
Dude, it worked! They didn't even know!
Oh fuck! Here comes the boss!
Looks like the boss is coming in.

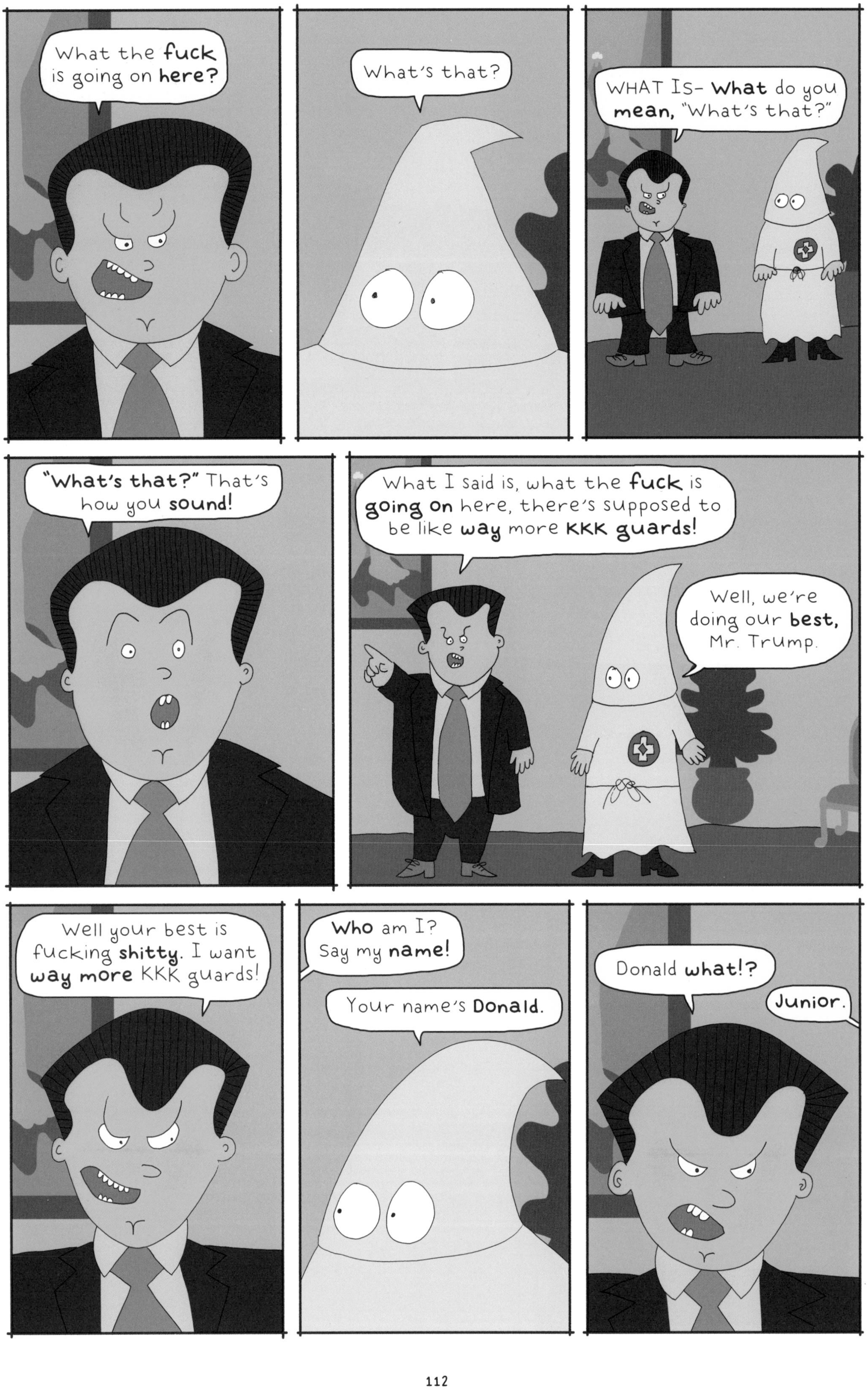
What the **fuck** is going on **here?**
What's that?
WHAT IS- **What** do you **mean,** "What's that?"
"What's that?" That's how you **sound!**
What I said is, what the **fuck** is **going on** here, there's supposed to be like **way** more **KKK guards!**
Well, we're doing our **best,** Mr. Trump.
Well your best is fucking **shitty**. I want **way more** KKK guards!
Who am I? Say my **name!**
Your name's **Donald.**
Donald **what!?**
Junior.

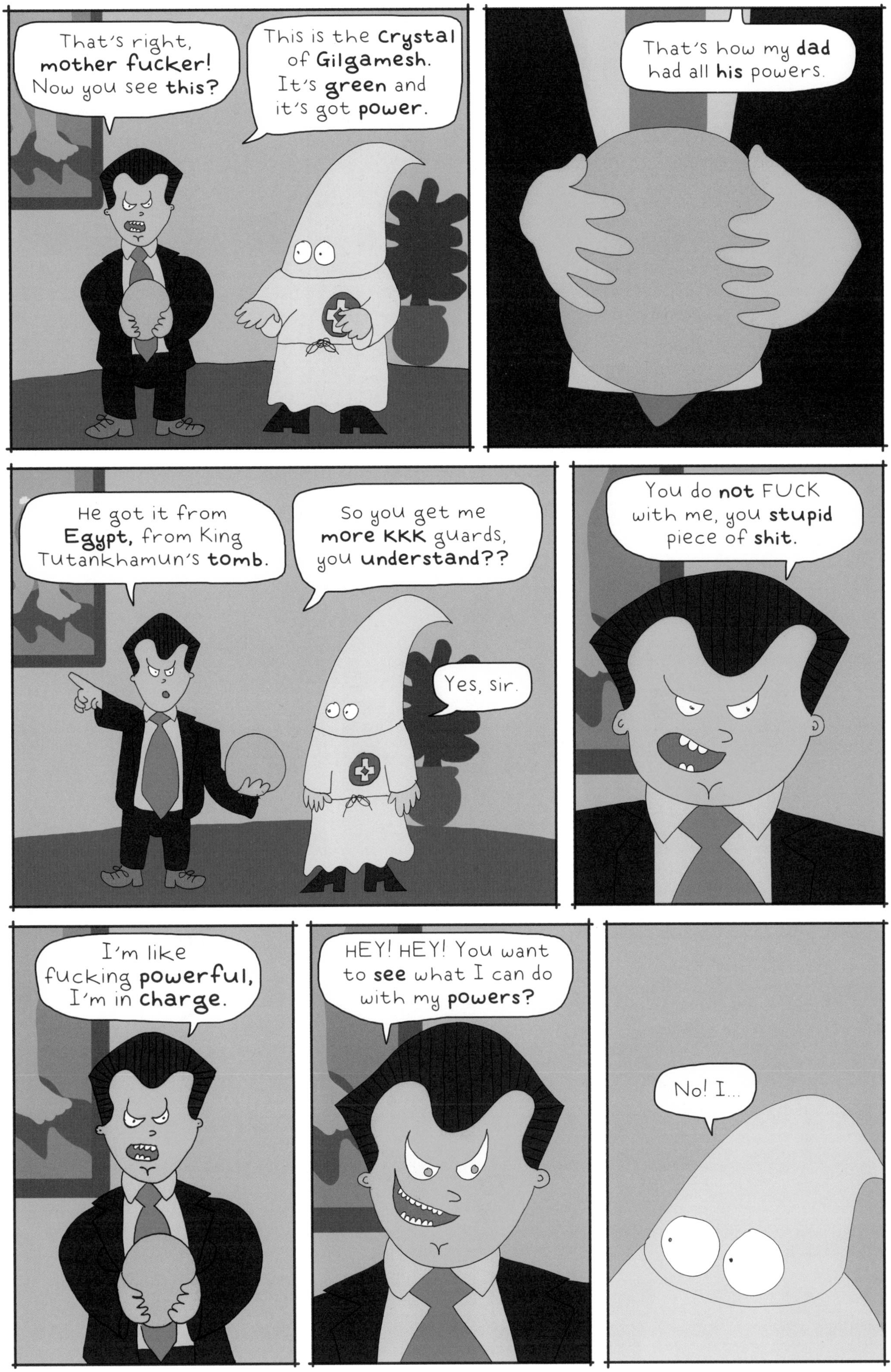
That's right, mother fucker! Now you see this?
This is the crystal of Gilgamesh. It's green and it's got power.
That's how my dad had all his powers.
He got it from Egypt, from King Tutankhamun's tomb.
So you get me more KKK guards, you understand??
Yes, sir.
You do not FUCK with me, you stupid piece of shit.
I'm like fucking powerful, I'm in charge.
HEY! HEY! You want to see what I can do with my powers?
No! I...

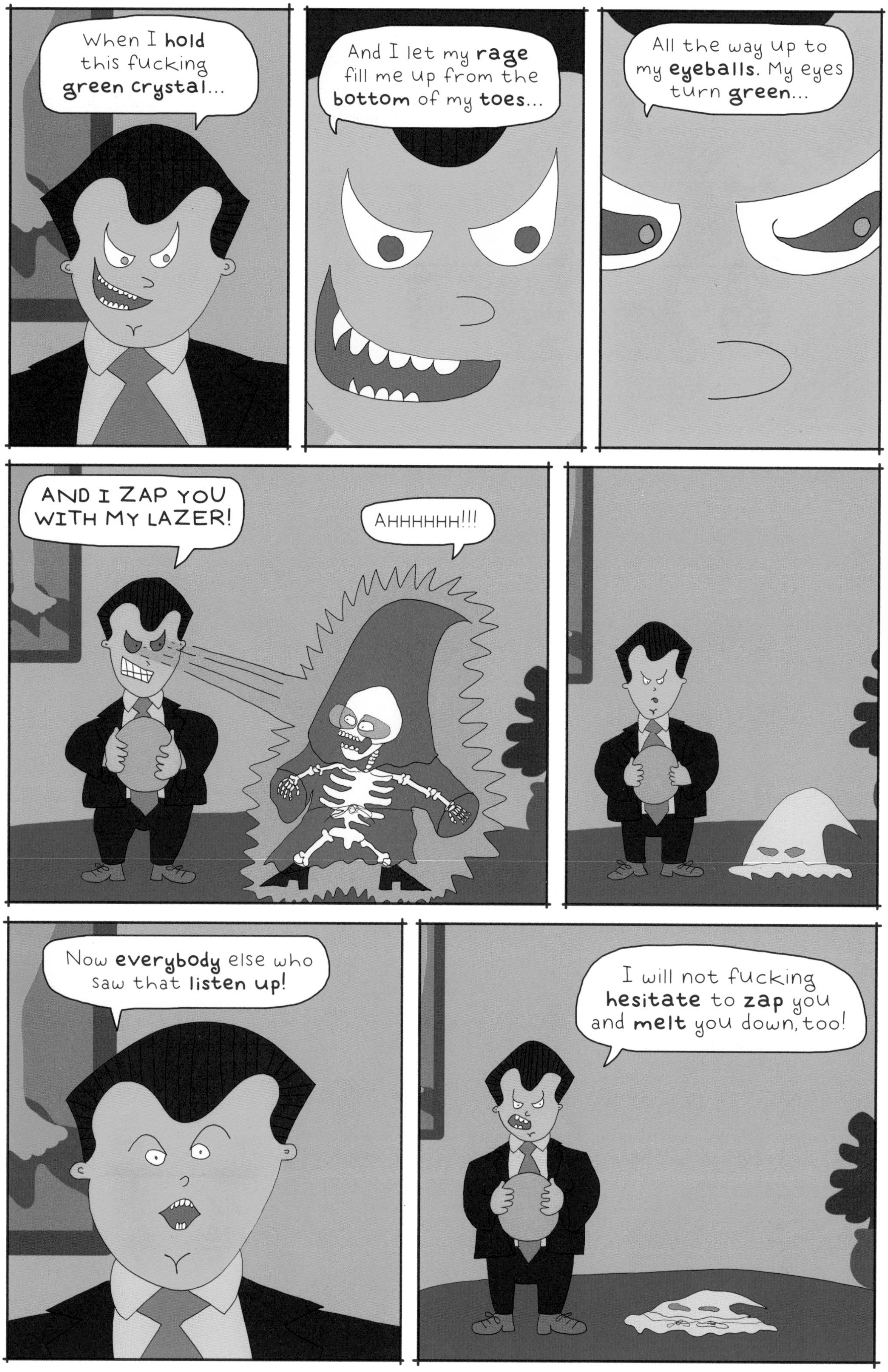
When I hold this fucking green crystal...
And I let my rage fill me up from the bottom of my toes...
All the way up to my eyeballs. My eyes turn green...
AND I ZAP YOU WITH MY LAZER!
AHHHHHH!!!
Now everybody else who saw that listen up!
I will not fucking hesitate to zap you and melt you down, too!

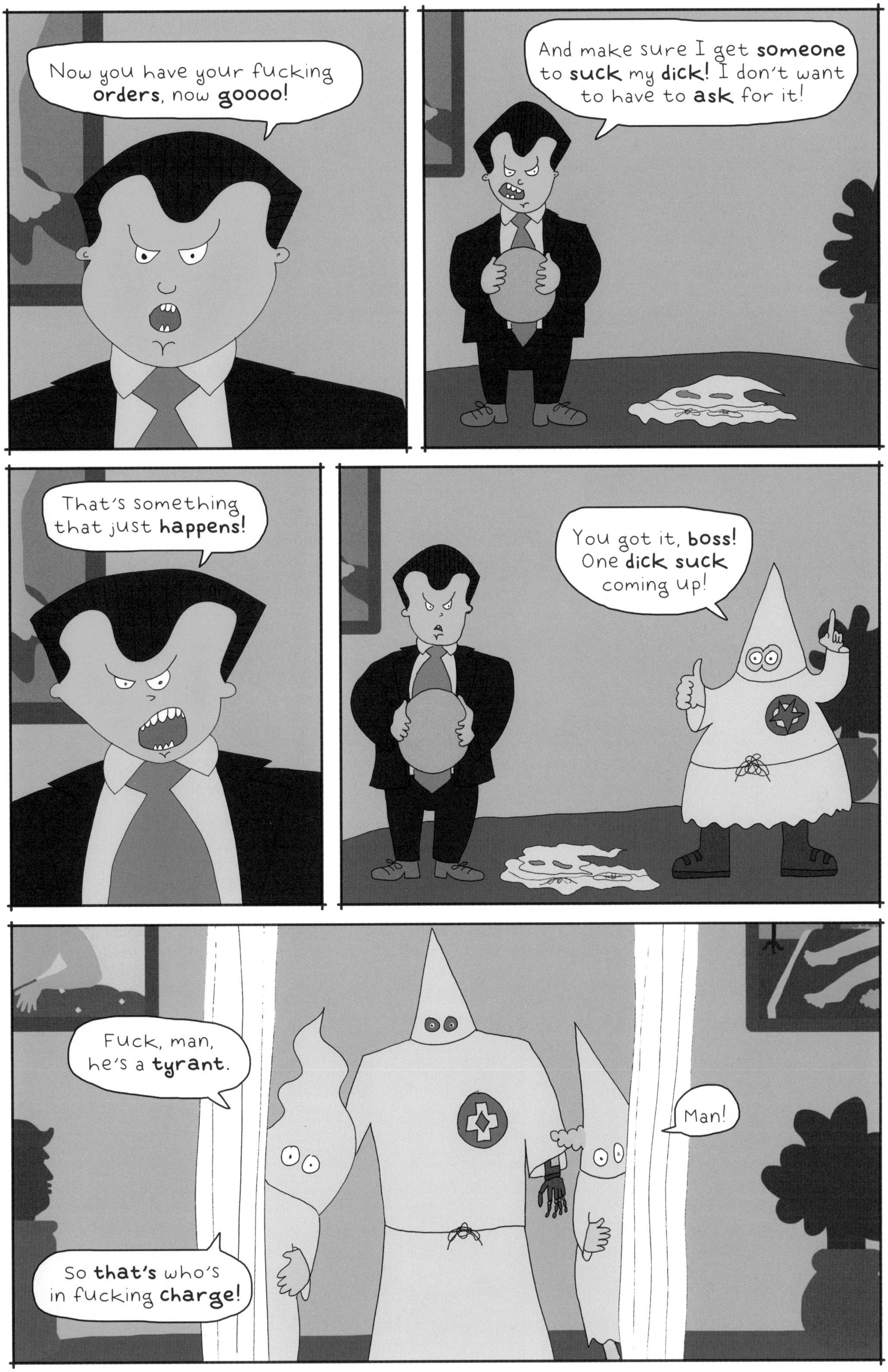
Now you have your fucking **orders**, now **goooo**!
And make sure I get **someone** to **suck** my **dick**! I don't want to have to **ask** for it!
That's something that just **happens**!
You got it, **boss**! One **dick suck** coming up!
Fuck, man, he's a **tyrant**.
Man!
So **that's** who's in fucking **charge**!

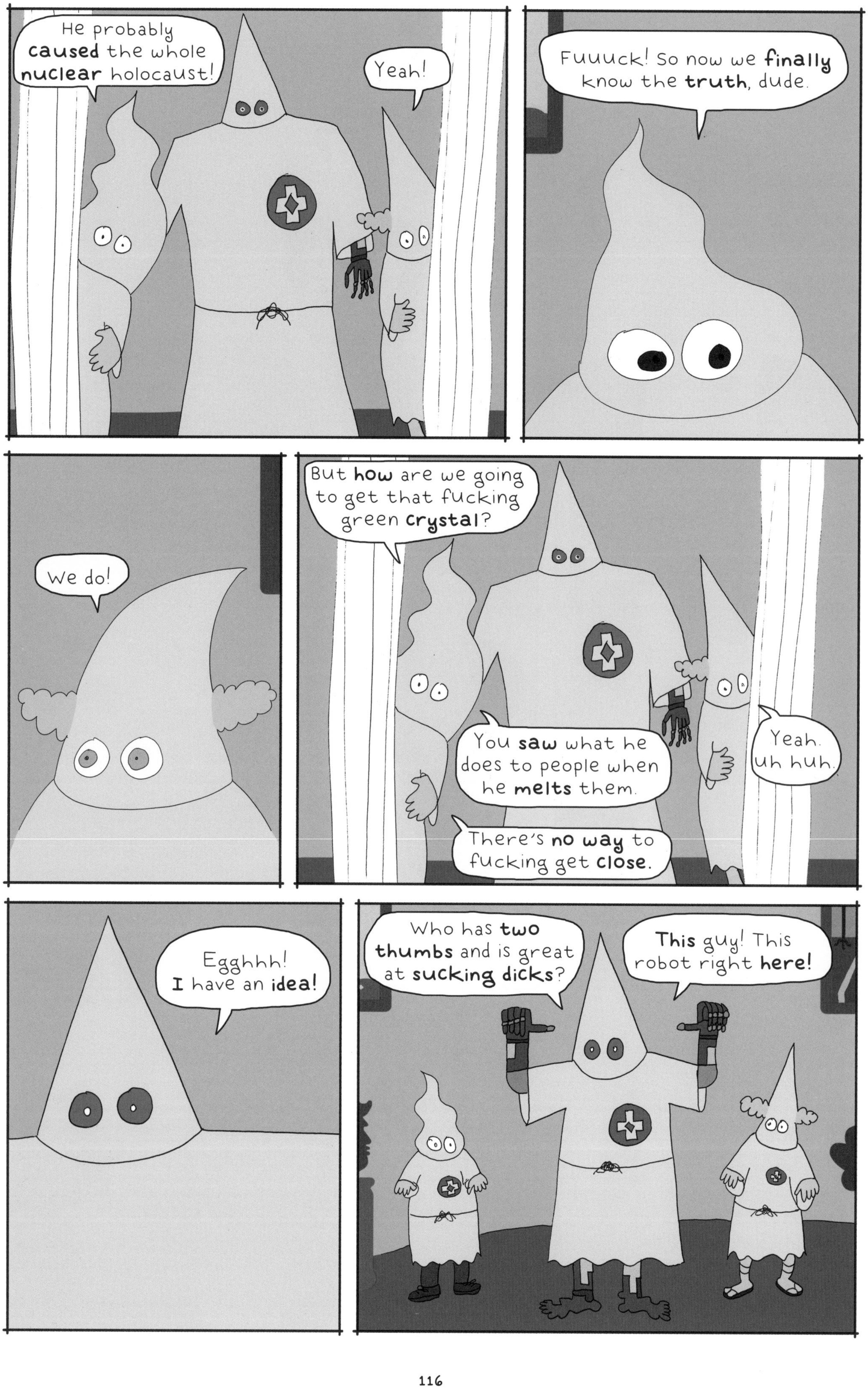
He probably **caused** the whole **nuclear** holocaust!
Yeah!
Fuuuck! So now we **finally** know the **truth**, dude.
We do!
But **how** are we going to get that fucking green **crystal**?
You **saw** what he does to people when he **melts** them.
Yeah. uh huh.
There's **no way** to fucking get **close**.
Egghhh! **I** have an **idea**!
Who has **two thumbs** and is great at **sucking dicks**?
This guy! This robot right **here**!

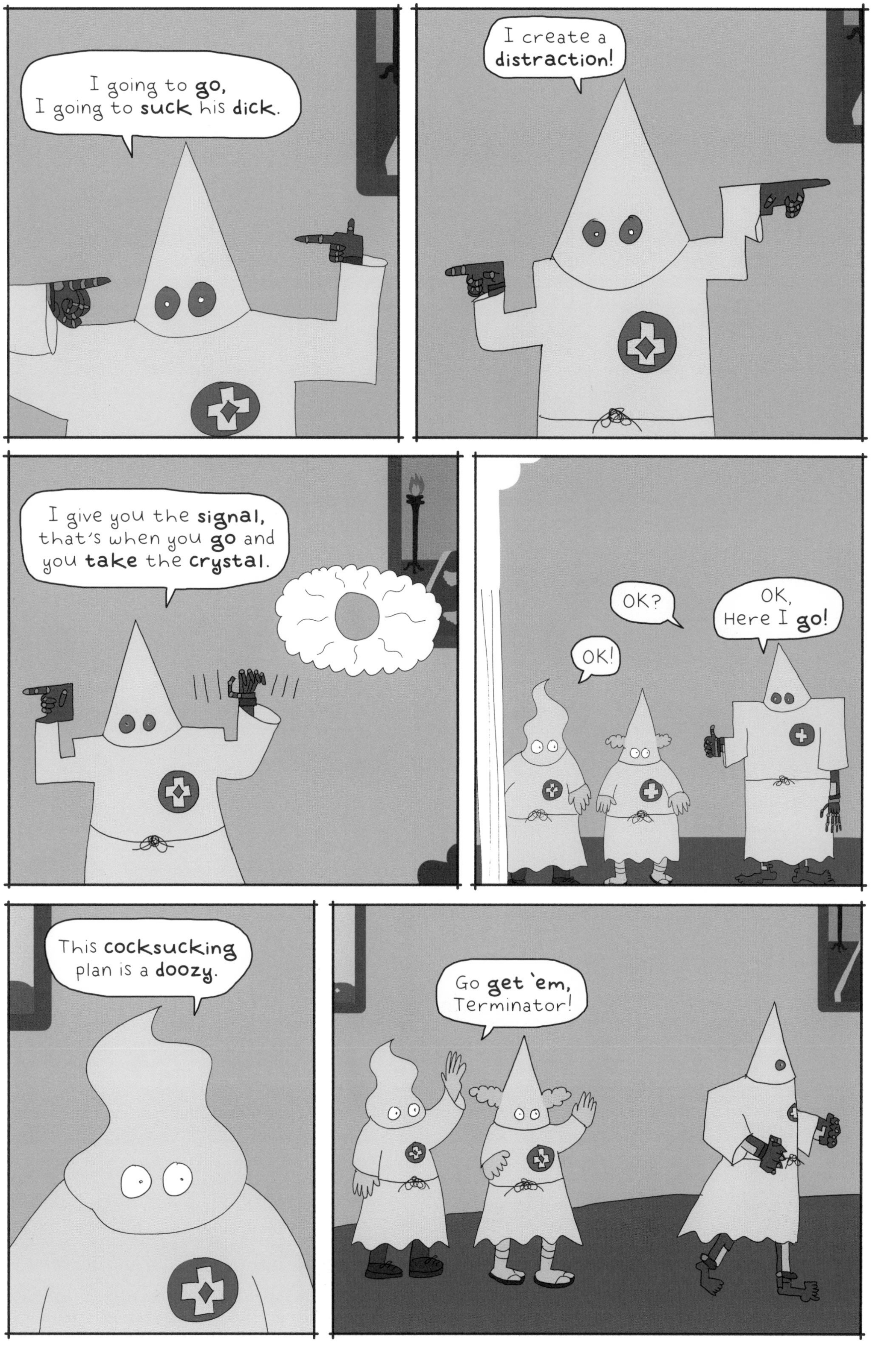
I going to go,
I going to suck his dick.
I create a distraction!
I give you the signal, that's when you go and you take the crystal.
OK?
OK, Here I go!
OK!
This cocksucking plan is a doozy.
Go get 'em, Terminator!

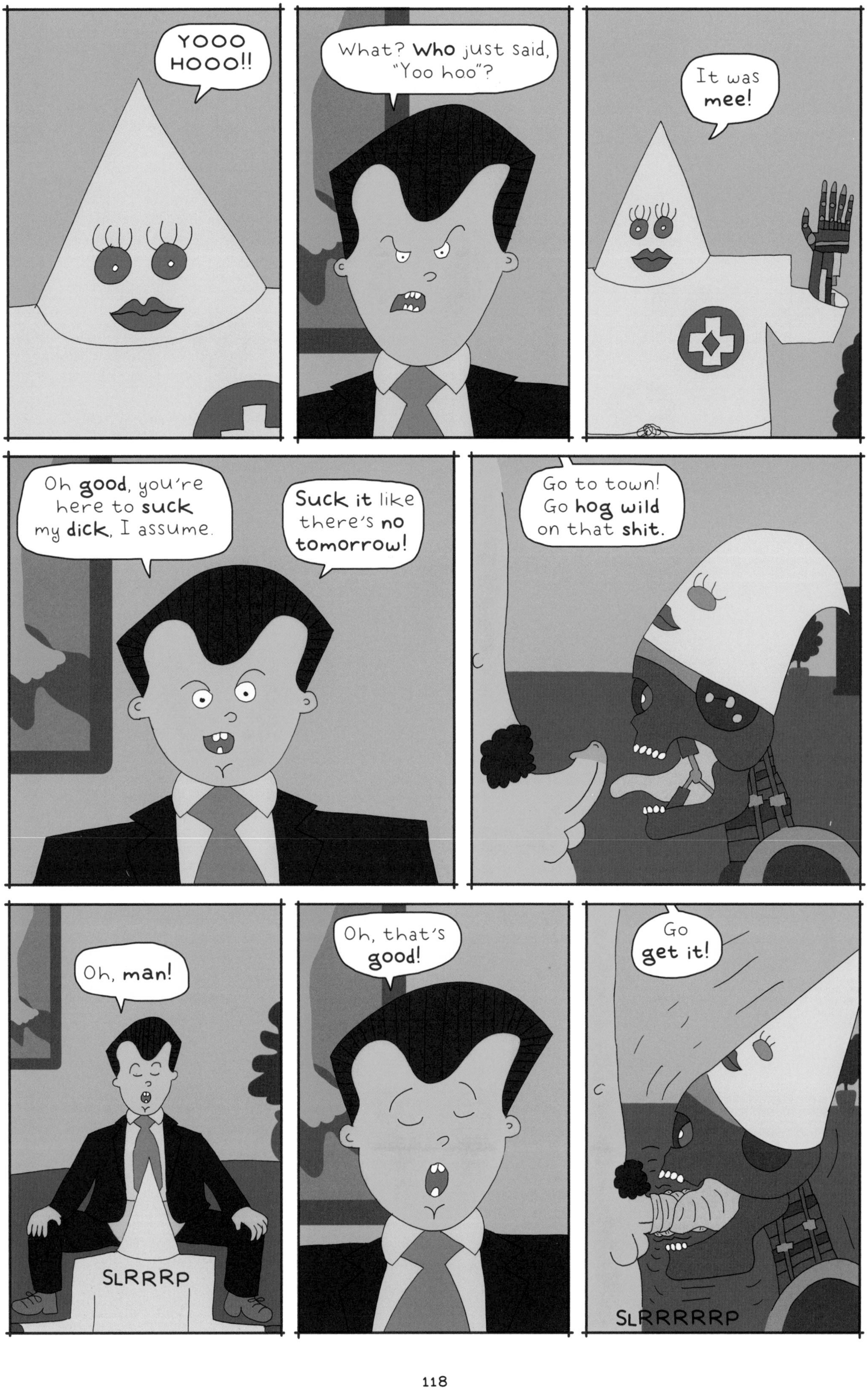
YOOO HOOO!!
What? Who just said, "Yoo hoo"?
It was mee!
Oh good, you're here to suck my dick, I assume.
Suck it like there's no tomorrow!
Go to town! Go hog wild on that shit.
Oh, man!
SLRRRP
Oh, that's good!
Go get it!
SLRRRRRP

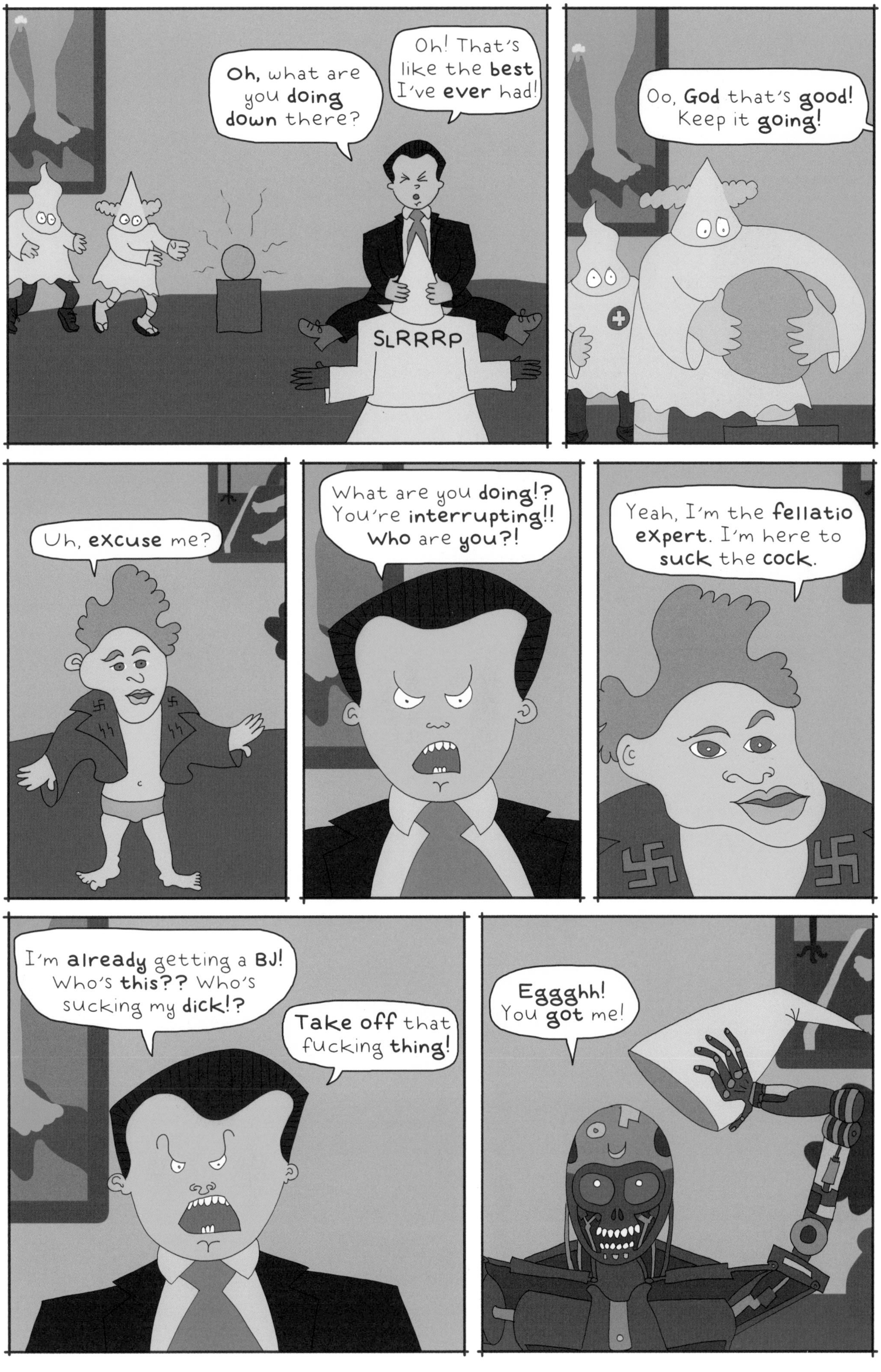

Oh, what are you doing down there?
Oh! That's like the best I've ever had!
SLRRRP
Oo, God that's good! Keep it going!
Uh, excuse me?
What are you doing!? You're interrupting!! Who are you?!
Yeah, I'm the fellatio expert. I'm here to suck the cock.
I'm already getting a BJ! Who's this?? Who's sucking my dick!?
Take off that fucking thing!
Eggghh! You got me!

What the FUCK!?
Guards, kill him!
NO!
POW POW POW
POW POW POW POW
POW POW POW POW
POW POW POW
POW POW POW
There! All the KKKs are killed!

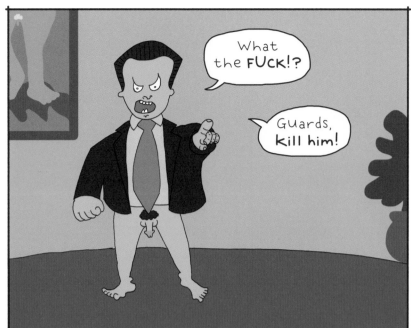

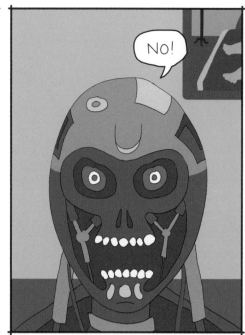

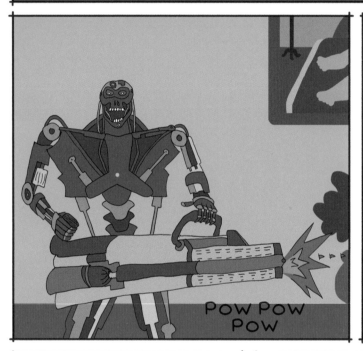

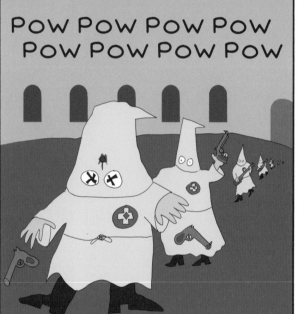

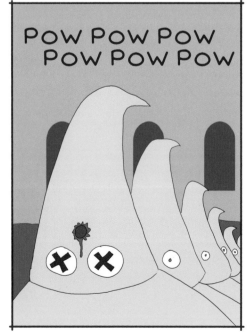

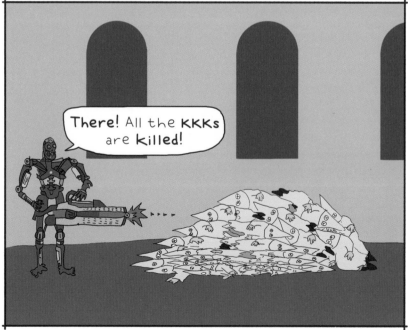

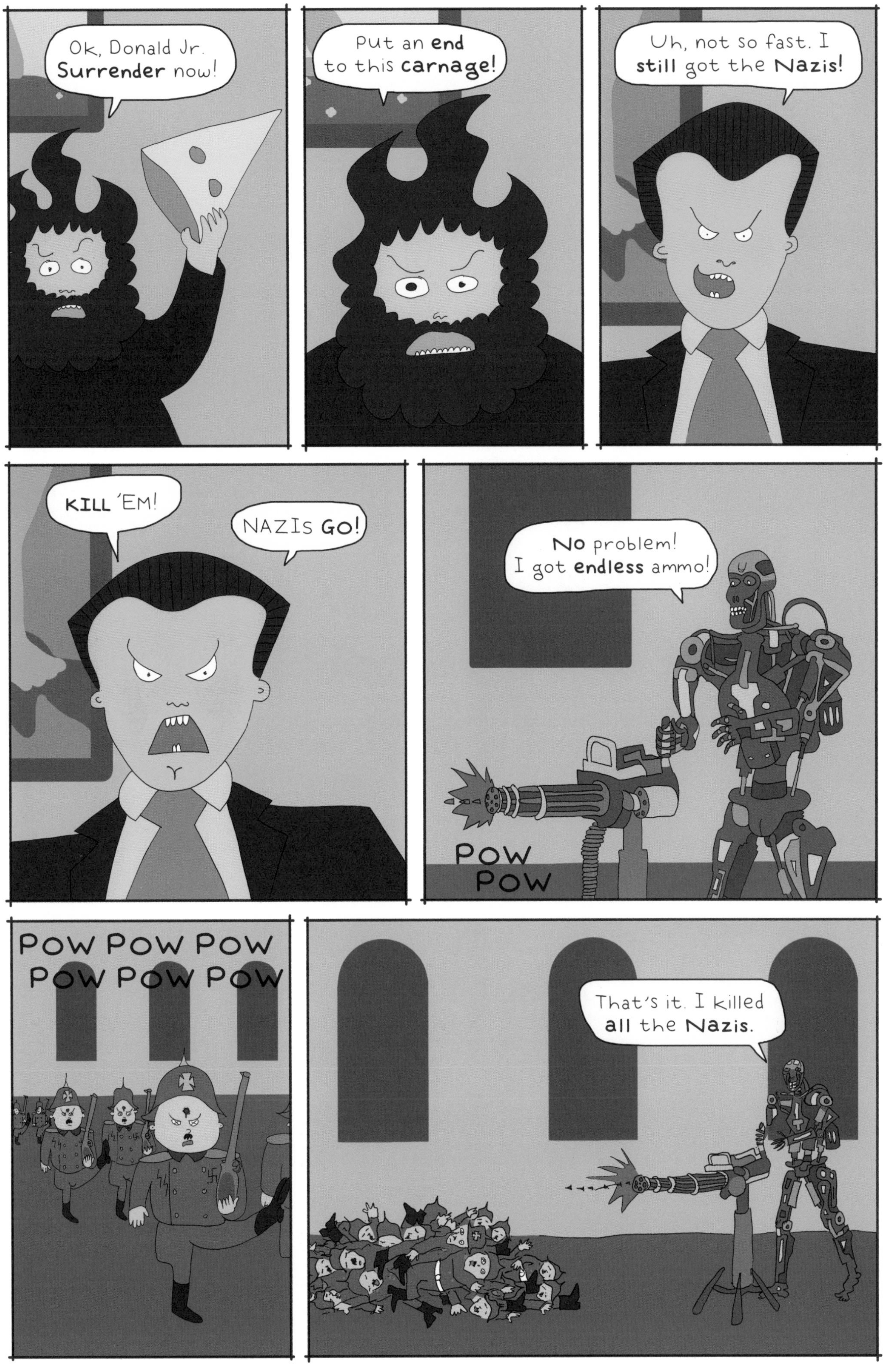
Ok, Donald Jr. Surrender now!
Put an end to this carnage!
Uh, not so fast. I still got the Nazis!
KILL 'EM!
NAZIS GO!
No problem! I got endless ammo!
POW POW
POW POW POW POW POW POW
That's it. I killed all the Nazis.

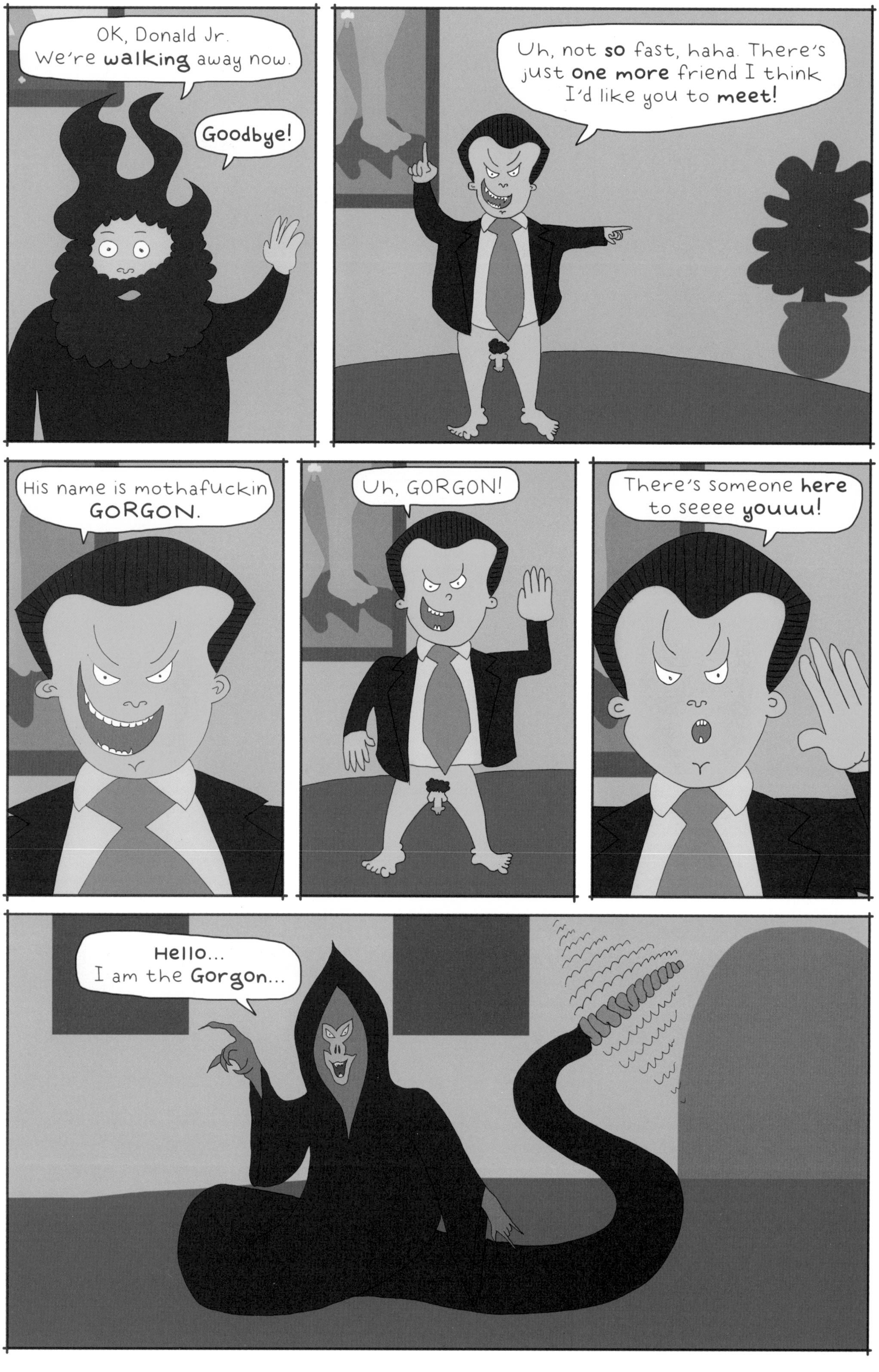

OK, Donald Jr.
We're **walking** away now.
Goodbye!
Uh, not **so** fast, haha. There's just **one more** friend I think I'd like you to **meet!**
His name is mothafuckin **GORGON.**
Uh, GORGON!
There's someone **here** to seeee **youuu!**
Hello...
I am the **Gorgon...**

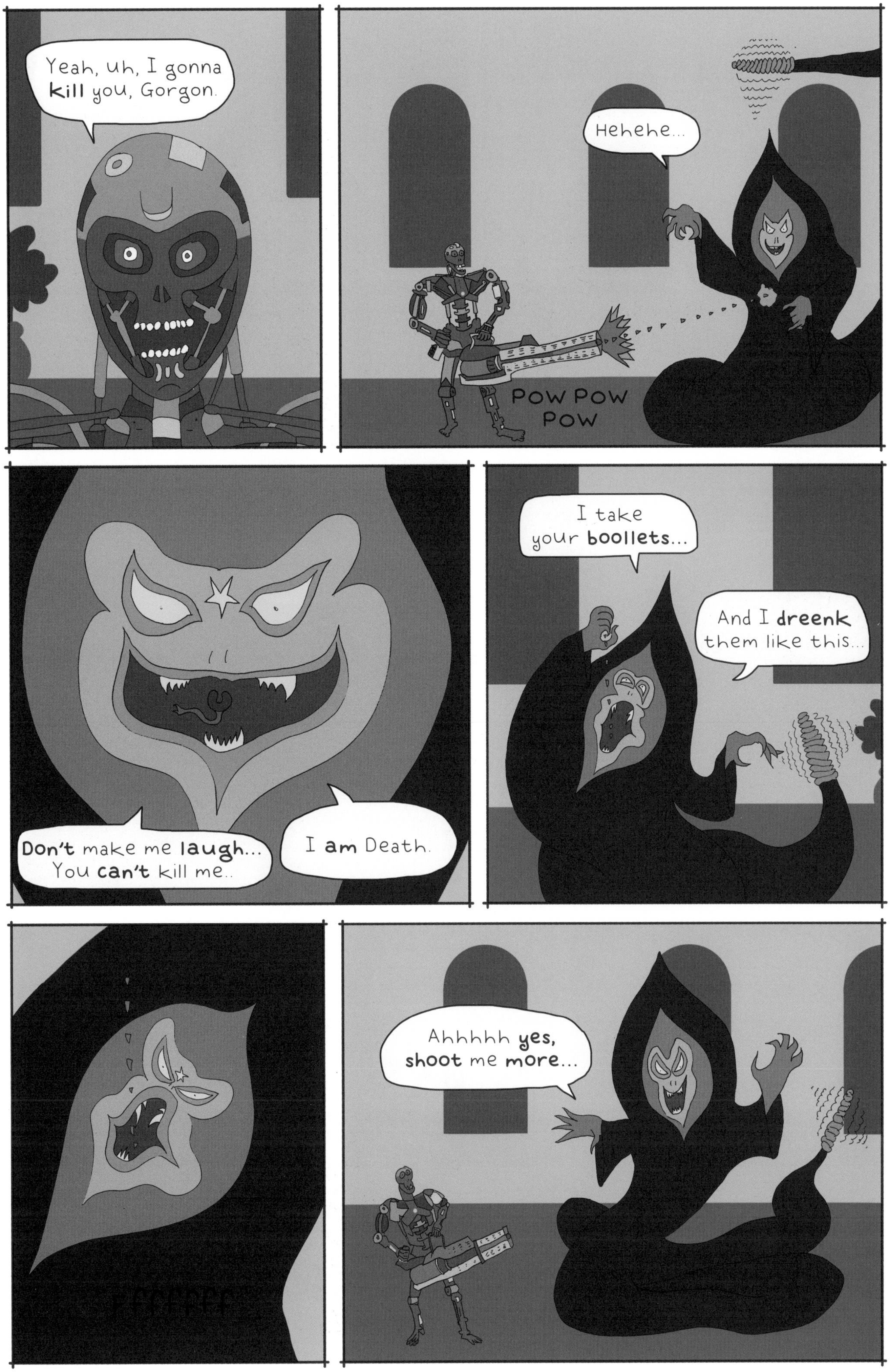
Yeah, uh, I gonna kill you, Gorgon.
Hehehe...
POW POW POW
Don't make me laugh... You can't kill me..
I am Death.
I take your boollets...
And I dreenk them like this...
Ahhhhh yes, shoot me more...

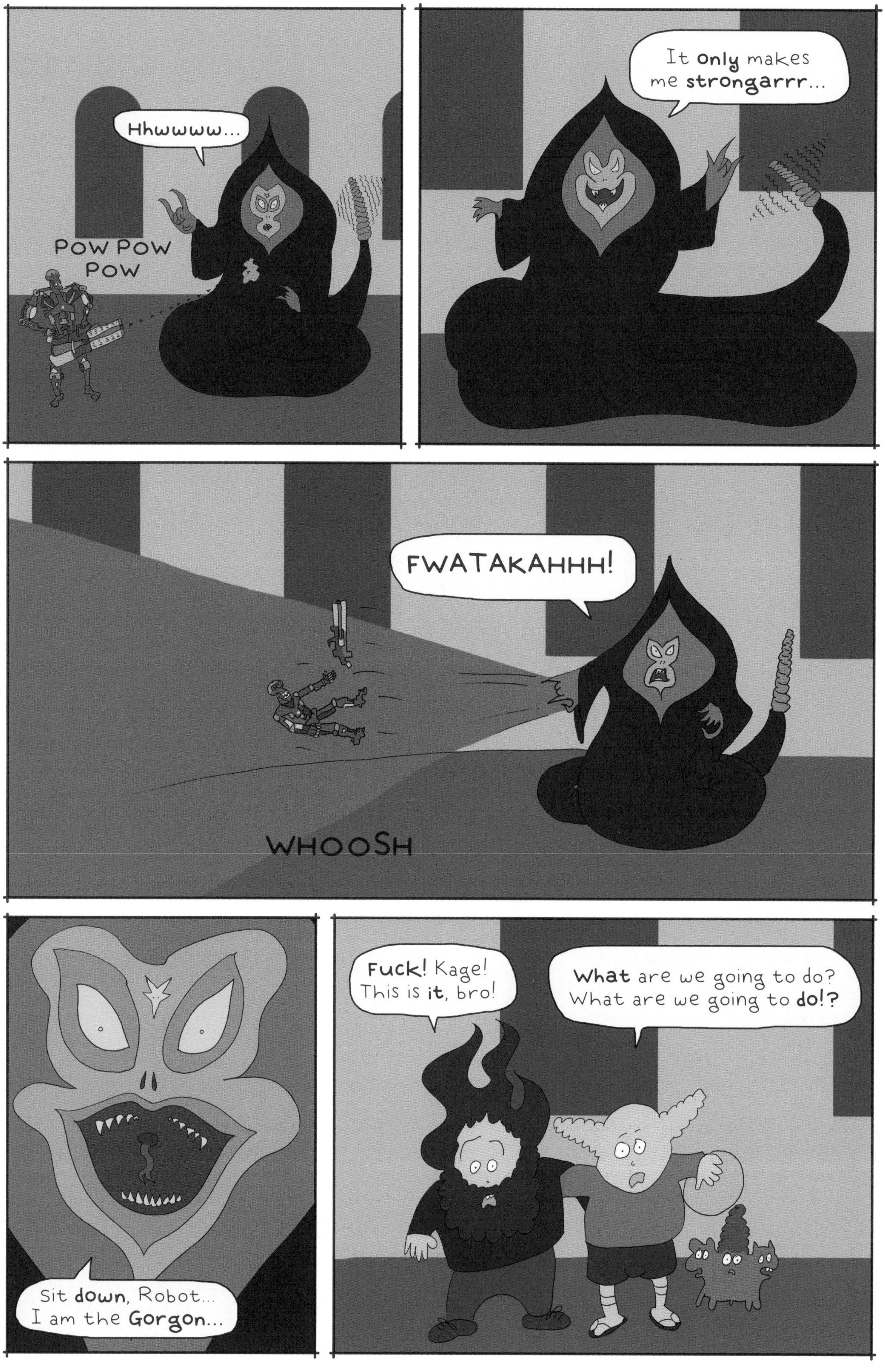

Hhwwww...
POW POW POW
It only makes me strongarrr...
FWATAKAHHH!
WHOOSH
Sit down, Robot... I am the Gorgon...
Fuck! Kage! This is it, bro!
What are we going to do? What are we going to do!?

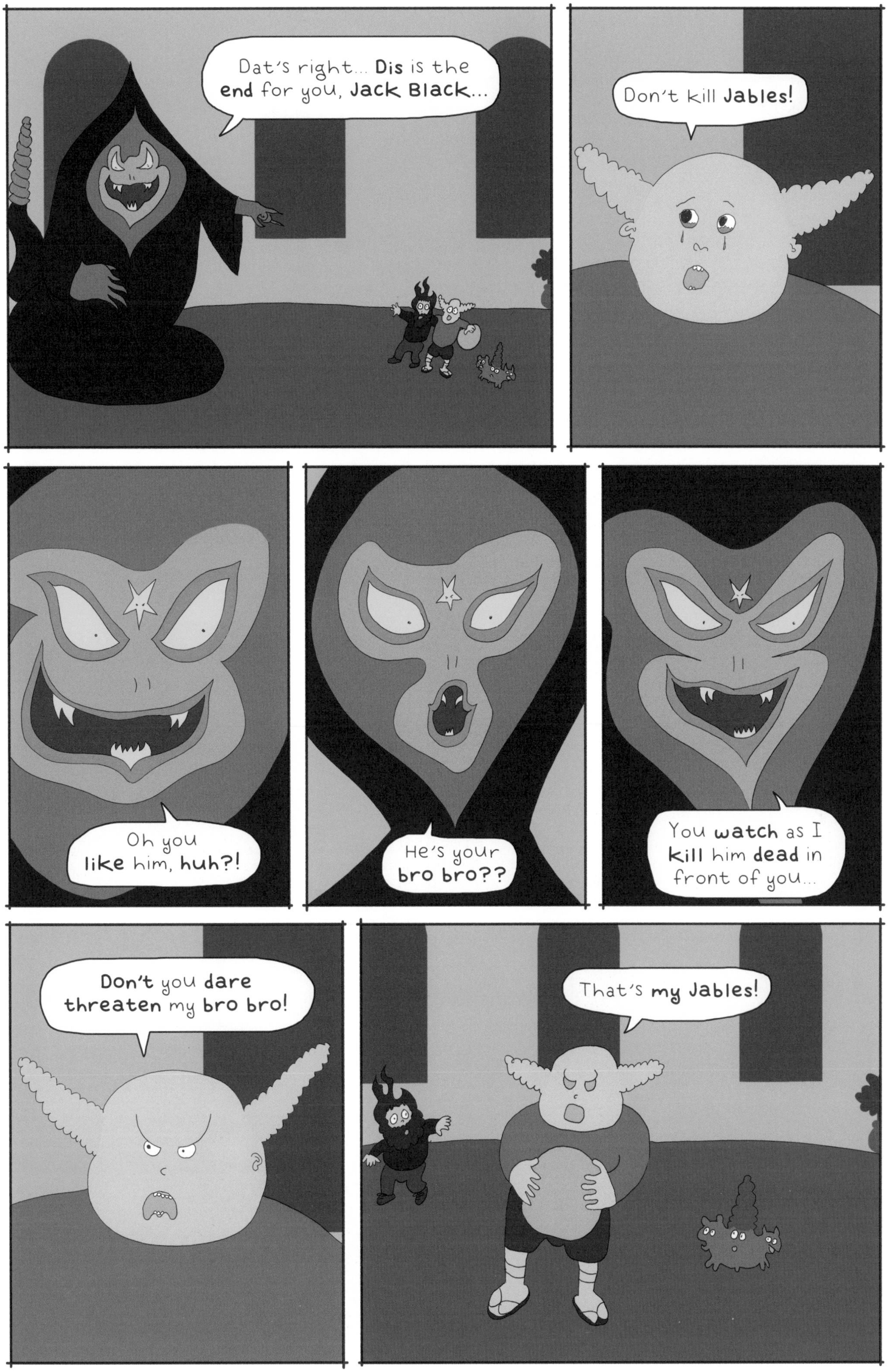
Dat's right... Dis is the end for you, Jack Black...
Don't kill Jables!
Oh you like him, huh?!
He's your bro bro??
You watch as I kill him dead in front of you...
Don't you dare threaten my bro bro!
That's my Jables!

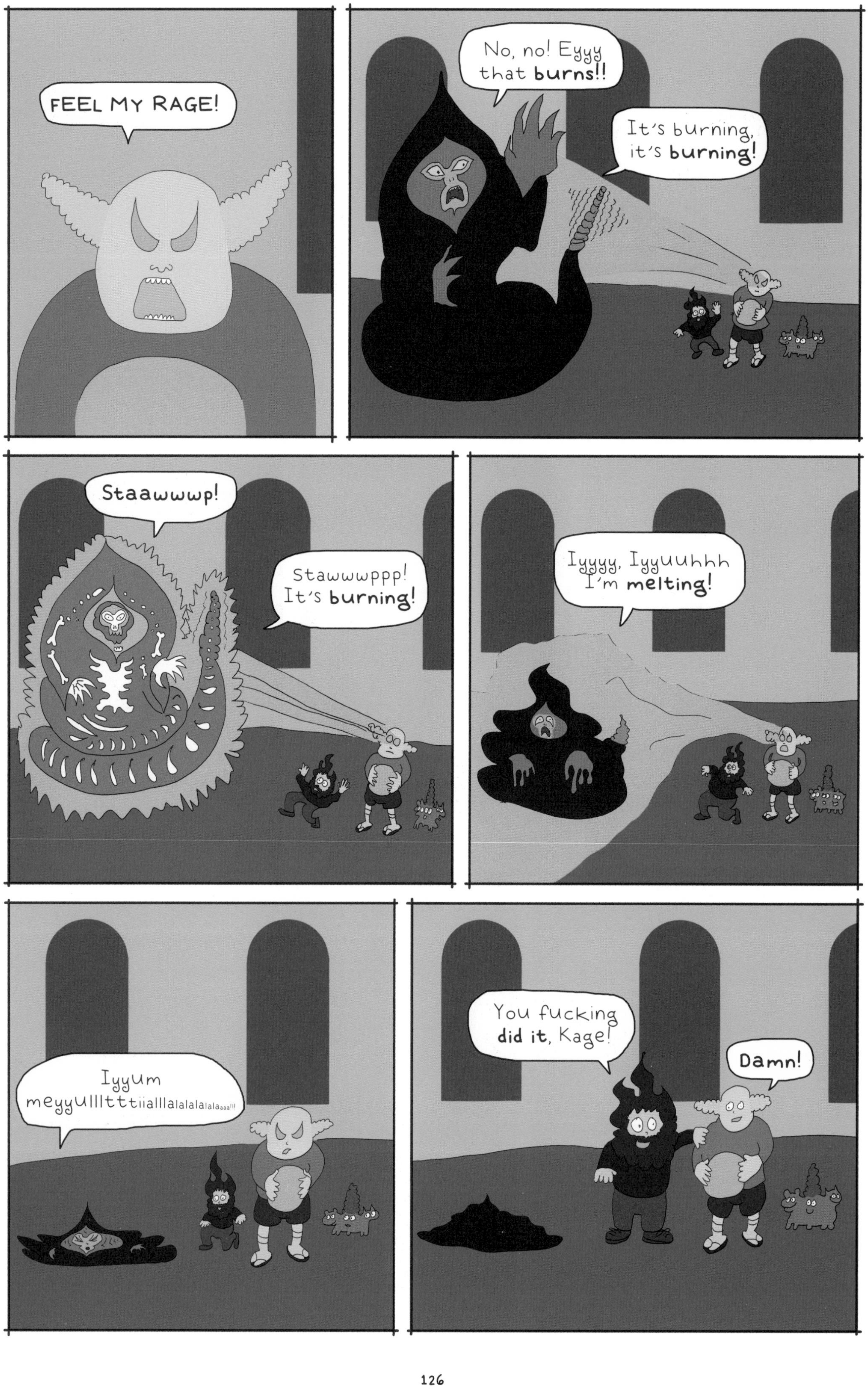
FEEL MY RAGE!
No, no! Eyyy that **burns**!!
It's burning, it's **burning**!
Staawwwp!
Stawwwppp! It's **burning**!
Iyyyy, Iyyuuhhh I'm **melting**!
Iyyum meyyUllltttiialllalalalalalaaaa!!!
You fucking **did it**, Kage!
Damn!

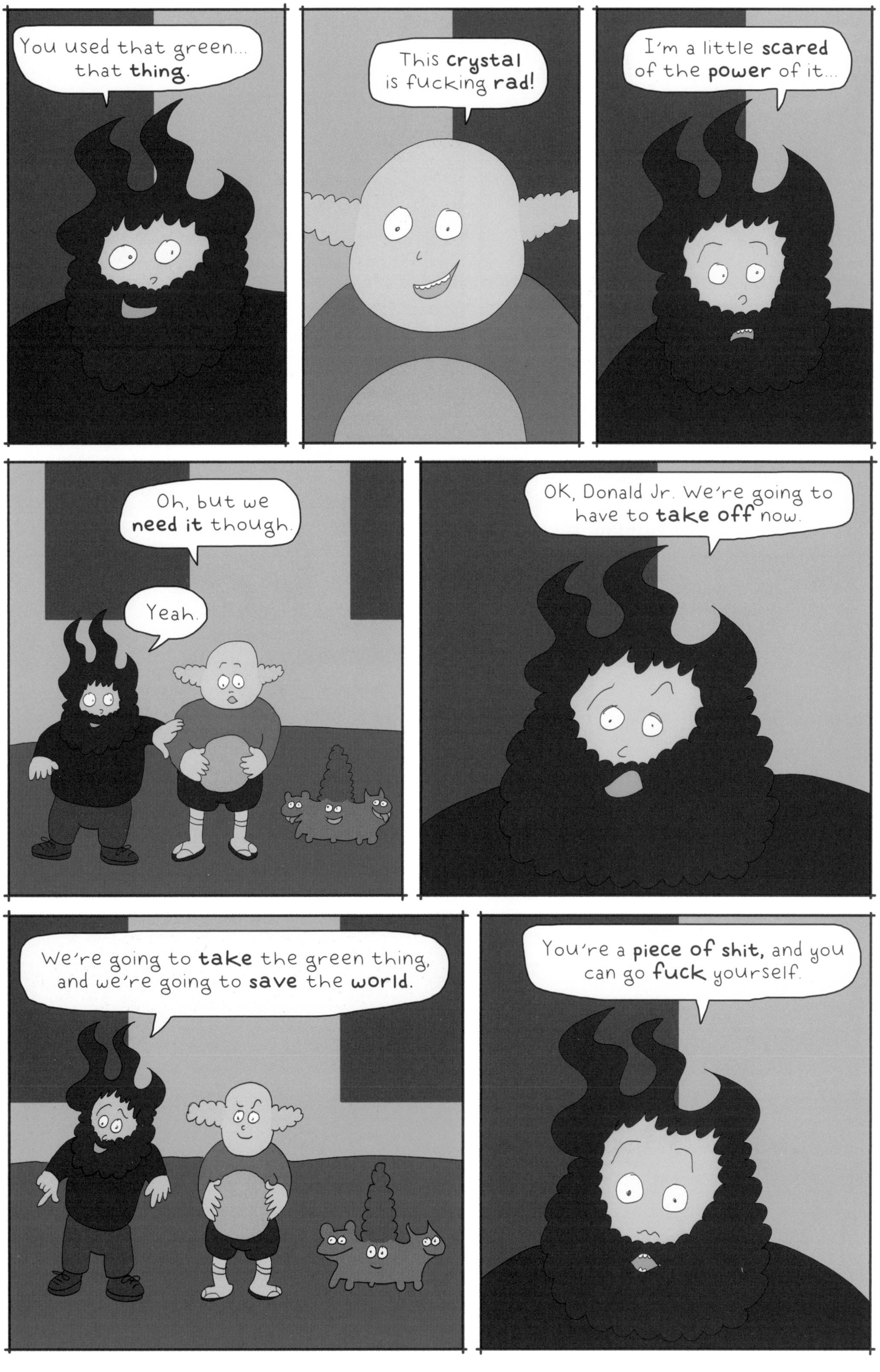
You used that green... that thing.
This crystal is fucking rad!
I'm a little scared of the power of it...
Oh, but we need it though.
Yeah.
OK, Donald Jr. We're going to have to take off now.
We're going to take the green thing, and we're going to save the world.
You're a piece of shit, and you can go fuck yourself.

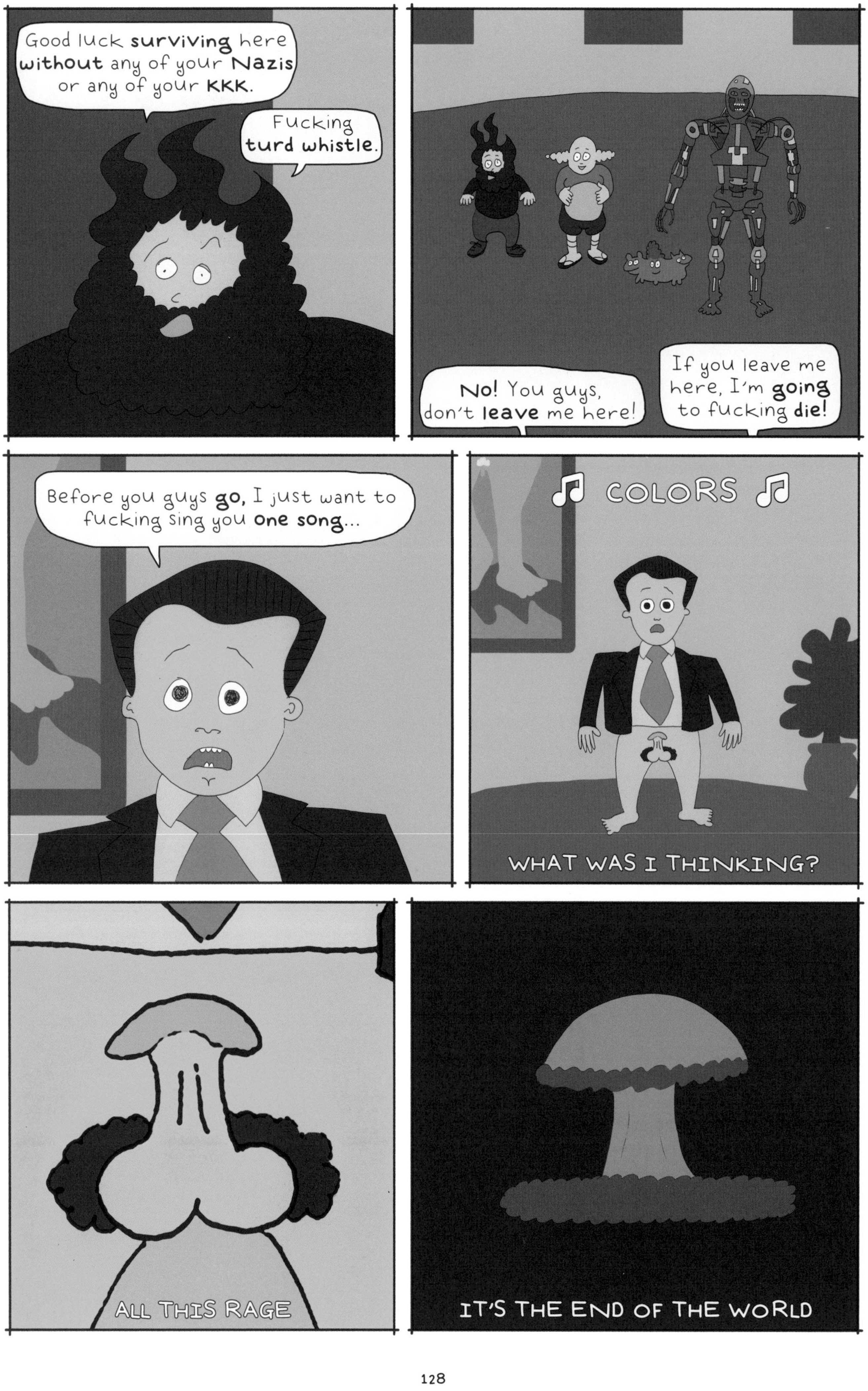

Good luck surviving here without any of your Nazis or any of your KKK.
Fucking turd whistle.
No! You guys, don't leave me here!
If you leave me here, I'm going to fucking die!
Before you guys go, I just want to fucking sing you one song...
♫ COLORS ♫
WHAT WAS I THINKING?
ALL THIS RAGE
IT'S THE END OF THE WORLD

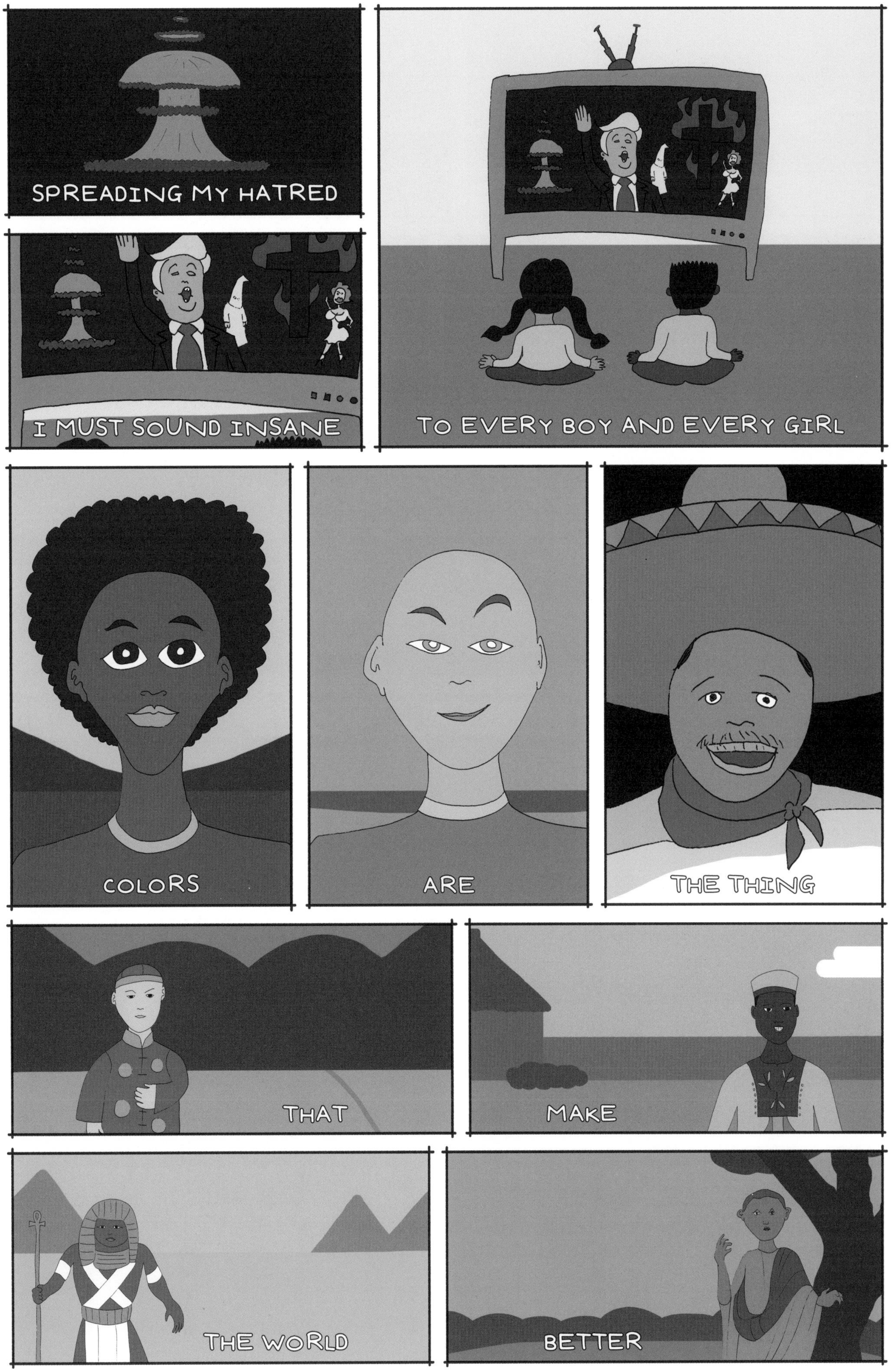
SPREADING MY HATRED
I MUST SOUND INSANE
TO EVERY BOY AND EVERY GIRL
COLORS
ARE
THE THING
THAT
MAKE
THE WORLD
BETTER

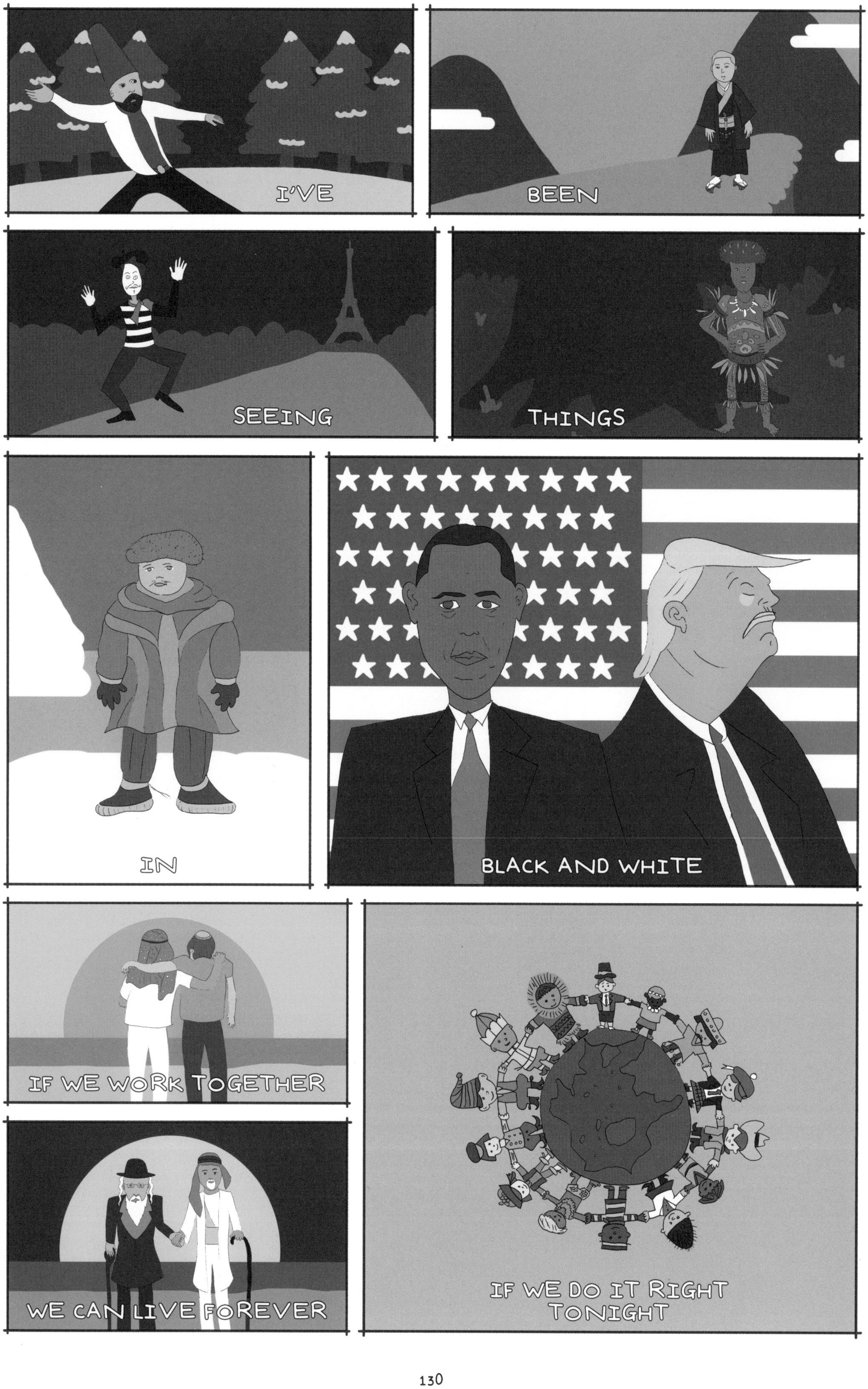
I'VE
BEEN
SEEING
THINGS
IN
BLACK AND WHITE
IF WE WORK TOGETHER
WE CAN LIVE FOREVER
IF WE DO IT RIGHT
TONIGHT

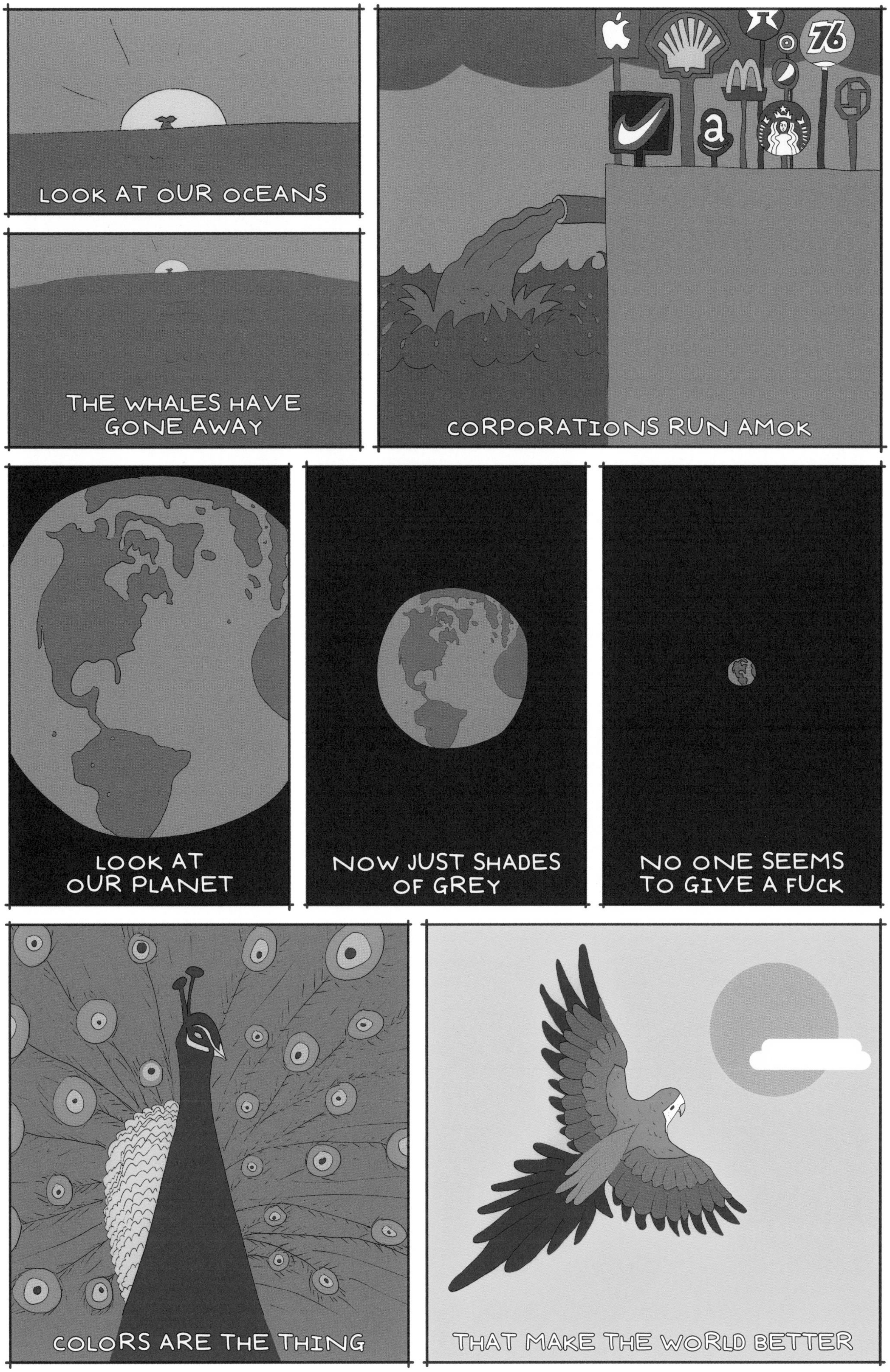
LOOK AT OUR OCEANS
THE WHALES HAVE GONE AWAY
CORPORATIONS RUN AMOK
LOOK AT OUR PLANET
NOW JUST SHADES OF GREY
NO ONE SEEMS TO GIVE A FUCK
COLORS ARE THE THING
THAT MAKE THE WORLD BETTER

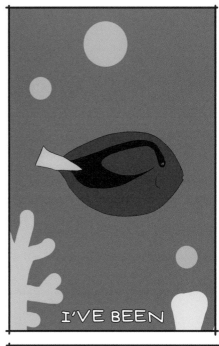

I'VE BEEN

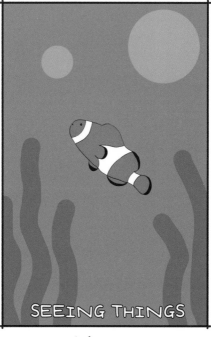

SEEING THINGS

IN BLACK AND WHITE

IF WE WORK TOGETHER

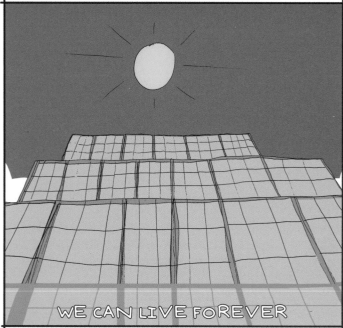

WE CAN LIVE FOREVER

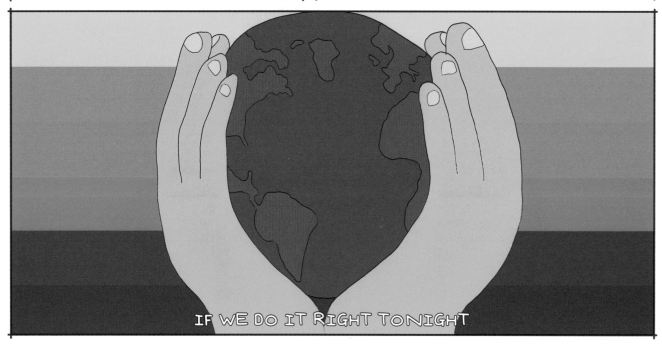

IF WE DO IT RIGHT TONIGHT

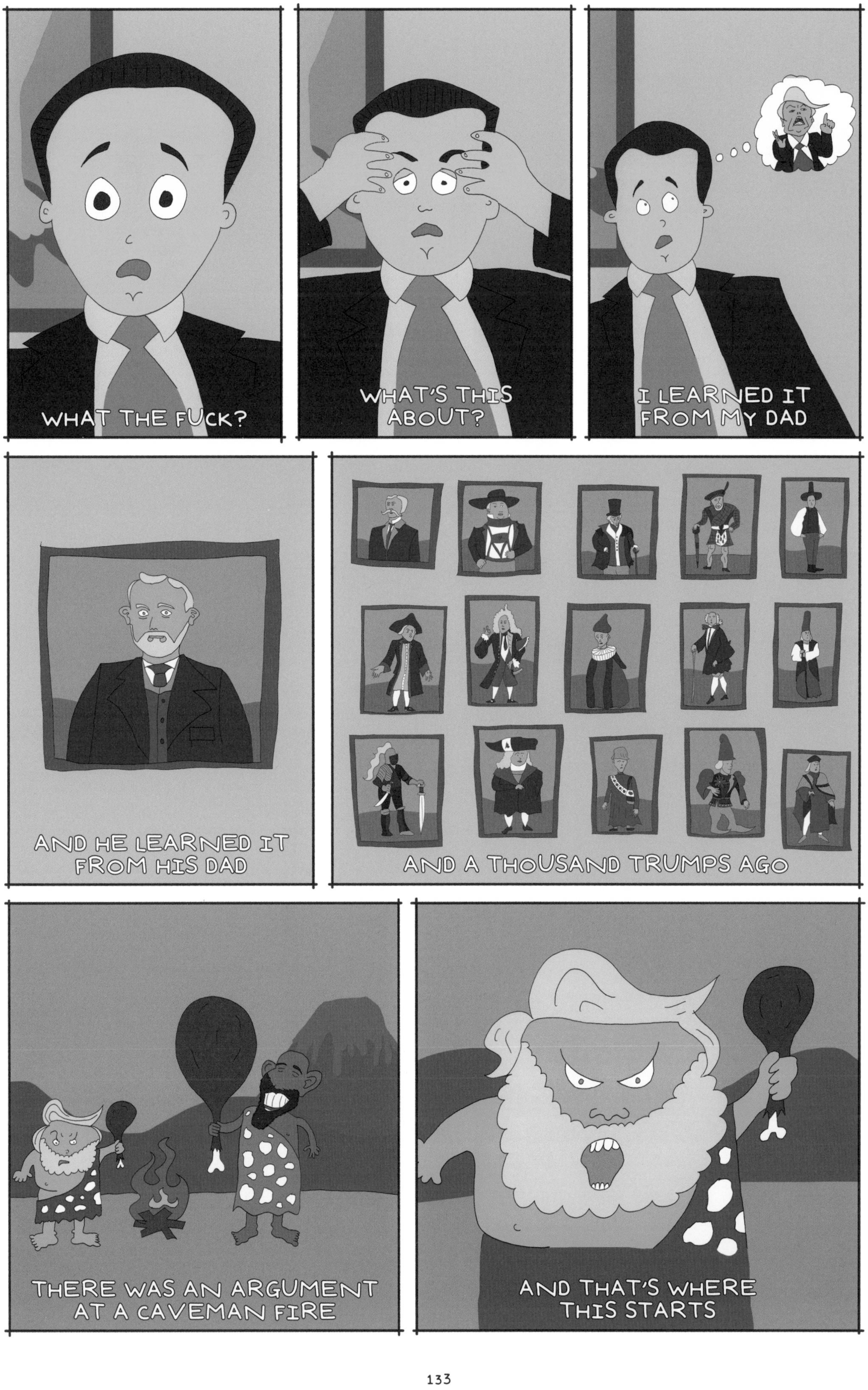
WHAT THE FUCK?
WHAT'S THIS ABOUT?
I LEARNED IT FROM MY DAD
AND HE LEARNED IT FROM HIS DAD
AND A THOUSAND TRUMPS AGO
THERE WAS AN ARGUMENT AT A CAVEMAN FIRE
AND THAT'S WHERE THIS STARTS

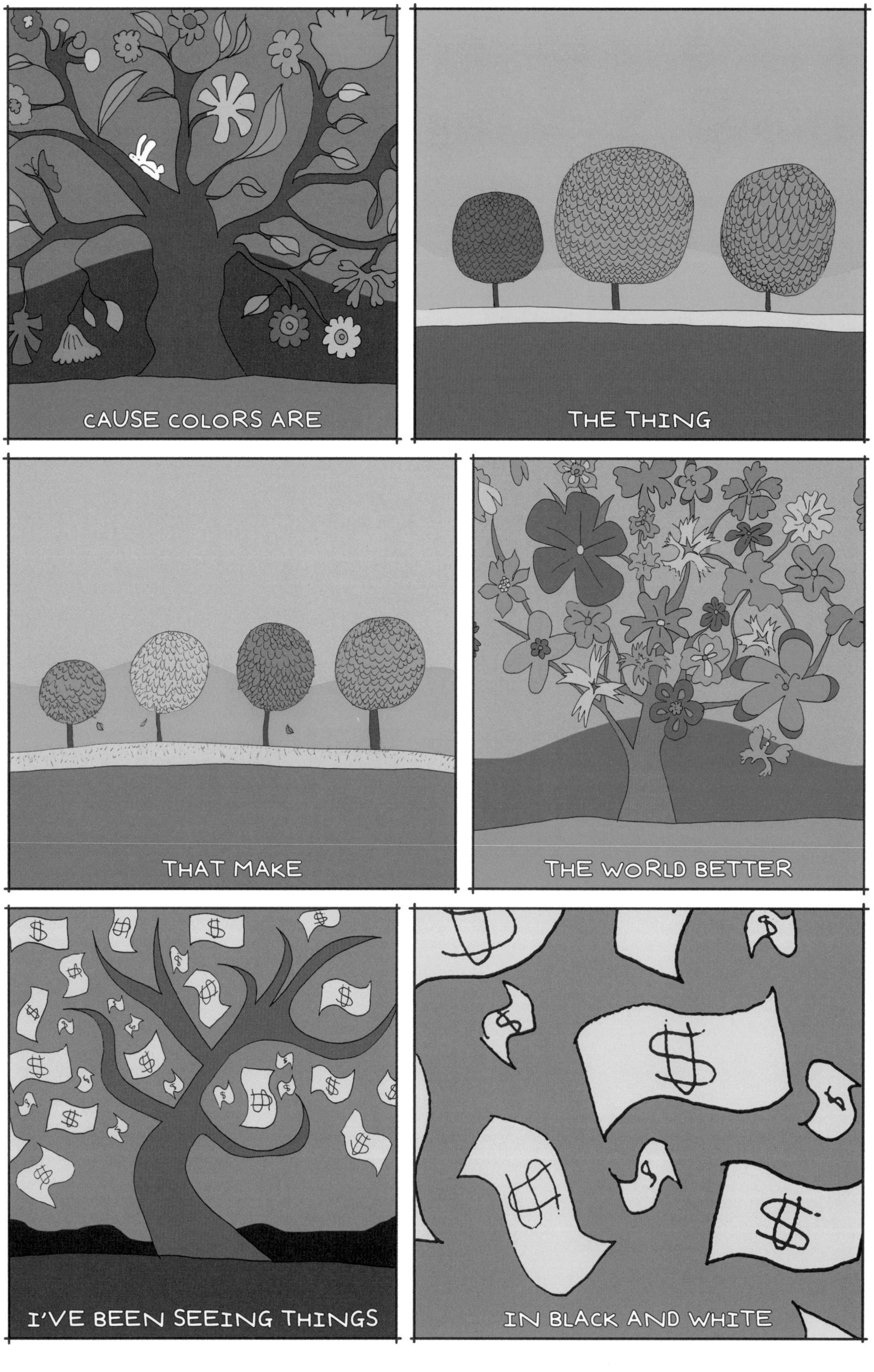
CAUSE COLORS ARE
THE THING
THAT MAKE
THE WORLD BETTER
I'VE BEEN SEEING THINGS
IN BLACK AND WHITE

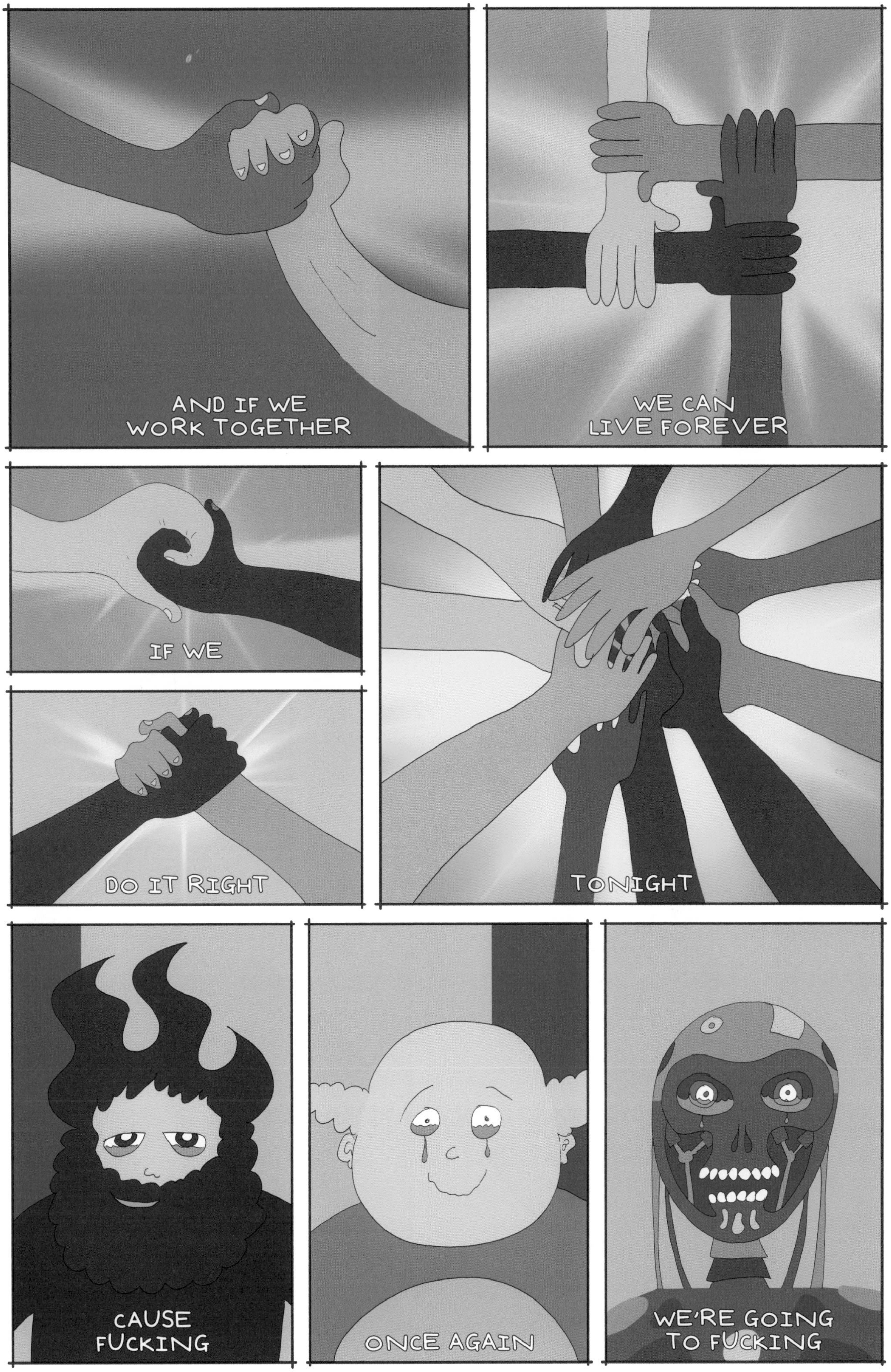
AND IF WE
WORK TOGETHER
WE CAN
LIVE FOREVER
IF WE
DO IT RIGHT
TONIGHT
CAUSE
FUCKING
ONCE AGAIN
WE'RE GOING
TO FUCKING

EVERY TIME

YOU MOTHER

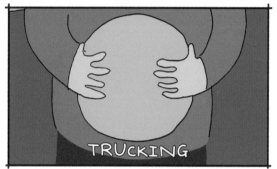

TRUCKING

AND ONE
LAST TIME

YOU'RE GOING

TO FUCKING

DIIIIE

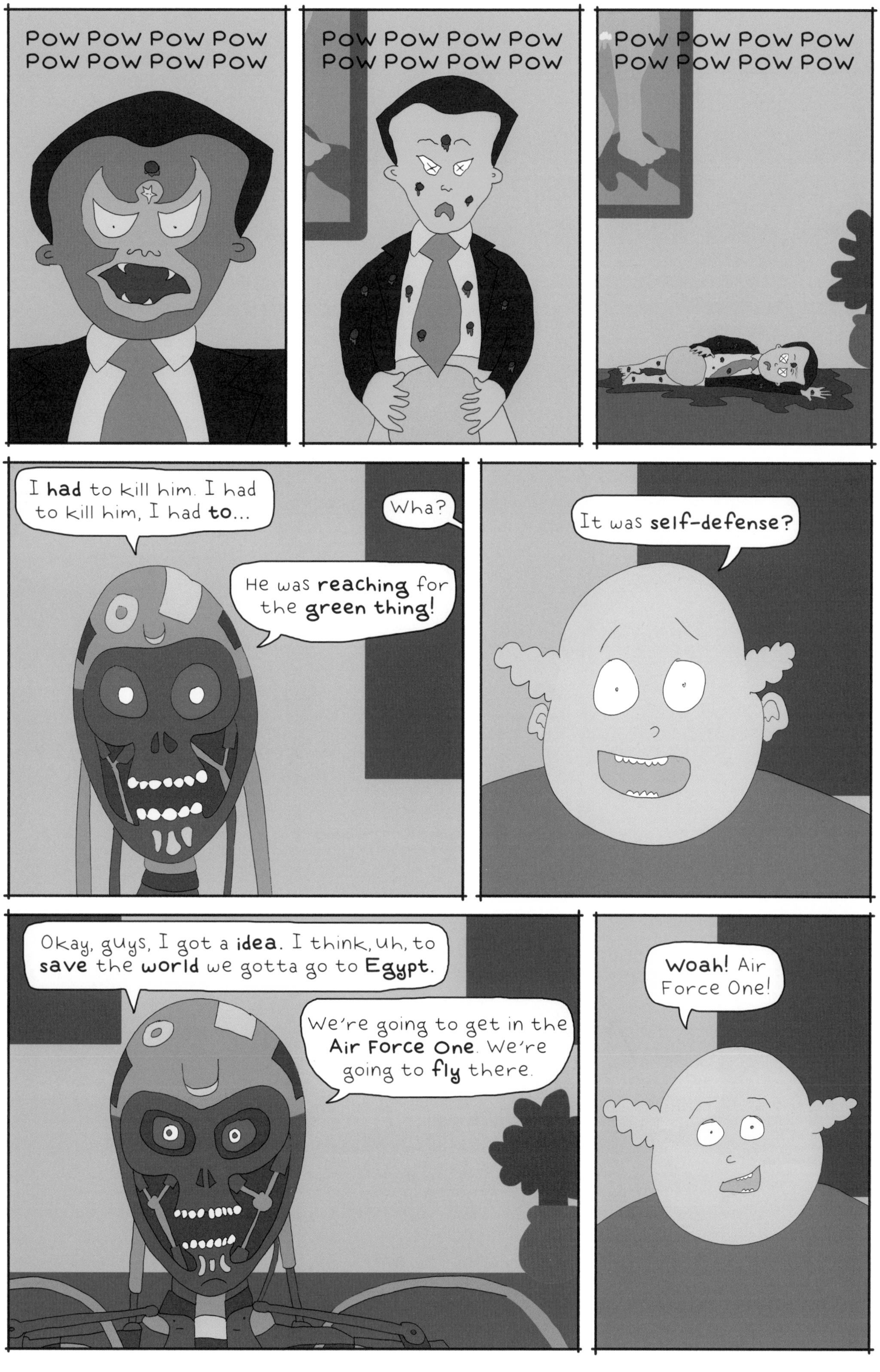
POW POW POW POW
POW POW POW POW
POW POW POW POW
POW POW POW POW
POW POW POW POW
POW POW POW POW
I had to kill him. I had to kill him, I had to...
Wha?
He was reaching for the green thing!
It was self-defense?
Okay, guys, I got a idea. I think, uh, to save the world we gotta go to Egypt.
We're going to get in the Air Force One. We're going to fly there.
Woah! Air Force One!

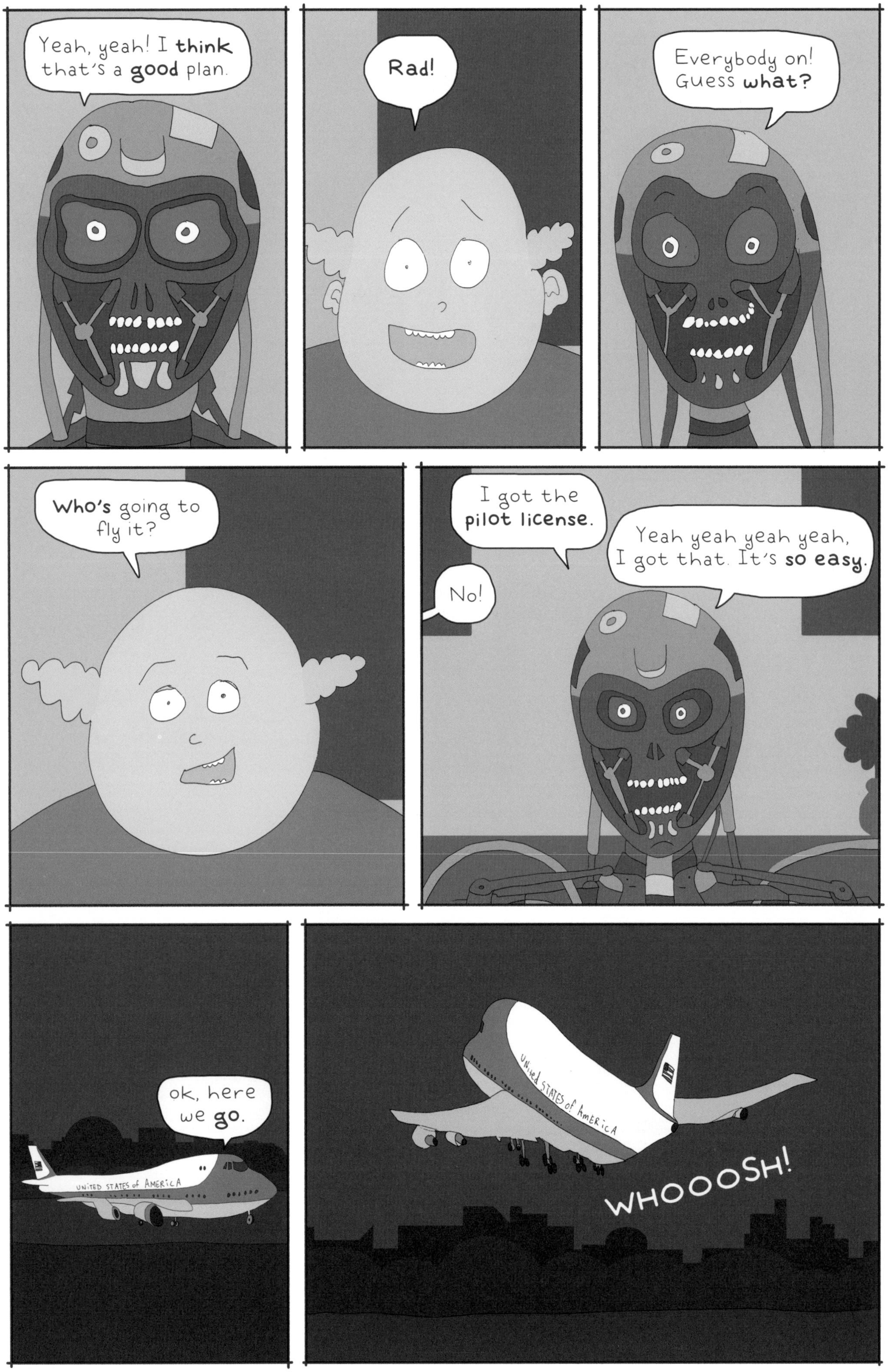
Yeah, yeah! I think that's a good plan.
Rad!
Everybody on! Guess what?
Who's going to fly it?
I got the pilot license.
No!
Yeah yeah yeah yeah, I got that. It's so easy.
ok, here we go.
UNITED STATES of AMERICA
United STATES of AMERICA
WHOOOSH!

CHAPTER
6
HOME

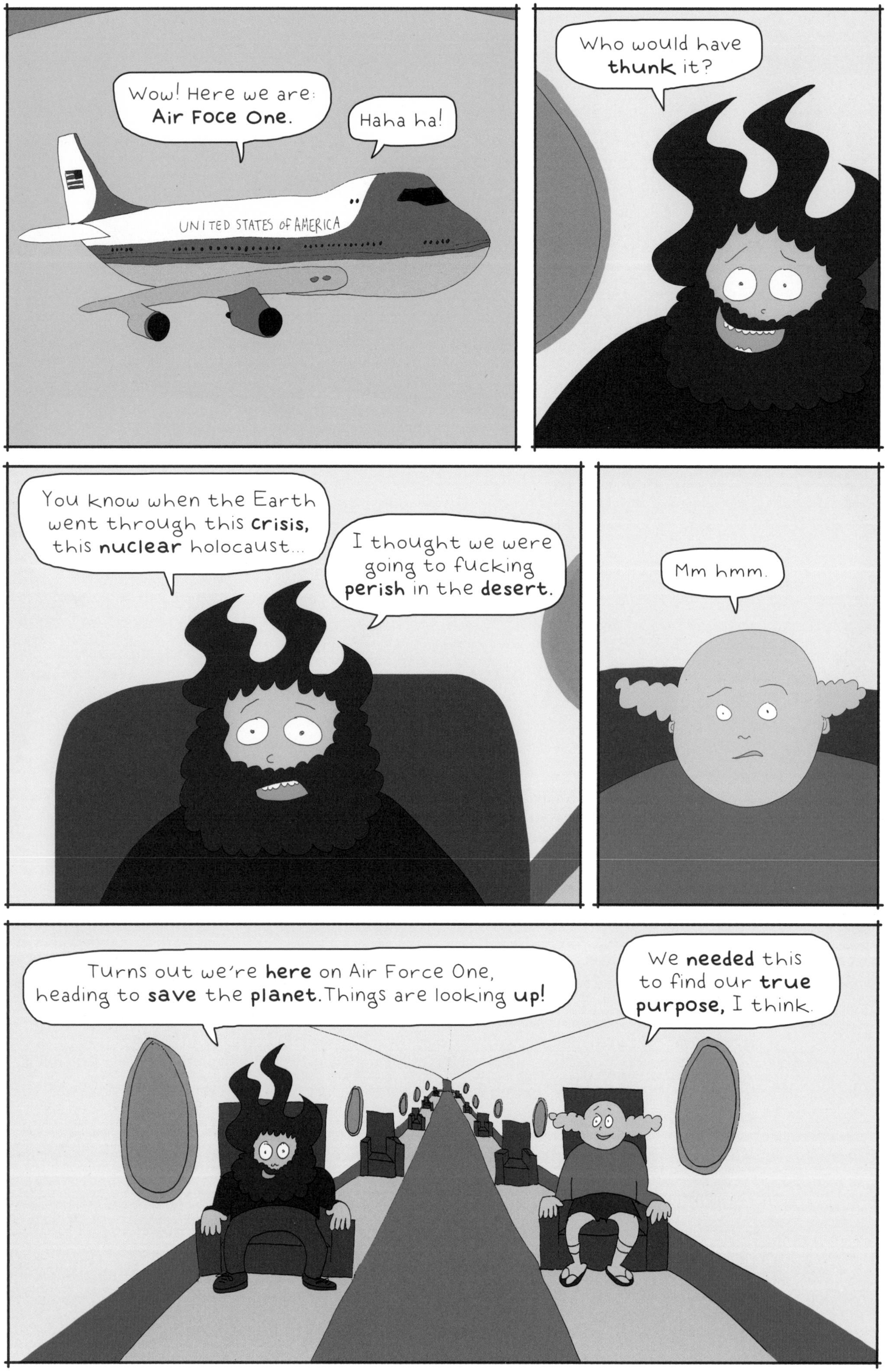
Wow! Here we are: Air Foce One.
Haha ha!
UNITED STATES OF AMERICA
Who would have thunk it?
You know when the Earth went through this crisis, this nuclear holocaust...
I thought we were going to fucking perish in the desert.
Mm hmm.
Turns out we're here on Air Force One, heading to save the planet. Things are looking up!
We needed this to find our true purpose, I think.

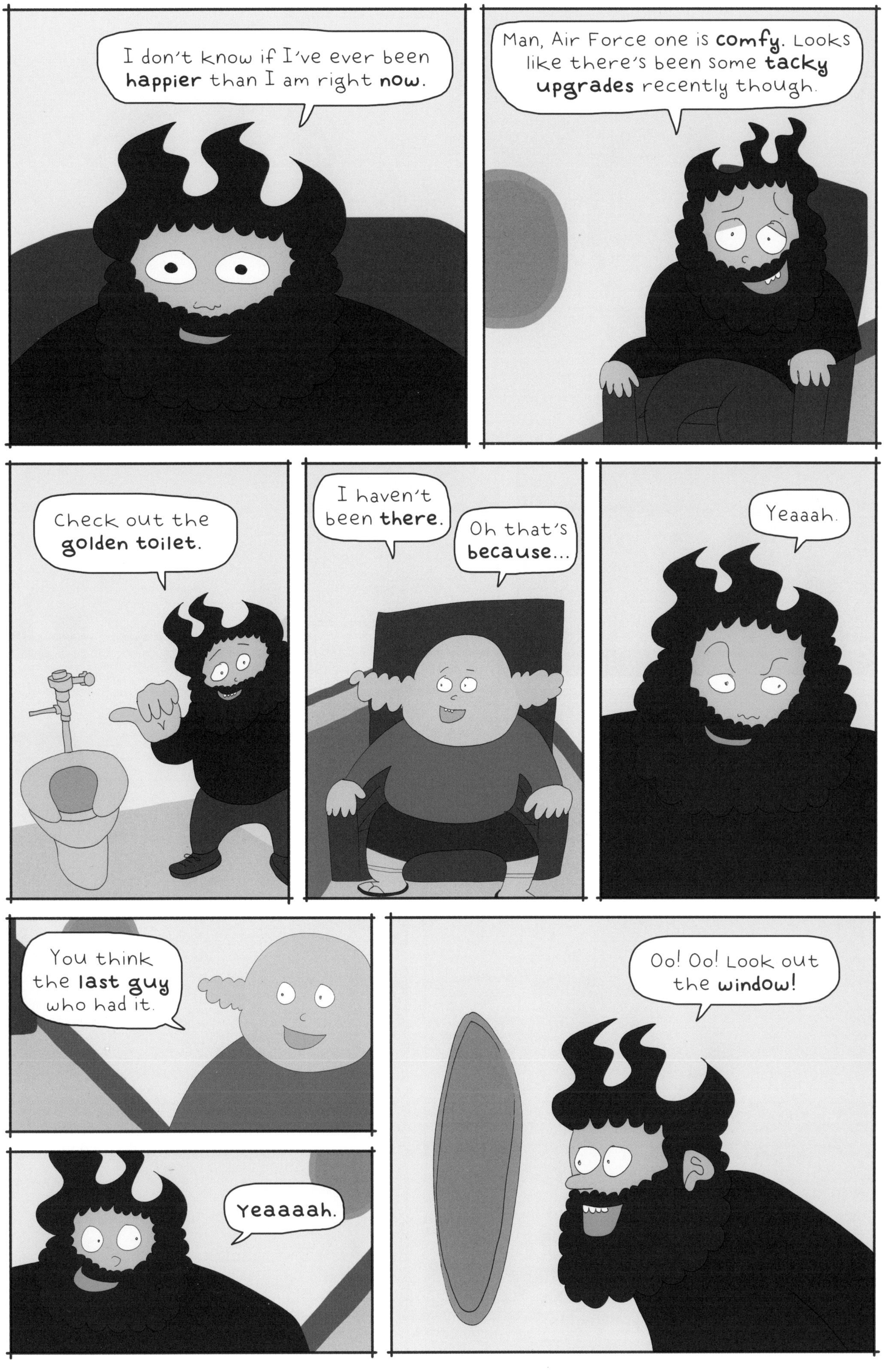
I don't know if I've ever been **happier** than I am right **now**.
Man, Air Force one is **comfy**. Looks like there's been some **tacky upgrades** recently though.
Check out the **golden toilet**.
I haven't been **there**.
Oh that's **because**...
Yeaaah.
You think the **last guy** who had it.
Yeaaaah.
Oo! Oo! Look out the **window**!

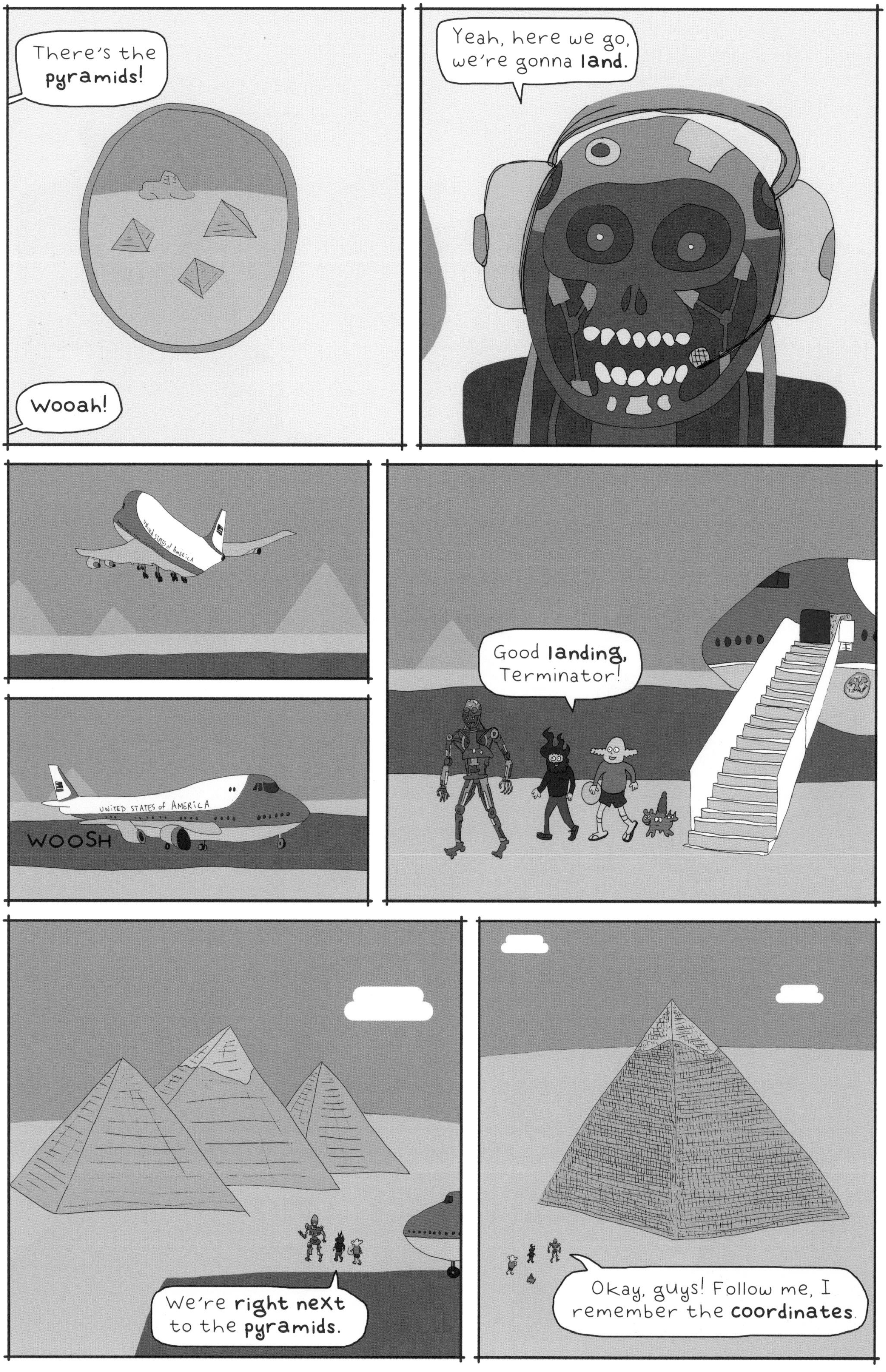
There's the pyramids!
Wooah!
Yeah, here we go, we're gonna land.
UNITED STATES of AMERICA
WOOSH
Good landing, Terminator!
We're right next to the pyramids.
Okay, guys! Follow me, I remember the coordinates.

He said the **third thing** over here. Follow me!

I'm gonna take out this **brick**...

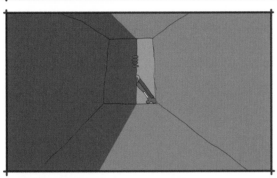

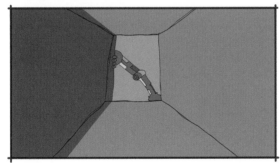

Woah, **look** at that **tunnel**!

Man, **just** like they **said**!

It's grim, dark and **forboding**...

You know what this **reminds** me of?

143

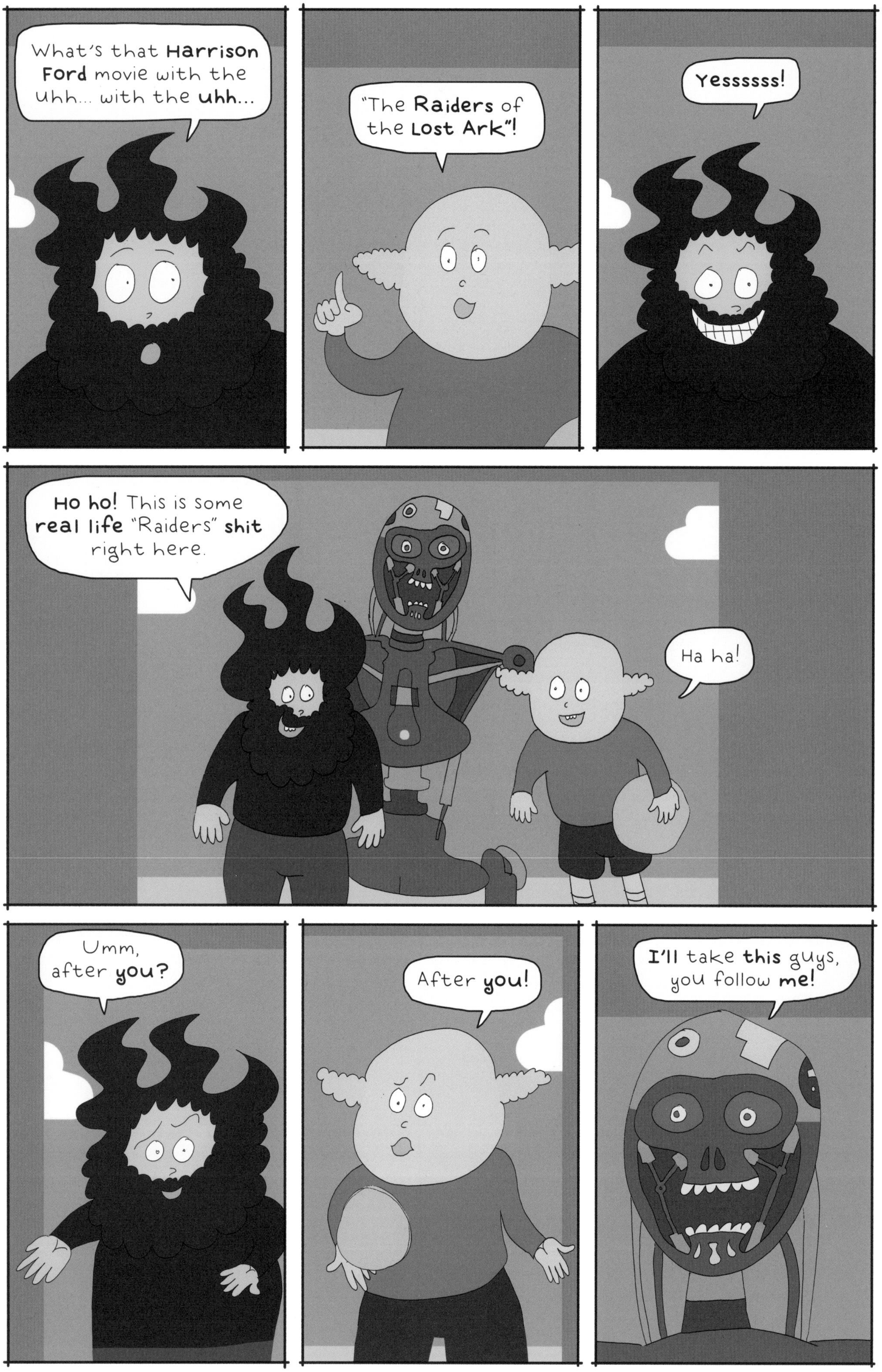
What's that Harrison Ford movie with the uhh... with the uhh...
"The Raiders of the Lost Ark"!
Yessssss!
Ho ho! This is some real life "Raiders" shit right here.
Ha ha!
Umm, after you?
After you!
I'll take this guys, you follow me!

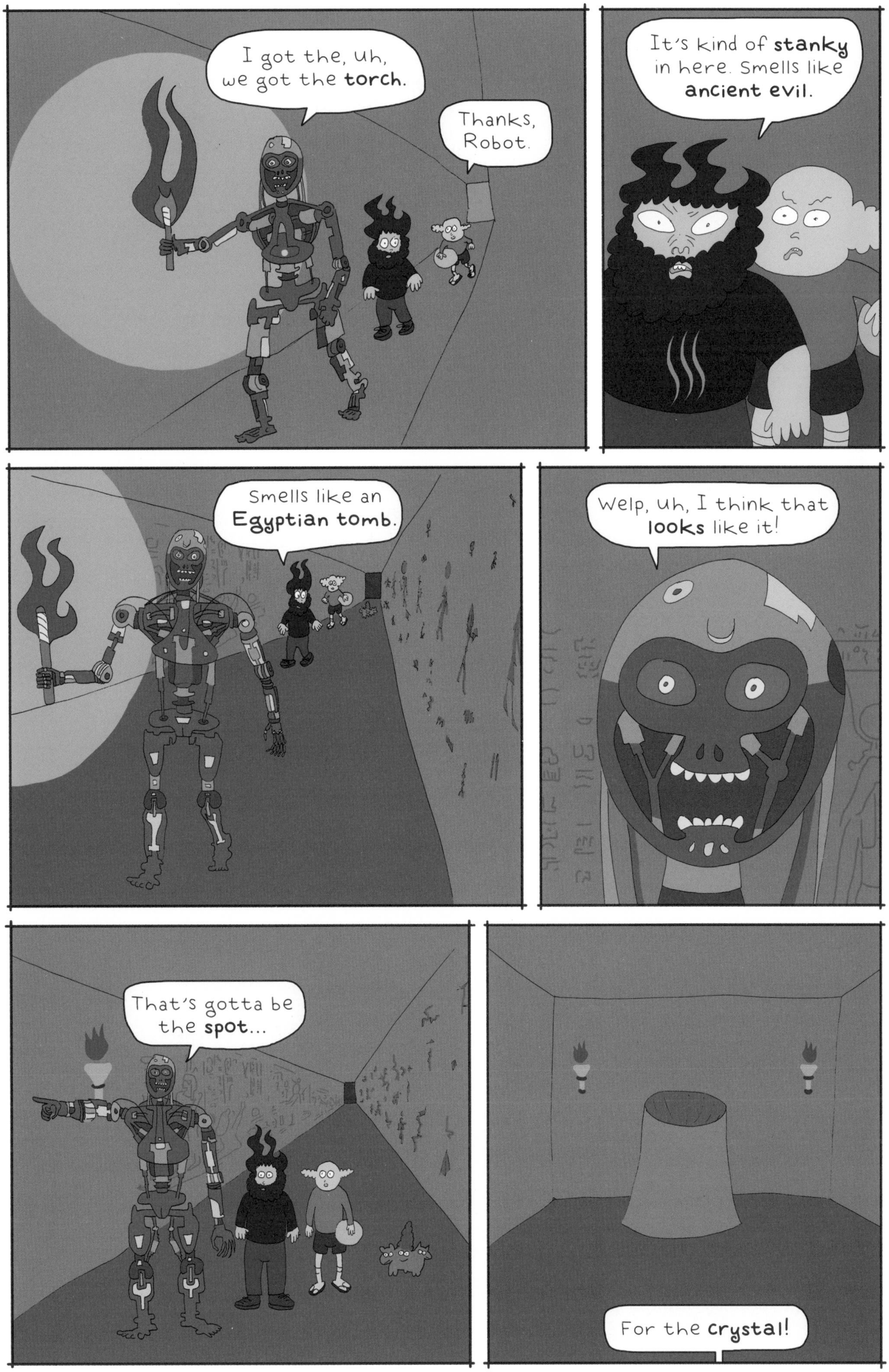

I got the, uh, we got the **torch**.
Thanks, Robot.
It's kind of **stanky** in here. Smells like **ancient evil**.
Smells like an **Egyptian tomb**.
Welp, uh, I think that **looks** like it!
That's gotta be the **spot**...
For the **crystal**!

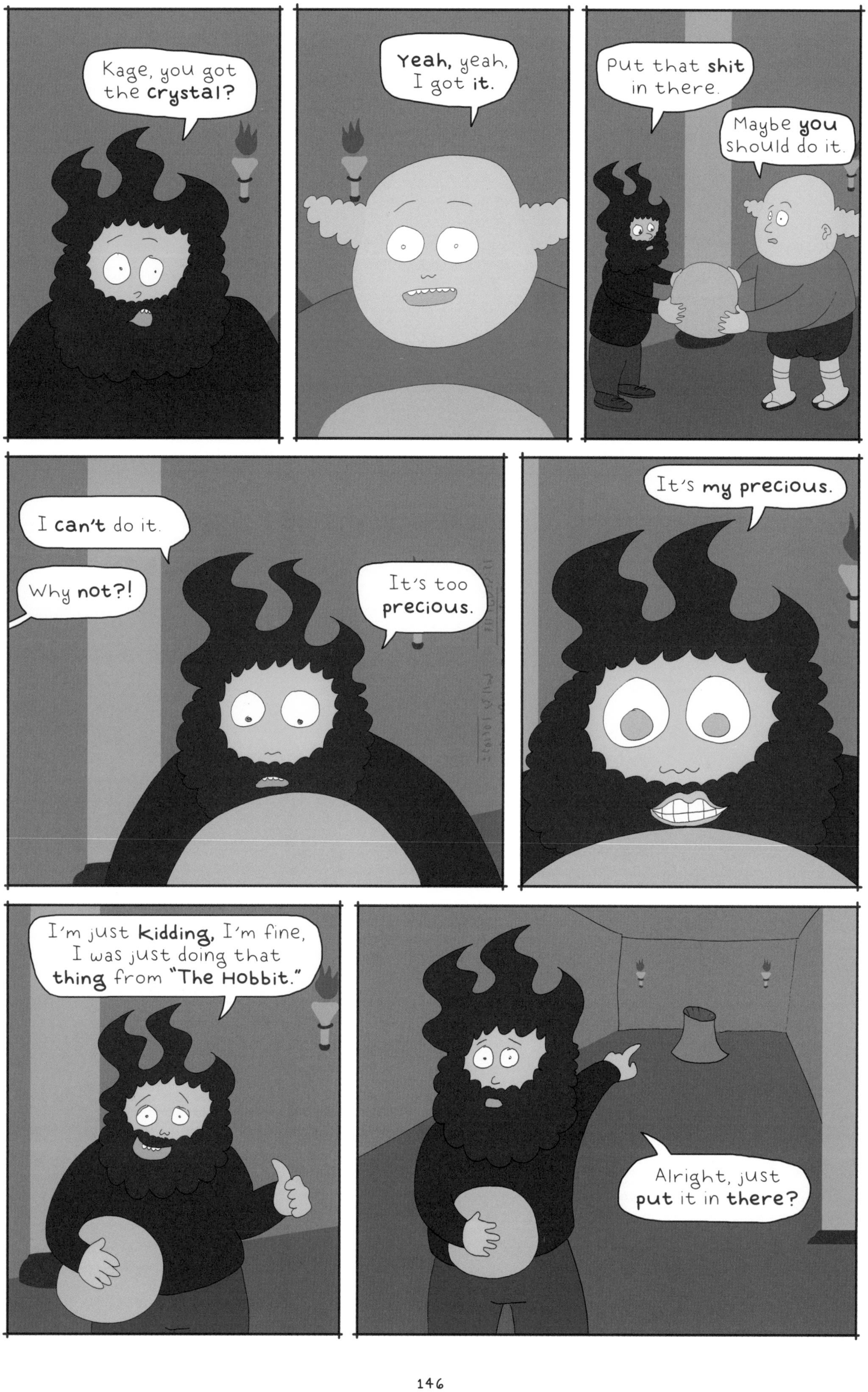
Kage, you got the **crystal?**
Yeah, yeah, I got **it.**
Put that **shit** in there.
Maybe **you** should do it.
I **can't** do it.
Why **not?!**
It's too **precious.**
It's **my precious.**
I'm just **kidding,** I'm fine, I was just doing that **thing** from **"The Hobbit."**
Alright, just **put** it in **there?**

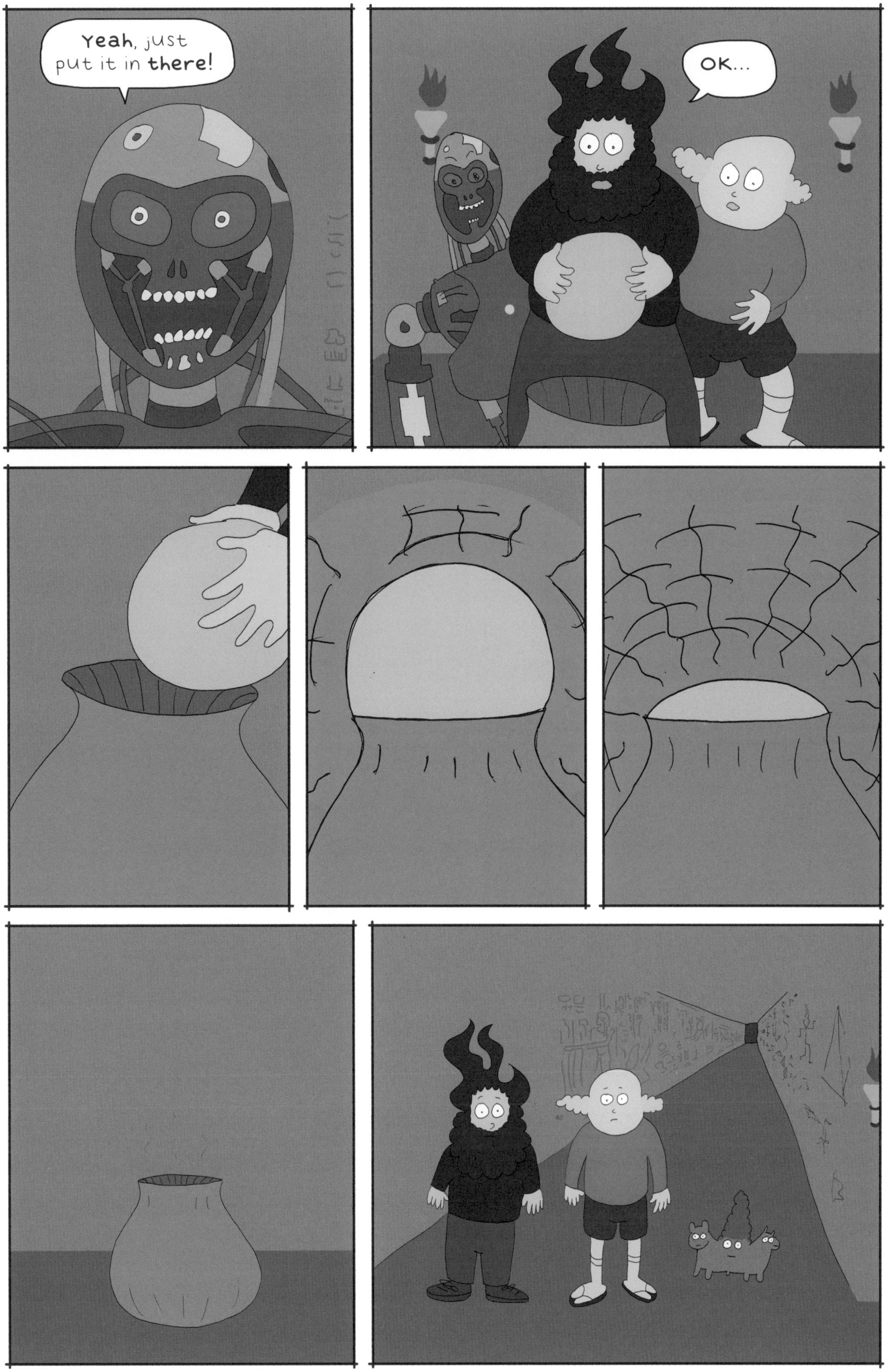
Yeah, just put it in there!
OK...

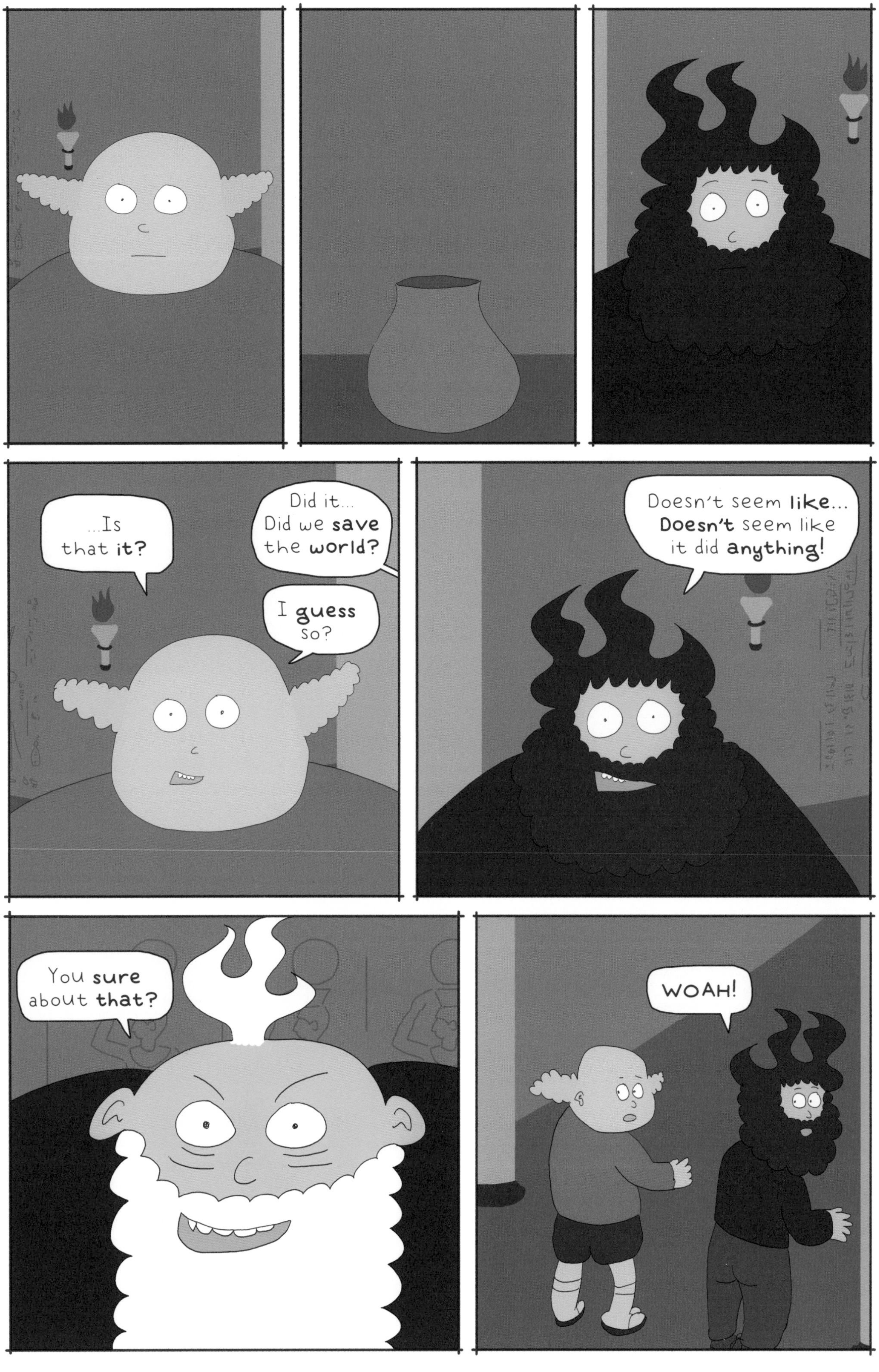

...Is that it?
Did it... Did we save the world?
I guess so?
Doesn't seem like... Doesn't seem like it did anything!
You sure about that?
WOAH!

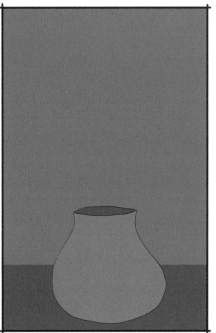

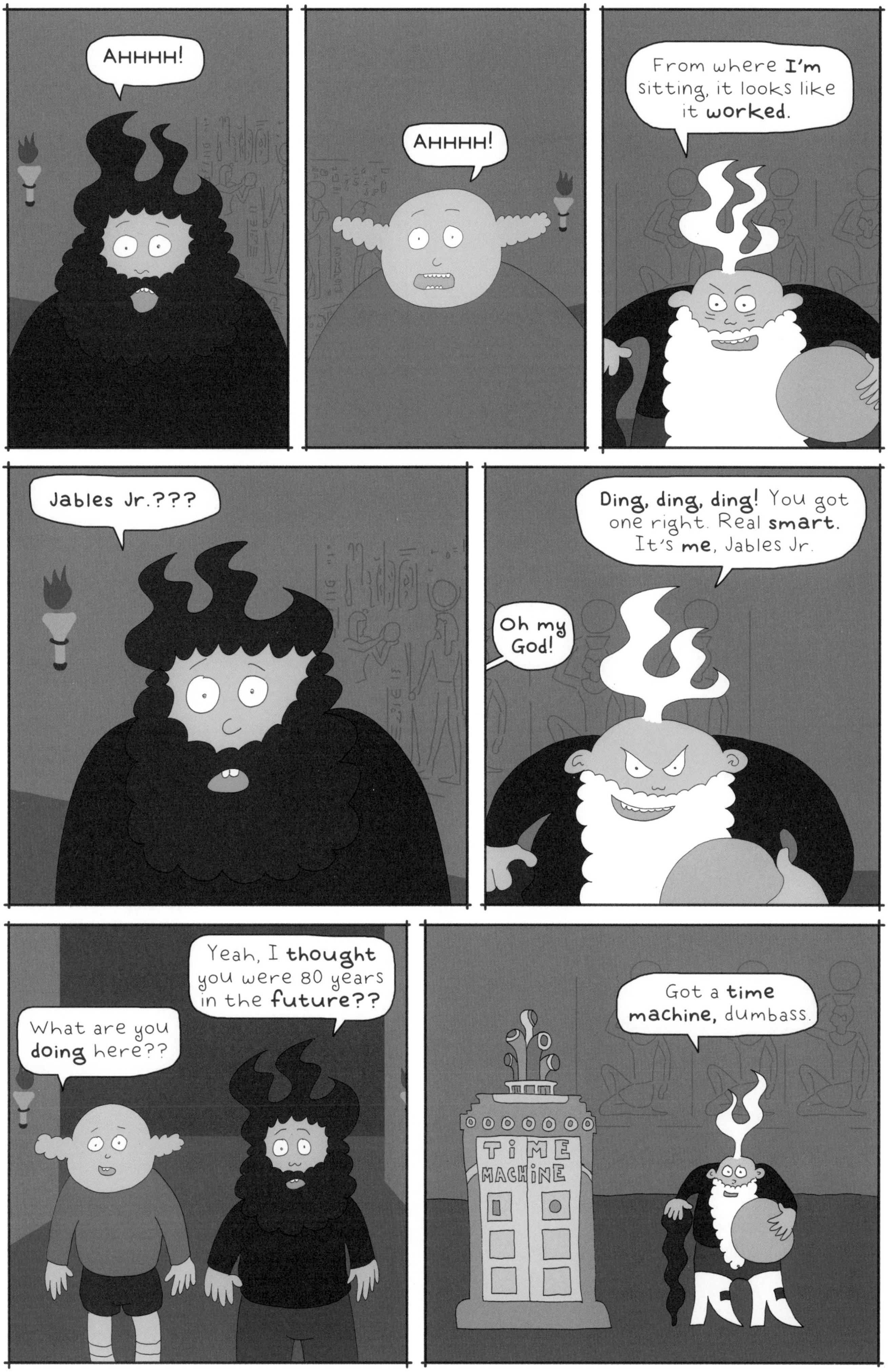
AHHHH!
AHHHH!
From where I'm sitting, it looks like it worked.
Jables Jr.???
Ding, ding, ding! You got one right. Real smart. It's me, Jables Jr.
Oh my God!
What are you doing here??
Yeah, I thought you were 80 years in the future??
Got a time machine, dumbass.
TIME MACHINE

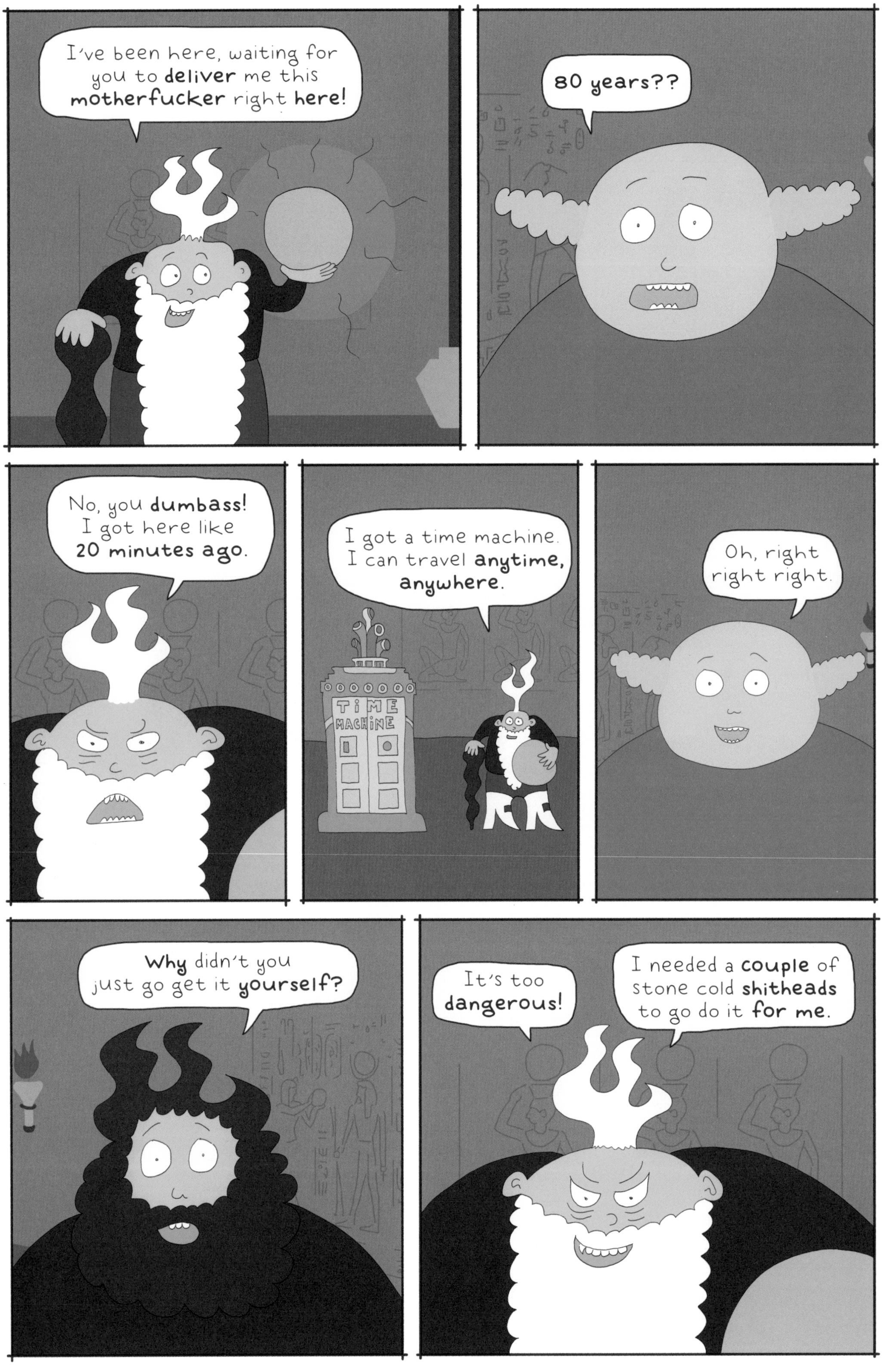
I've been here, waiting for you to deliver me this motherfucker right here!
80 years??
No, you dumbass! I got here like 20 minutes ago.
I got a time machine. I can travel anytime, anywhere.
TIME MACHINE
Oh, right right right.
Why didn't you just go get it yourself?
It's too dangerous!
I needed a couple of stone cold shitheads to go do it for me.

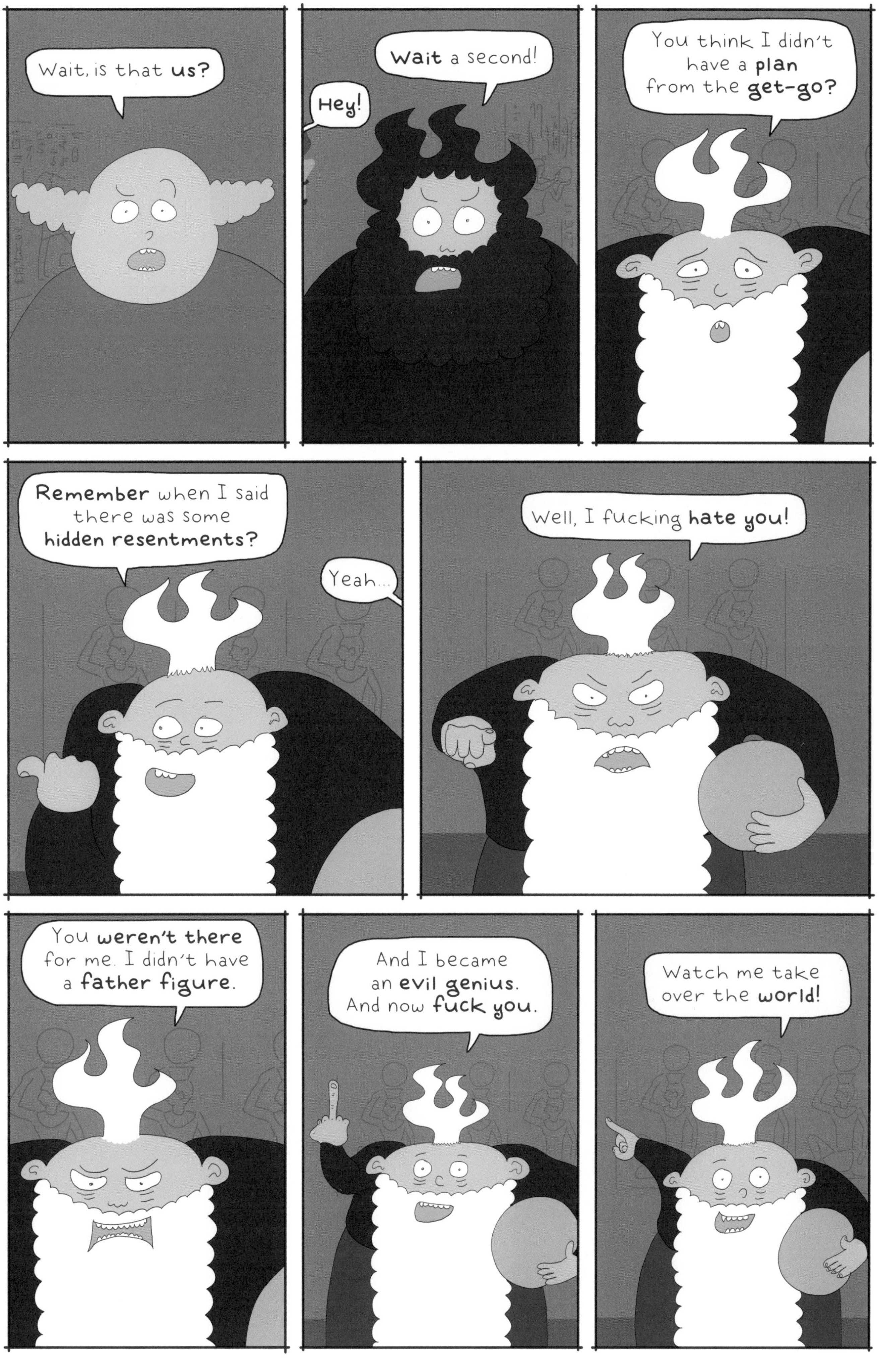
Wait, is that us?
Hey!
Wait a second!
You think I didn't have a plan from the get-go?
Remember when I said there was some hidden resentments?
Yeah...
Well, I fucking hate you!
You weren't there for me. I didn't have a father figure.
And I became an evil genius. And now fuck you.
Watch me take over the world!

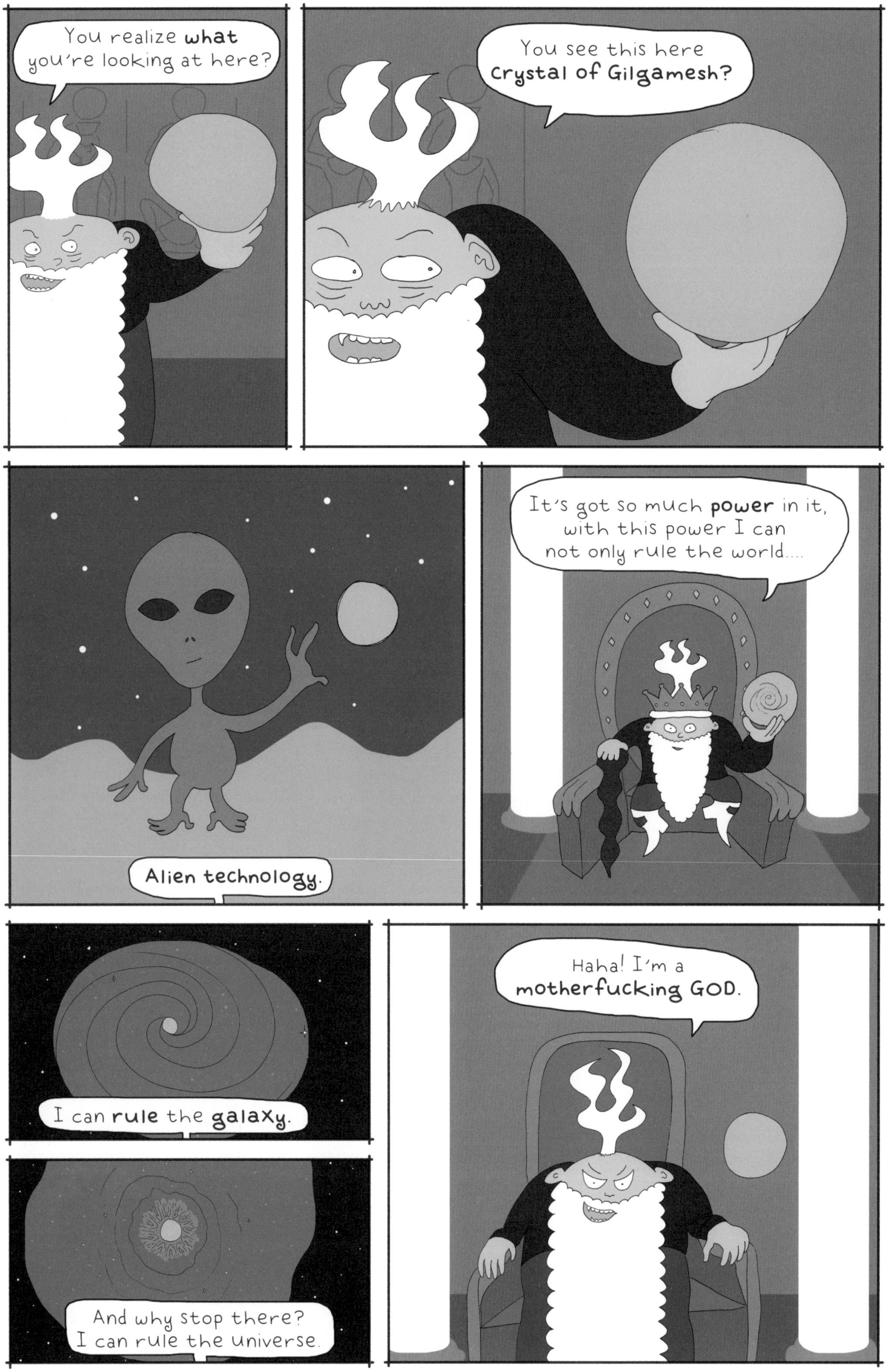
You realize **what** you're looking at here?
You see this here **crystal of Gilgamesh?**
Alien technology.
It's got so much **power** in it, with this power I can not only rule the world....
I can **rule** the **galaxy**.
And why stop there? I can rule the universe.
Haha! I'm a **motherfucking GOD.**

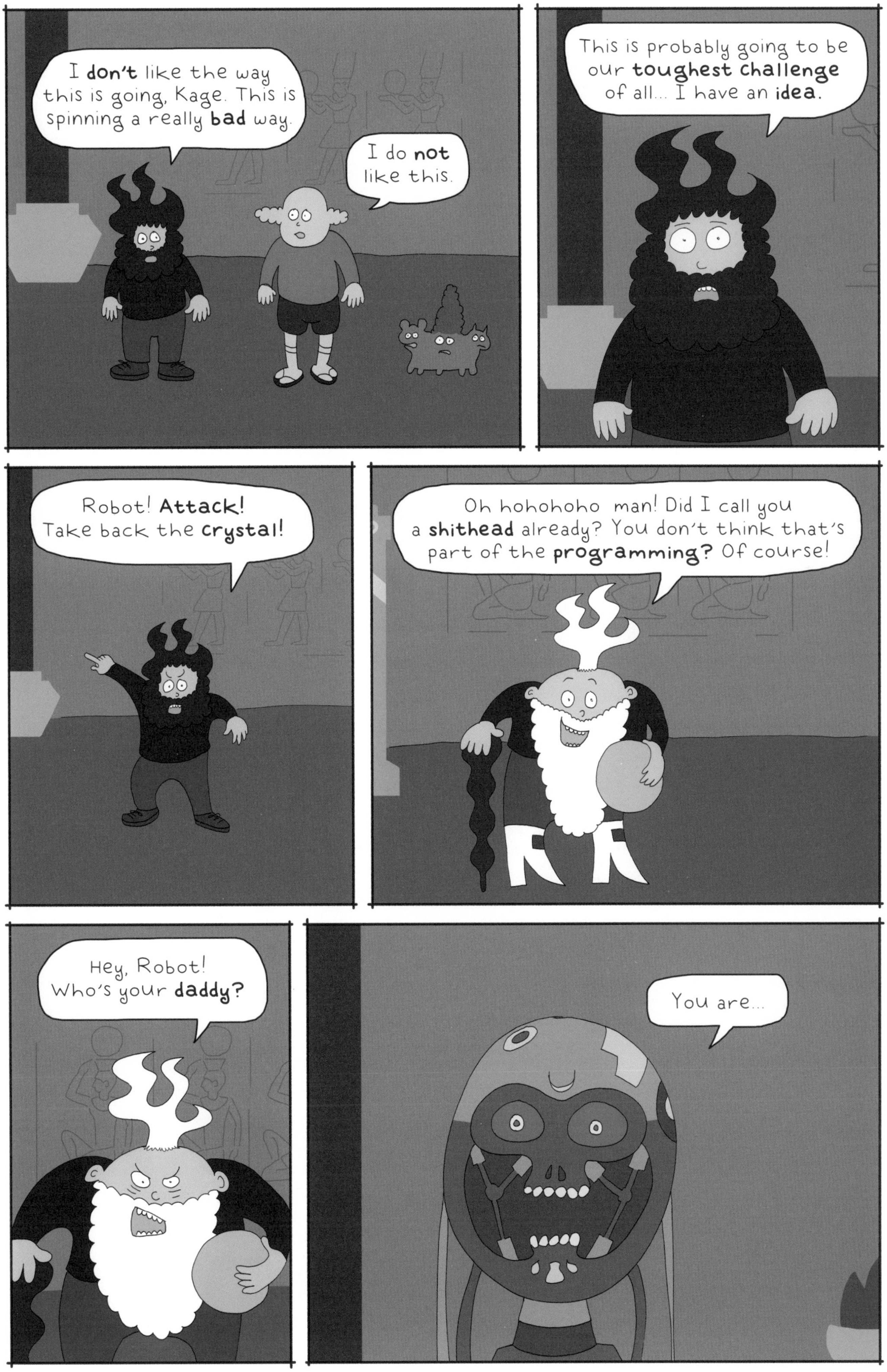
I **don't** like the way this is going, Kage. This is spinning a really **bad** way.
I do **not** like this.
This is probably going to be our **toughest challenge** of all... I have an **idea**.
Robot! **Attack!** Take back the **crystal!**
Oh hohohoho man! Did I call you a **shithead** already? You don't think that's part of the **programming?** Of course!
Hey, Robot! Who's your **daddy?**
You are...

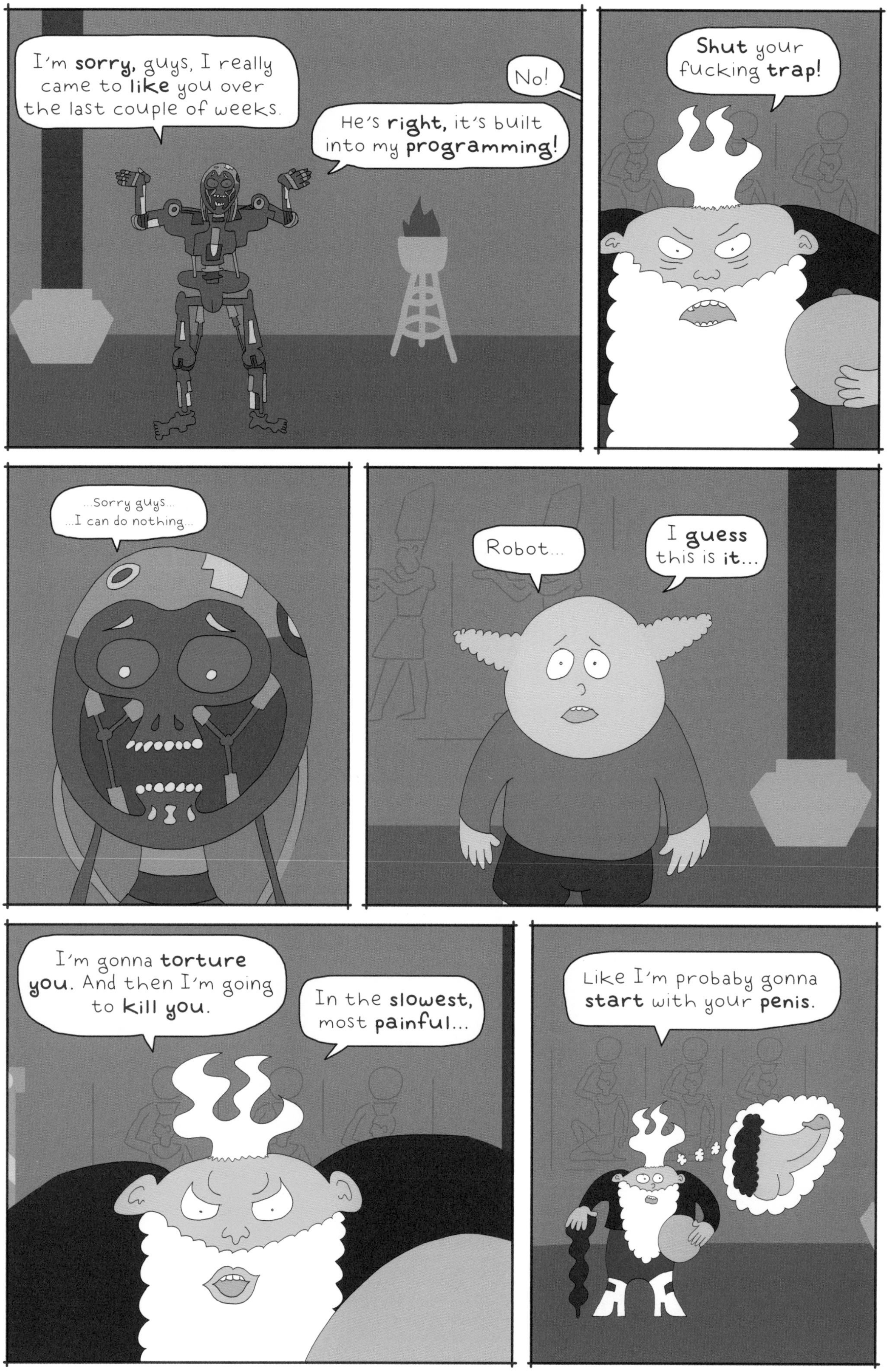
I'm sorry, guys, I really came to like you over the last couple of weeks.
No!
He's right, it's built into my programming!
Shut your fucking trap!
...Sorry guys... ...I can do nothing...
Robot...
I guess this is it...
I'm gonna torture you. And then I'm going to kill you.
In the slowest, most painful...
Like I'm probaby gonna start with your penis.

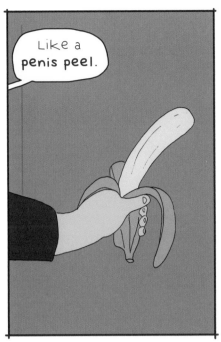

Like a **penis peel**.

Uh, **then** we're gonna go with like a real **painful probe**.

Then I'm thinking eyeball **pluck**?

I don't know! We'll **figure** it out. I'm gonna do a little **research**.

Figure out the **most painful way** for both y'all to **die**.

But **before** I begin the **torture death**, I'm going to **sing** you a **rad song**, based upon the **current situation**.

Drop a beat, **Terminator**!

JB JR RAP

BRRAAH!
YAH!

YOU SEE THIS HERE
GREEN CRYSTAL

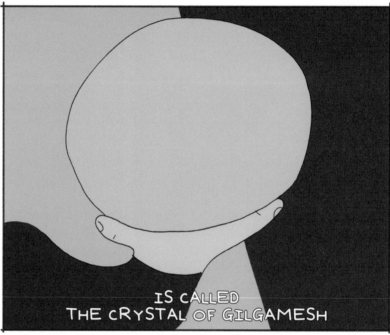

IS CALLED
THE CRYSTAL OF GILGAMESH

IT CRASHED
12,000 YEARS AGO

NEAR THE CITY

KNOWN AS
BUDAPEST

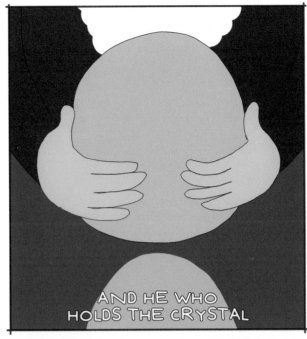

AND HE WHO
HOLDS THE CRYSTAL

IS A MUTHAFUCKIN'
FU MANCHU

AND NOW THAT
I HAVE THE POWER

I'M GONNA
LORD IT OVER YOU

I'M LIKE A GOD, MAN

WITH THE POWERS
OF THE ANTI-CHRIST

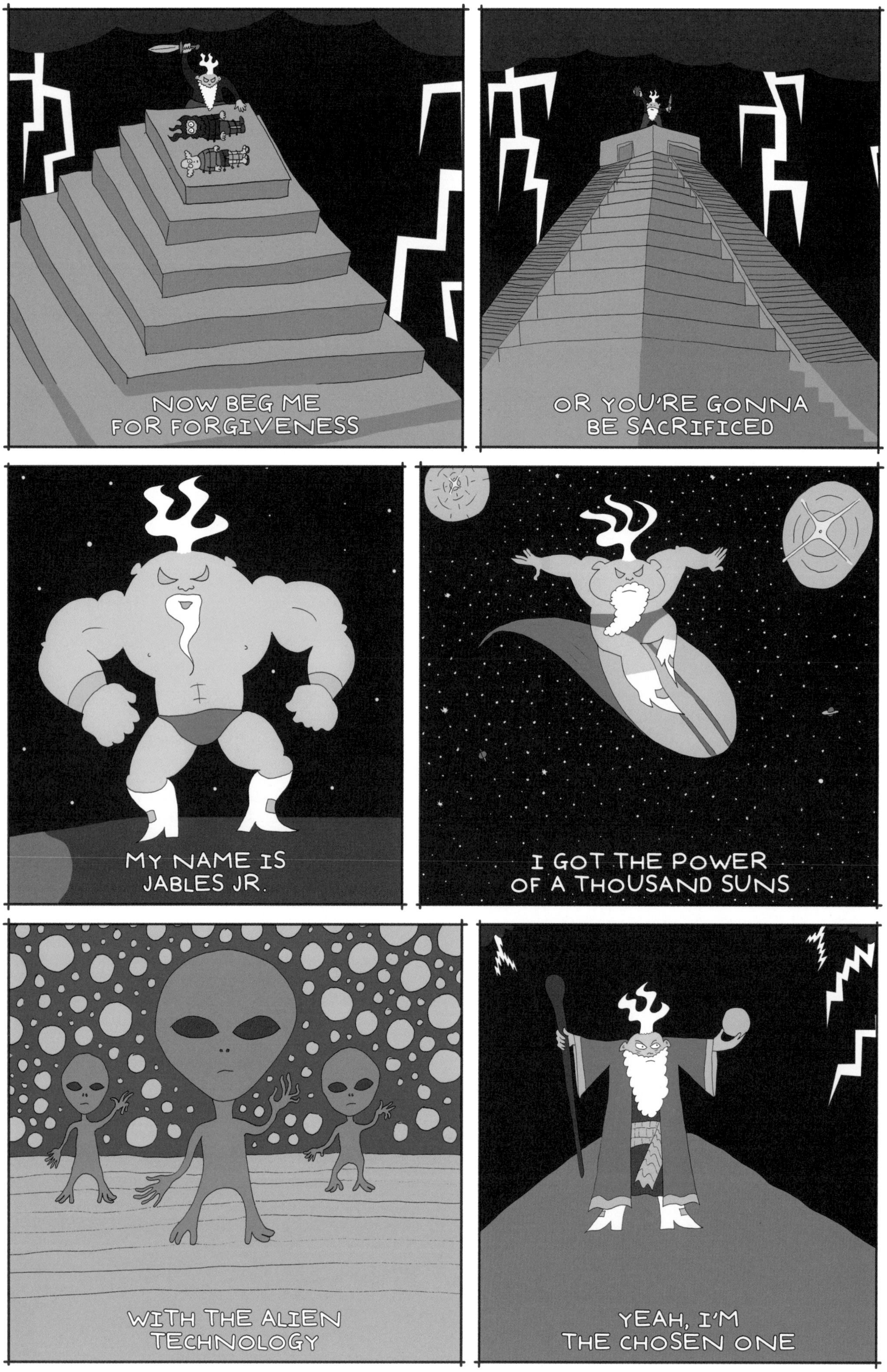
NOW BEG ME
FOR FORGIVENESS
OR YOU'RE GONNA
BE SACRIFICED
MY NAME IS
JABLES JR.
I GOT THE POWER
OF A THOUSAND SUNS
WITH THE ALIEN
TECHNOLOGY
YEAH, I'M
THE CHOSEN ONE

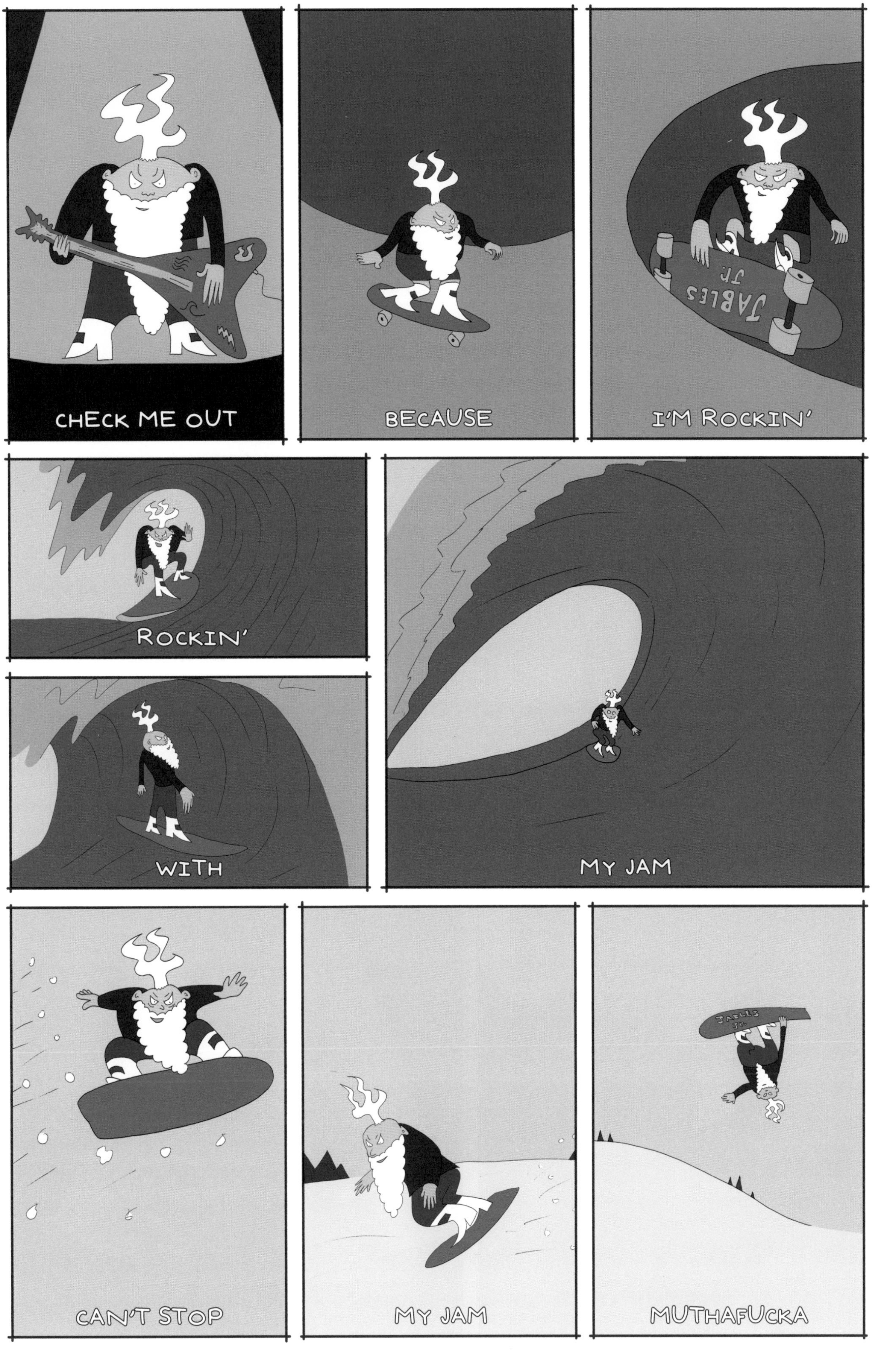
CHECK ME OUT
BECAUSE
I'M ROCKIN'
JABLES JR.
ROCKIN'
WITH
MY JAM
CAN'T STOP
MY JAM
MUTHAFUCKA

MY

FUCKIN'

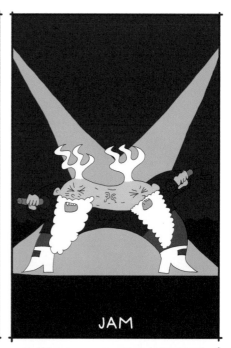

JAM

IS THE BEST JAM

IN THE WORLD

MUTHAFUCKA

YEAAAH

YEAAAH

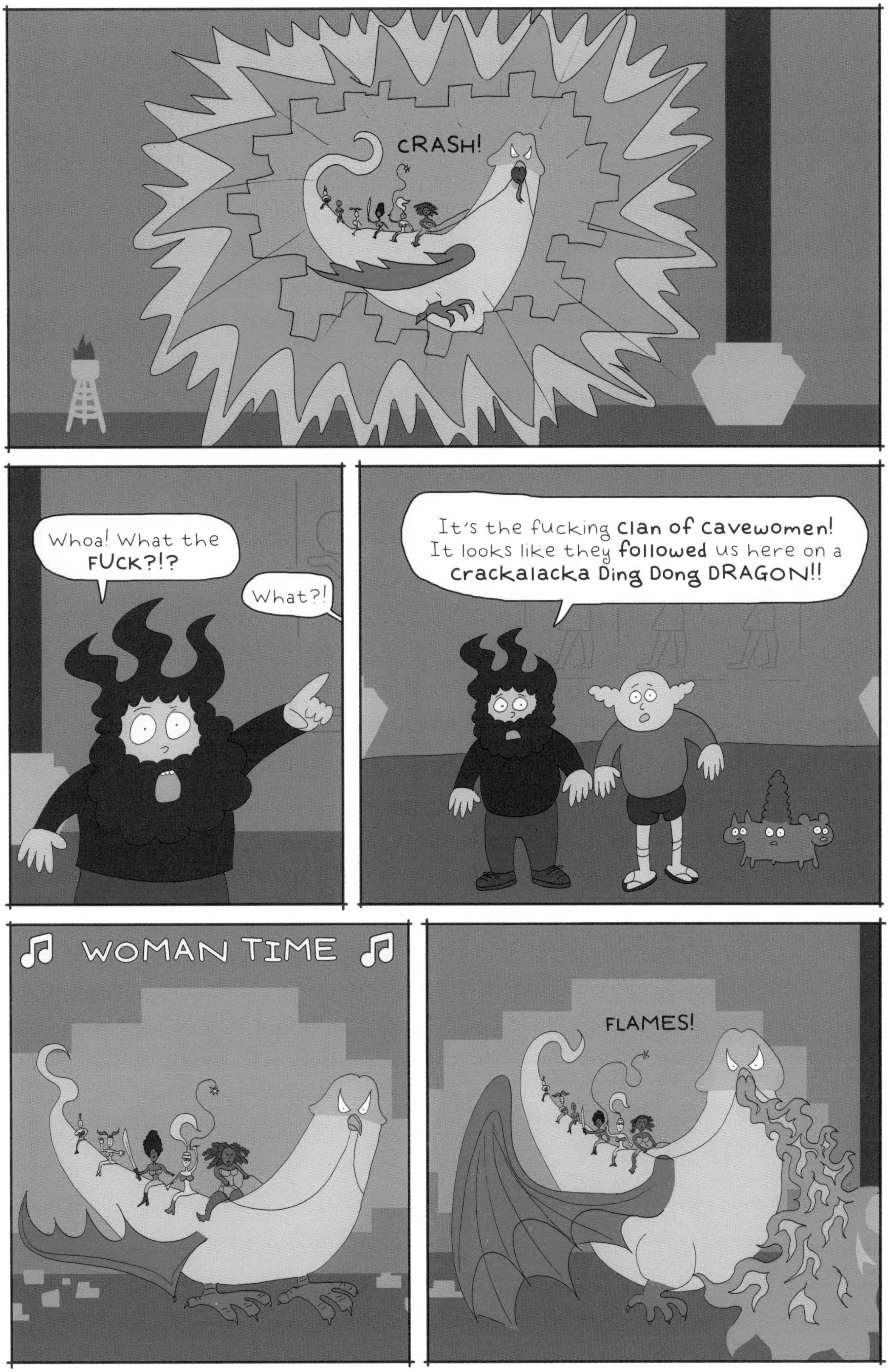
CRASH!
Whoa! What the FUCK?!?
What?!
It's the fucking clan of cavewomen! It looks like they followed us here on a crackalacka Ding Dong DRAGON!!
♫ WOMAN TIME ♫
FLAMES!

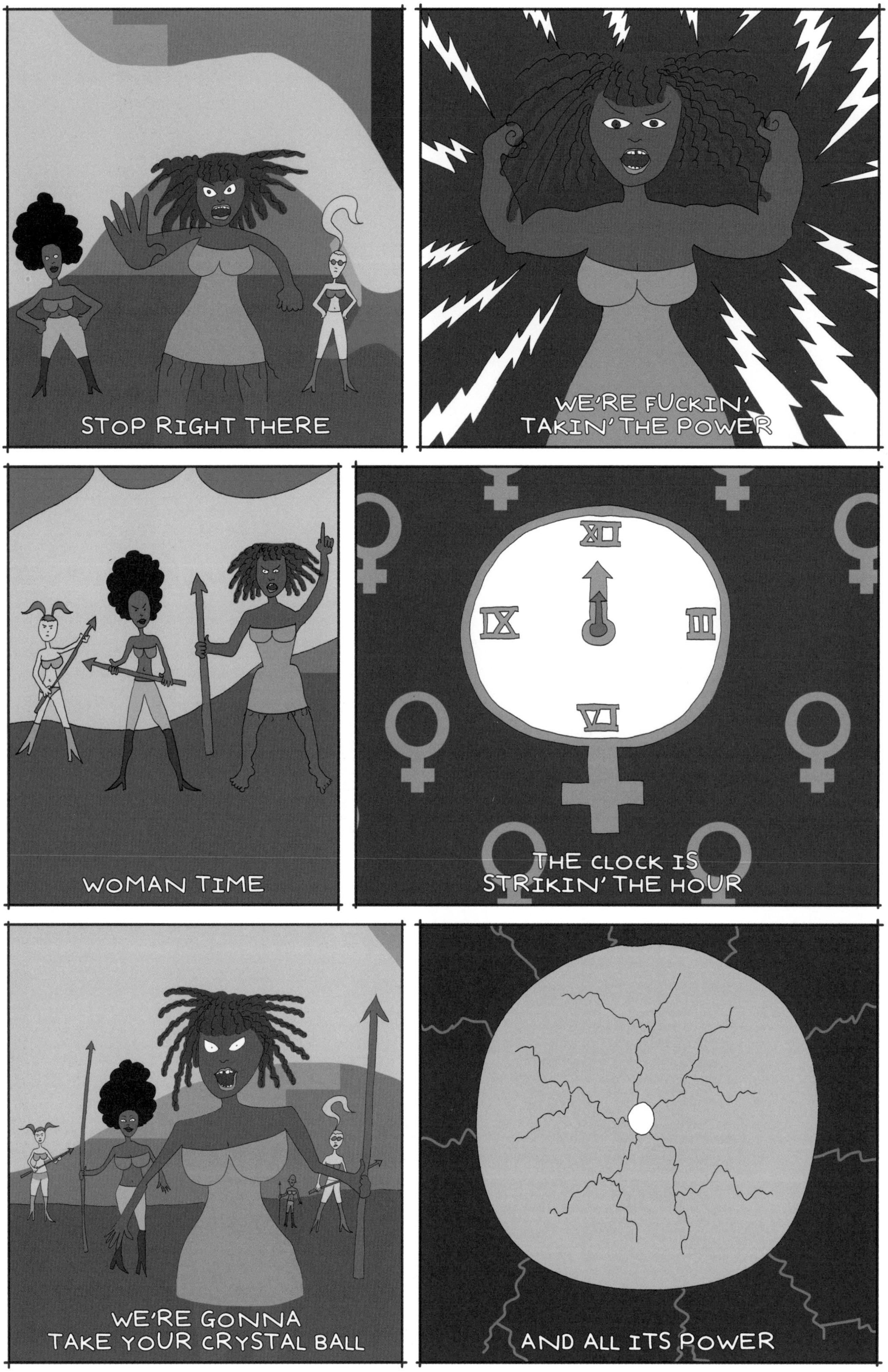
STOP RIGHT THERE
WE'RE FUCKIN' TAKIN' THE POWER
WOMAN TIME
THE CLOCK IS STRIKIN' THE HOUR
WE'RE GONNA TAKE YOUR CRYSTAL BALL
AND ALL ITS POWER

WE'RE GONNA CRUSH
YOUR FAMILY JEWELS

AND WATCH YOU COWER

AHHHHH!

ALRIGHT!

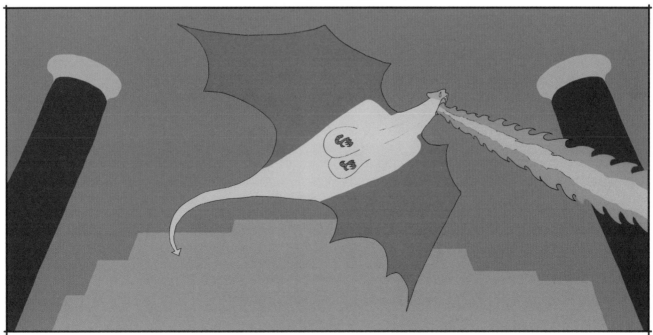

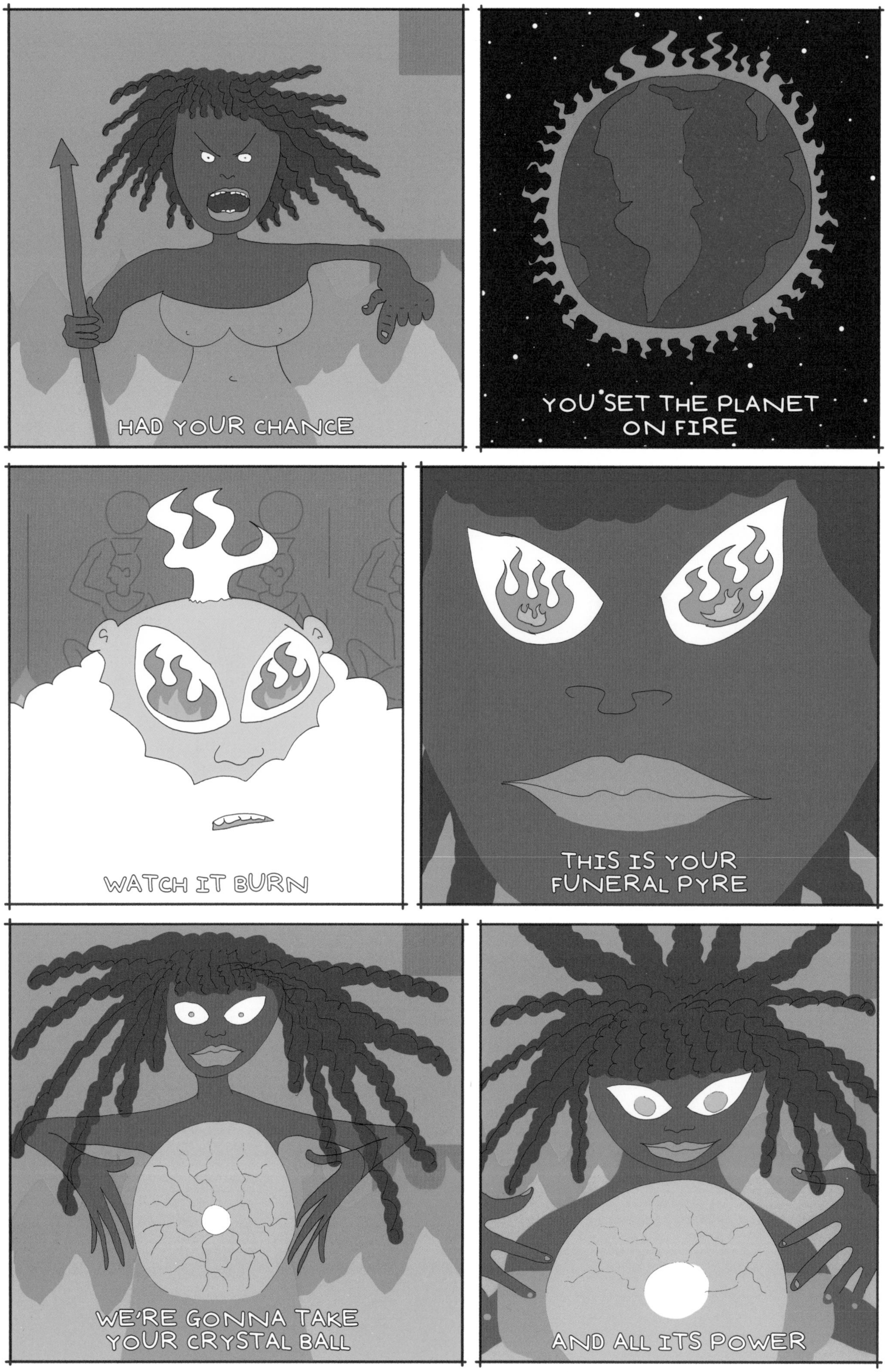
HAD YOUR CHANCE
YOU SET THE PLANET ON FIRE
WATCH IT BURN
THIS IS YOUR FUNERAL PYRE
WE'RE GONNA TAKE YOUR CRYSTAL BALL
AND ALL ITS POWER

WE'RE GONNA EAT
YOUR CHINESE FOOD

SWEET AND SOUR

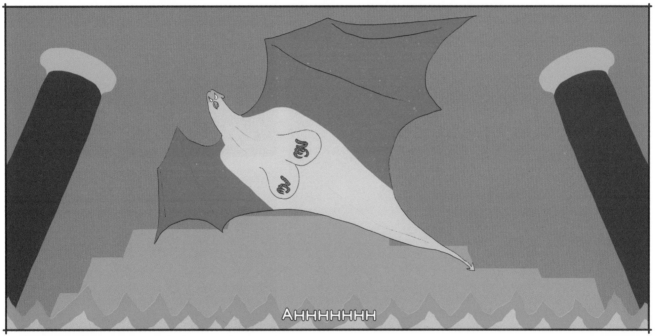

AHHHHHH

AHHHHHH

AHHHHHH

AHHHHHH

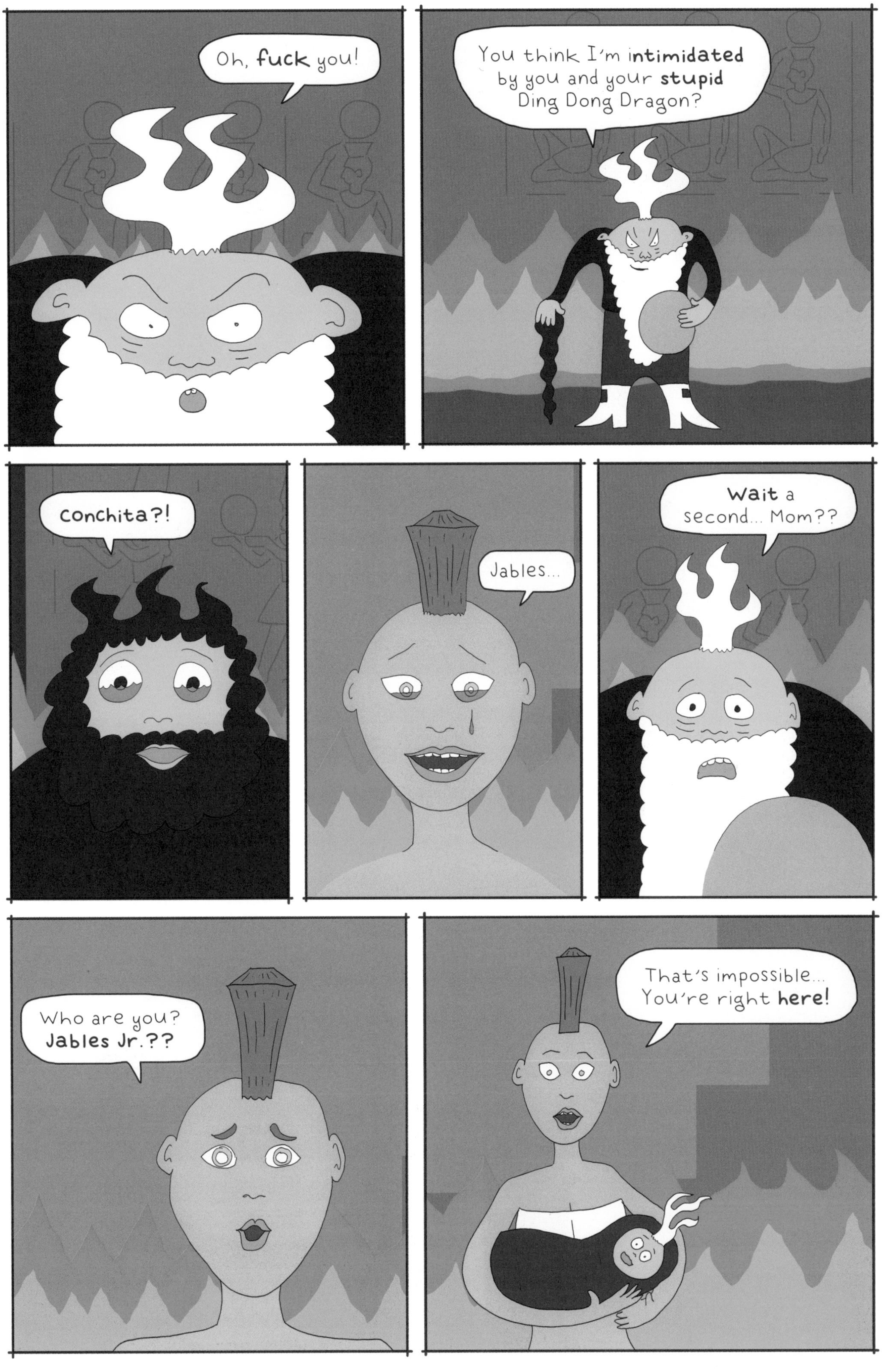
Oh, **fuck** you!
You think I'm **intimidated** by you and your **stupid** Ding Dong Dragon?
Conchita?!
Jables...
Wait a second... Mom??
Who are you? **Jables Jr.??**
That's impossible... You're right **here!**

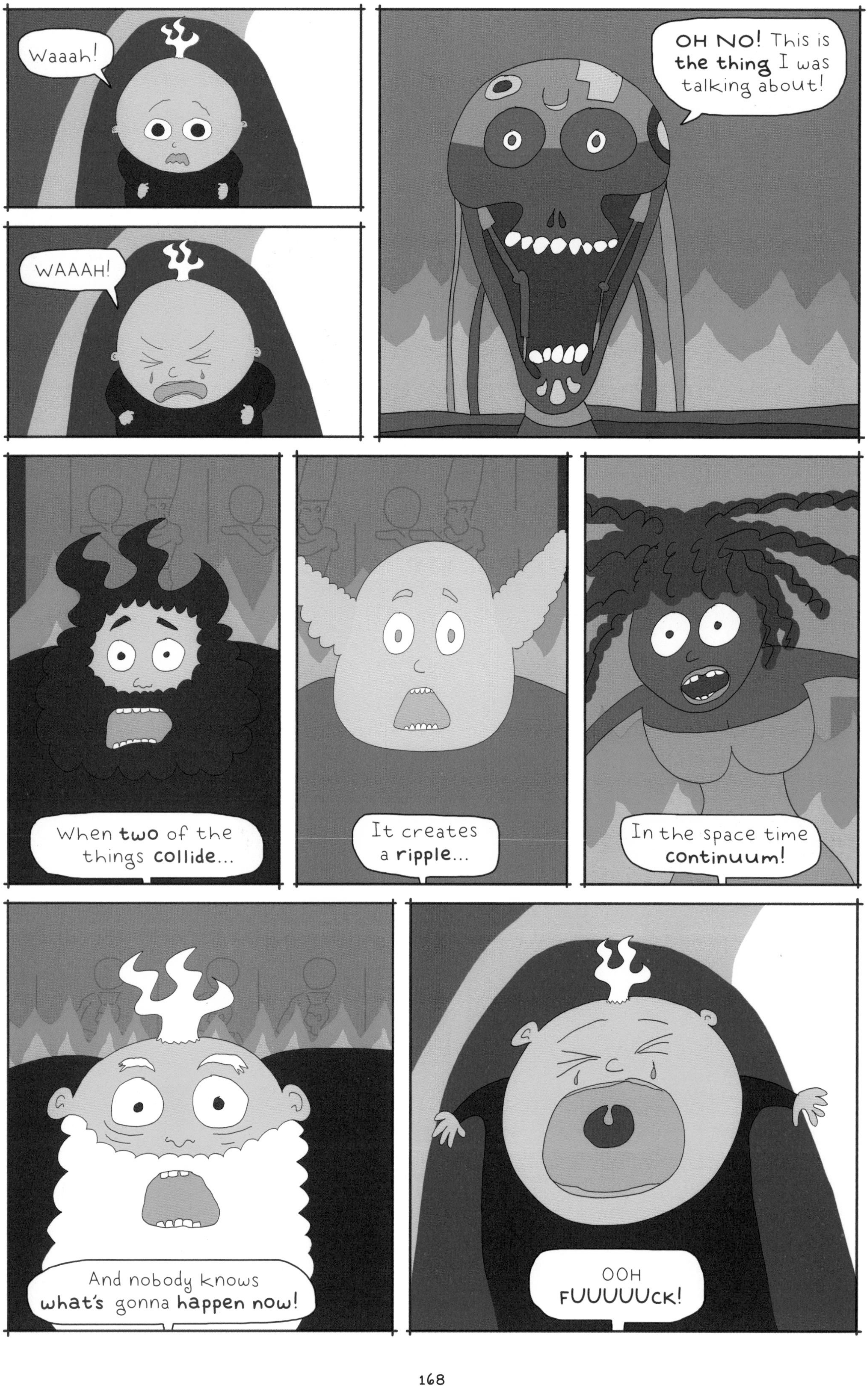
Waaah!
WAAAH!
OH NO! This is the thing I was talking about!
When two of the things collide...
It creates a ripple...
In the space time continuum!
And nobody knows what's gonna happen now!
OOH FUUUUUCK!

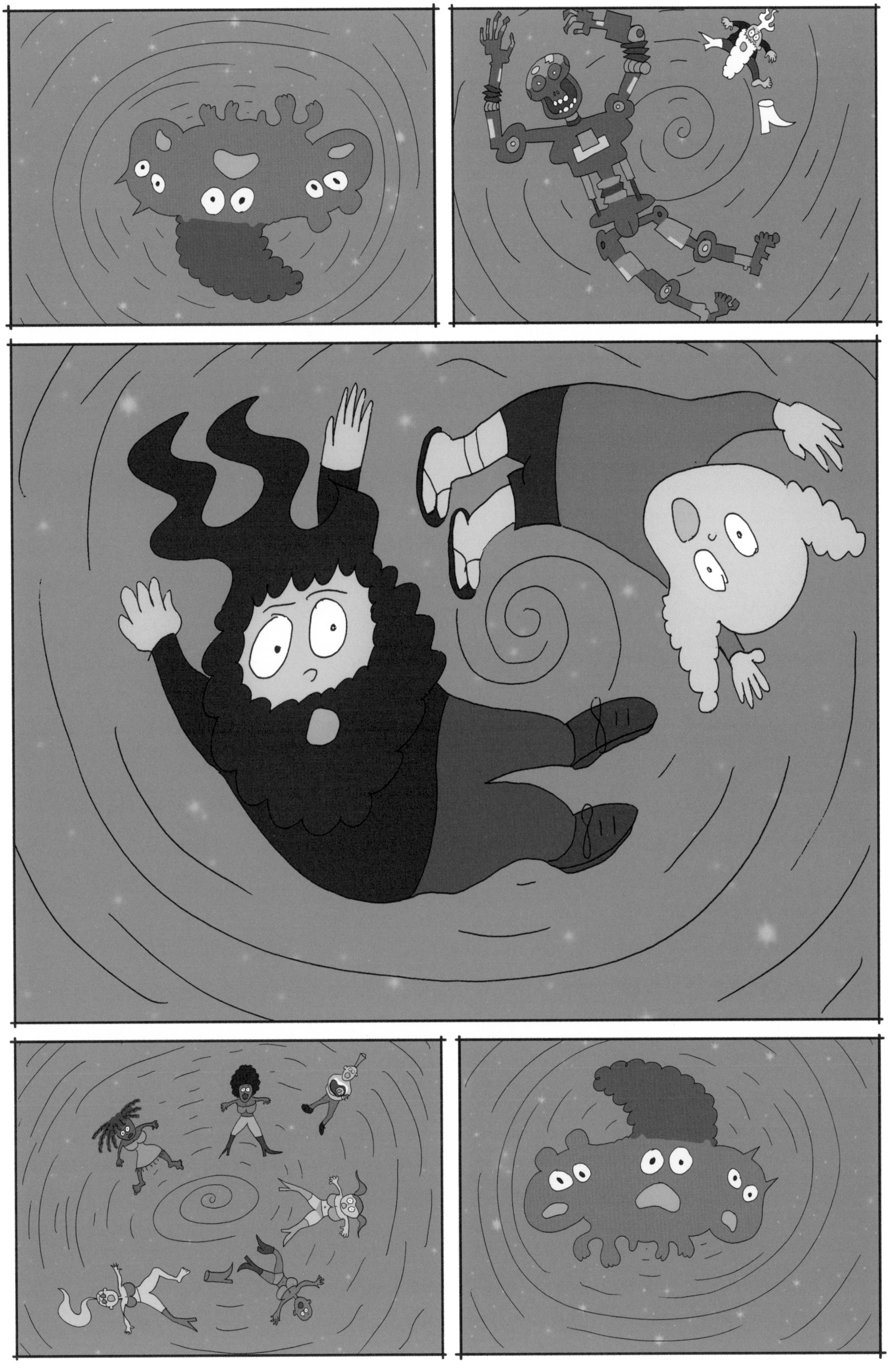

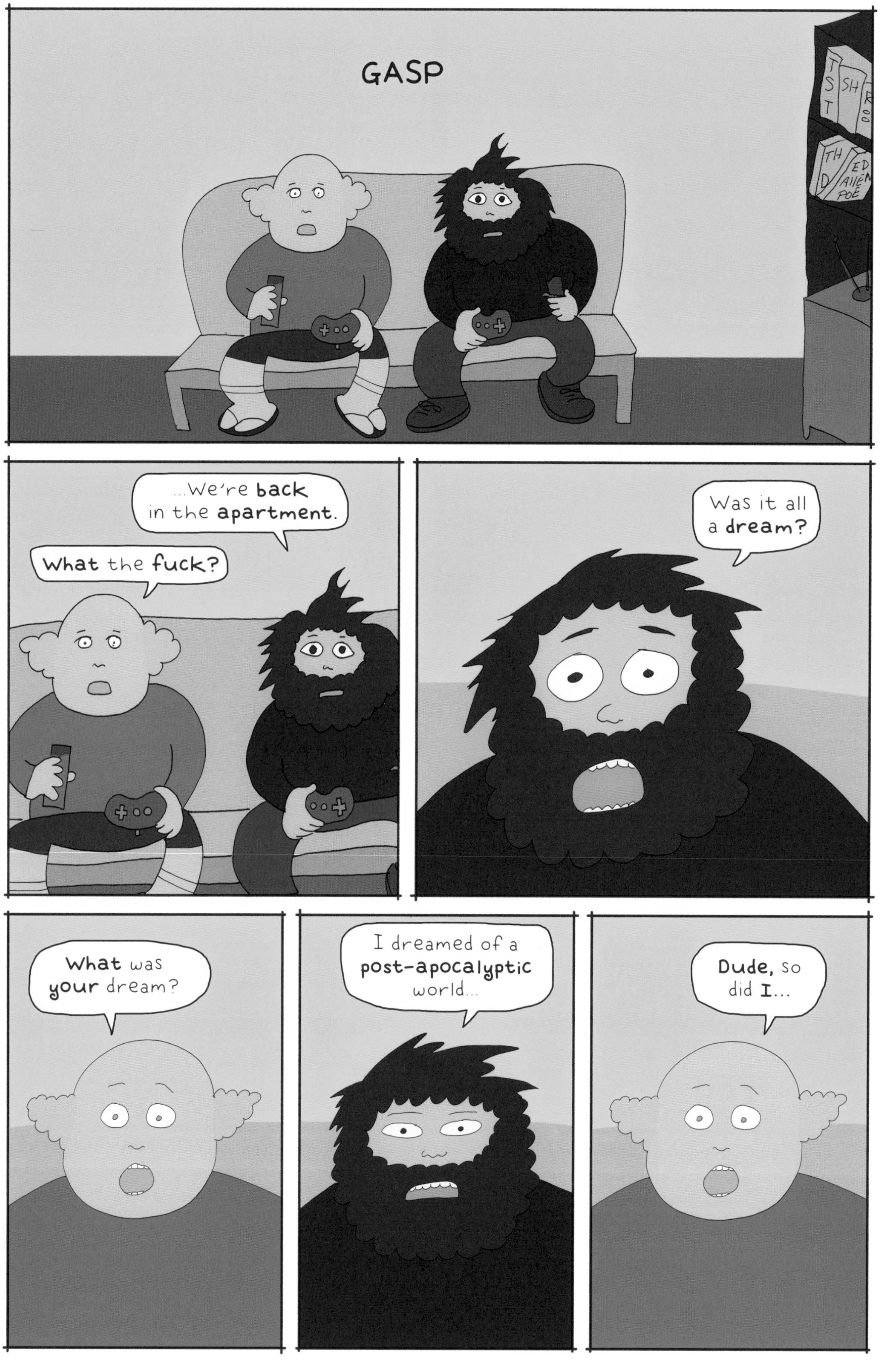
GASP
TST SH R
TH D ED ALLEN POE
What the fuck?
...We're back in the apartment.
Was it all a dream?
What was your dream?
I dreamed of a post-apocalyptic world...
Dude, so did I...

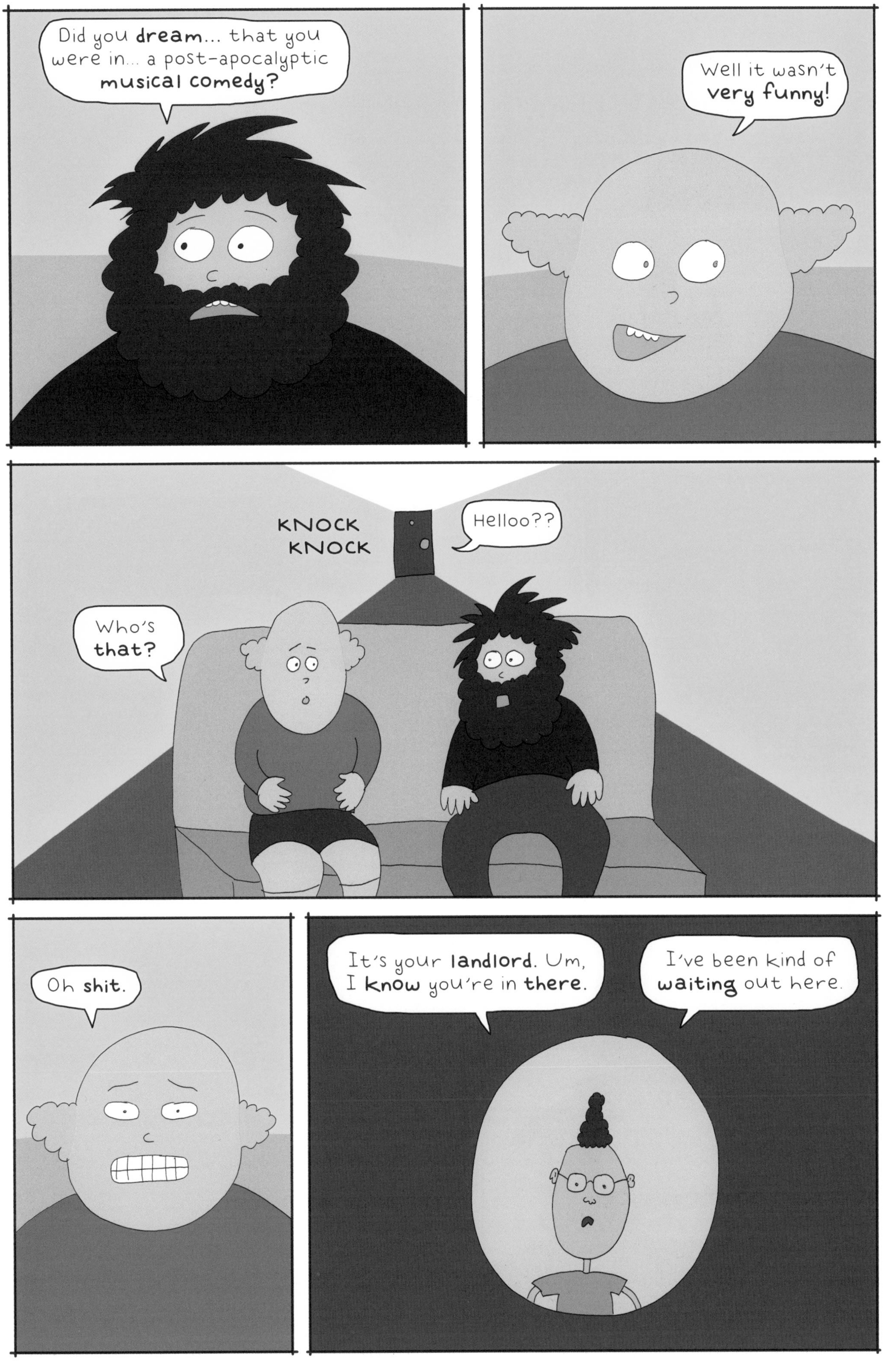
Did you dream... that you were in... a post-apocalyptic musical comedy?
Well it wasn't very funny!
KNOCK KNOCK
Helloo??
Who's that?
Oh shit.
It's your landlord. Um, I know you're in there.
I've been kind of waiting out here.

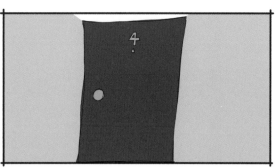

Hey, landlord. **What** was your **name** again?

Timothy. Timothy Nader. Everyone just calls me **Timmy**.

OK, **Timmy Nader**. Um, **look** we don't have **all** of the **rent**.

But you know we're **always** good for it. We **always eventually** pay it at **some** point...

Can you just cut us a **break?**

Cut us a **little** slack, bro.

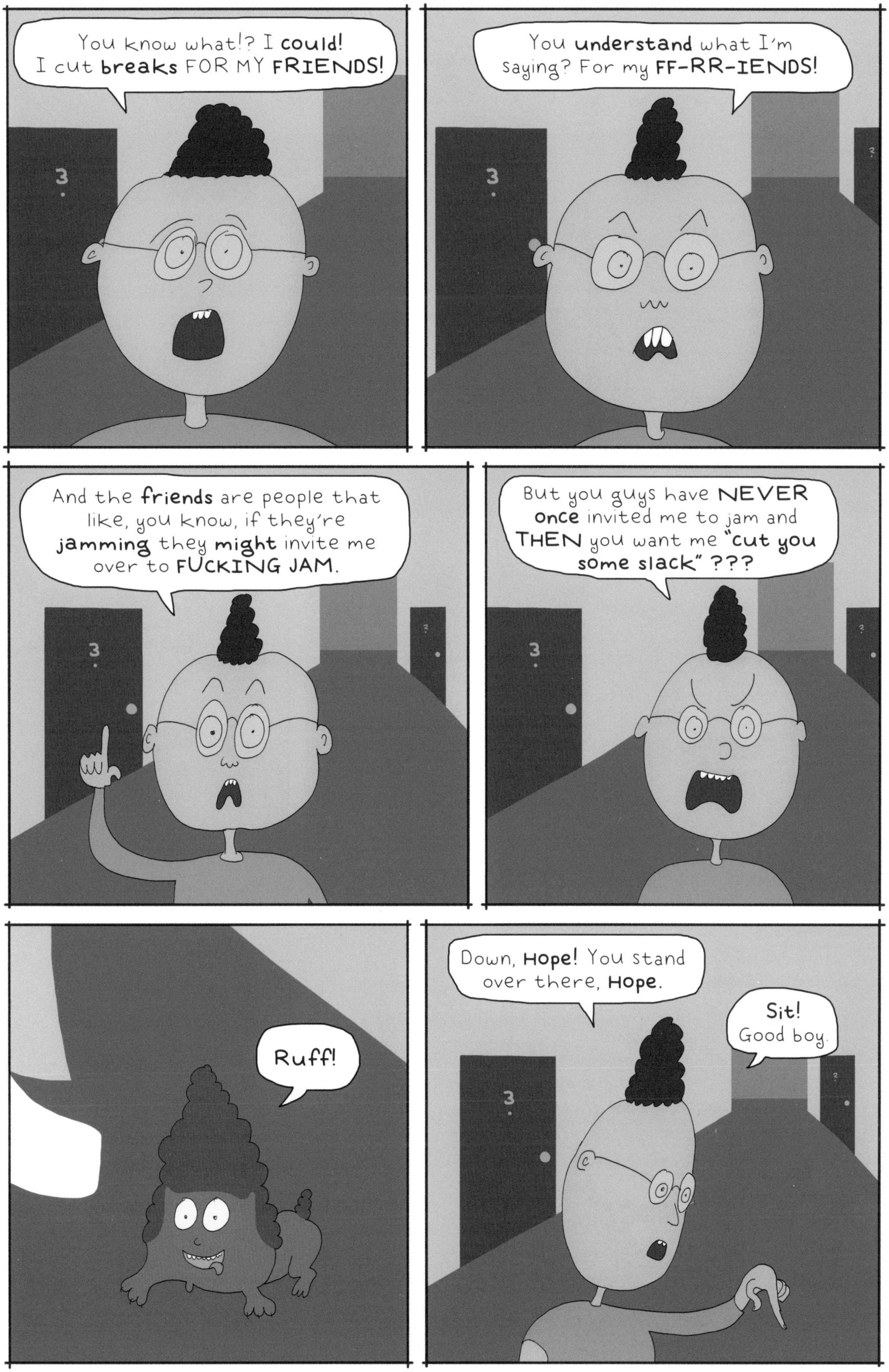
You know what!? I could! I cut breaks FOR MY FRIENDS!
You understand what I'm saying? For my FF-RR-IENDS!
And the friends are people that like, you know, if they're jamming they might invite me over to FUCKING JAM.
But you guys have NEVER once invited me to jam and THEN you want me "cut you some slack" ???
Ruff!
Down, Hope! You stand over there, Hope.
Sit! Good boy.

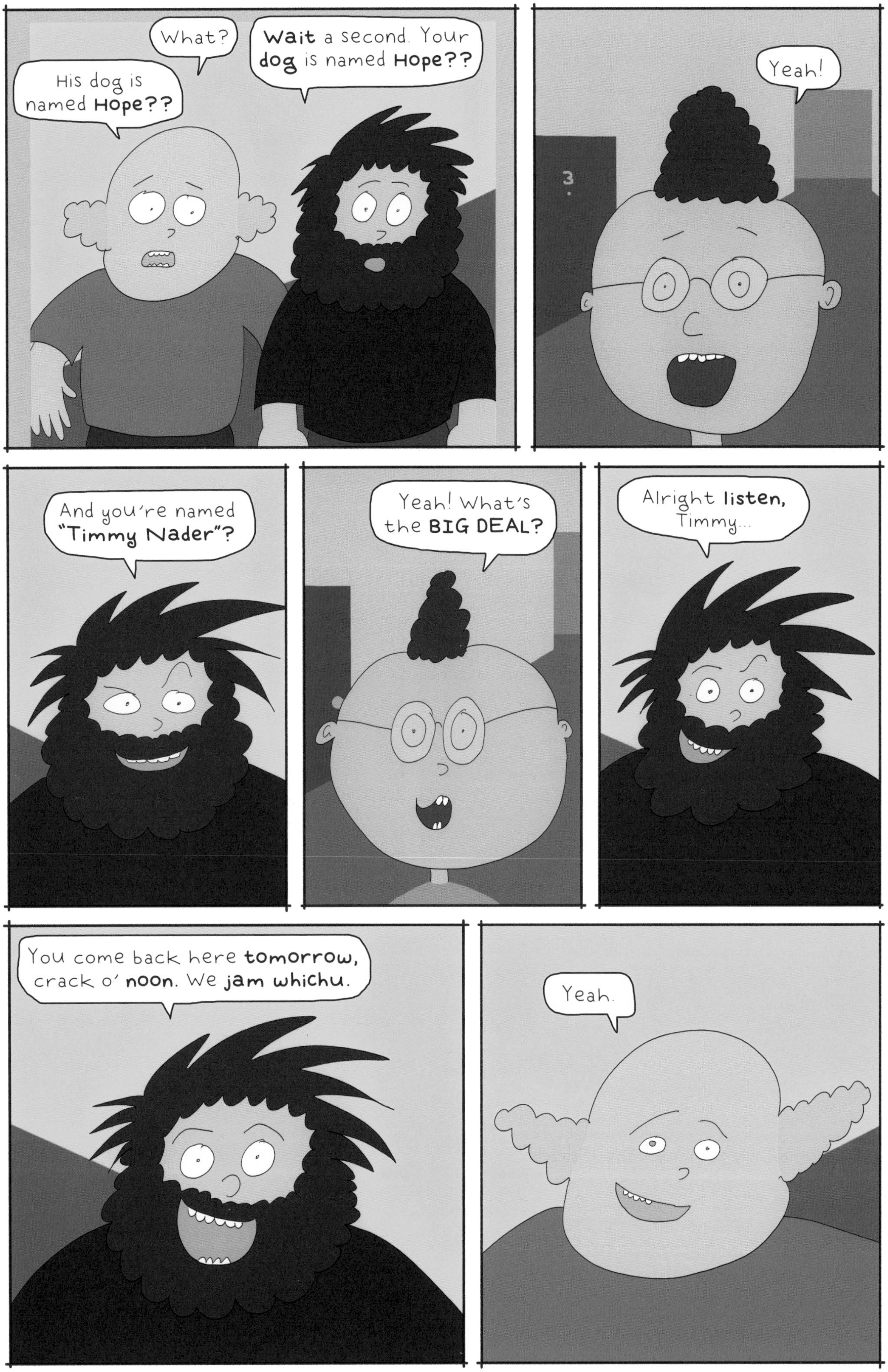
His dog is named Hope??
What?
Wait a second. Your dog is named Hope??
Yeah!
And you're named "Timmy Nader"?
Yeah! What's the BIG DEAL?
Alright listen, Timmy...
You come back here tomorrow, crack o' noon. We jam whichu.
Yeah.

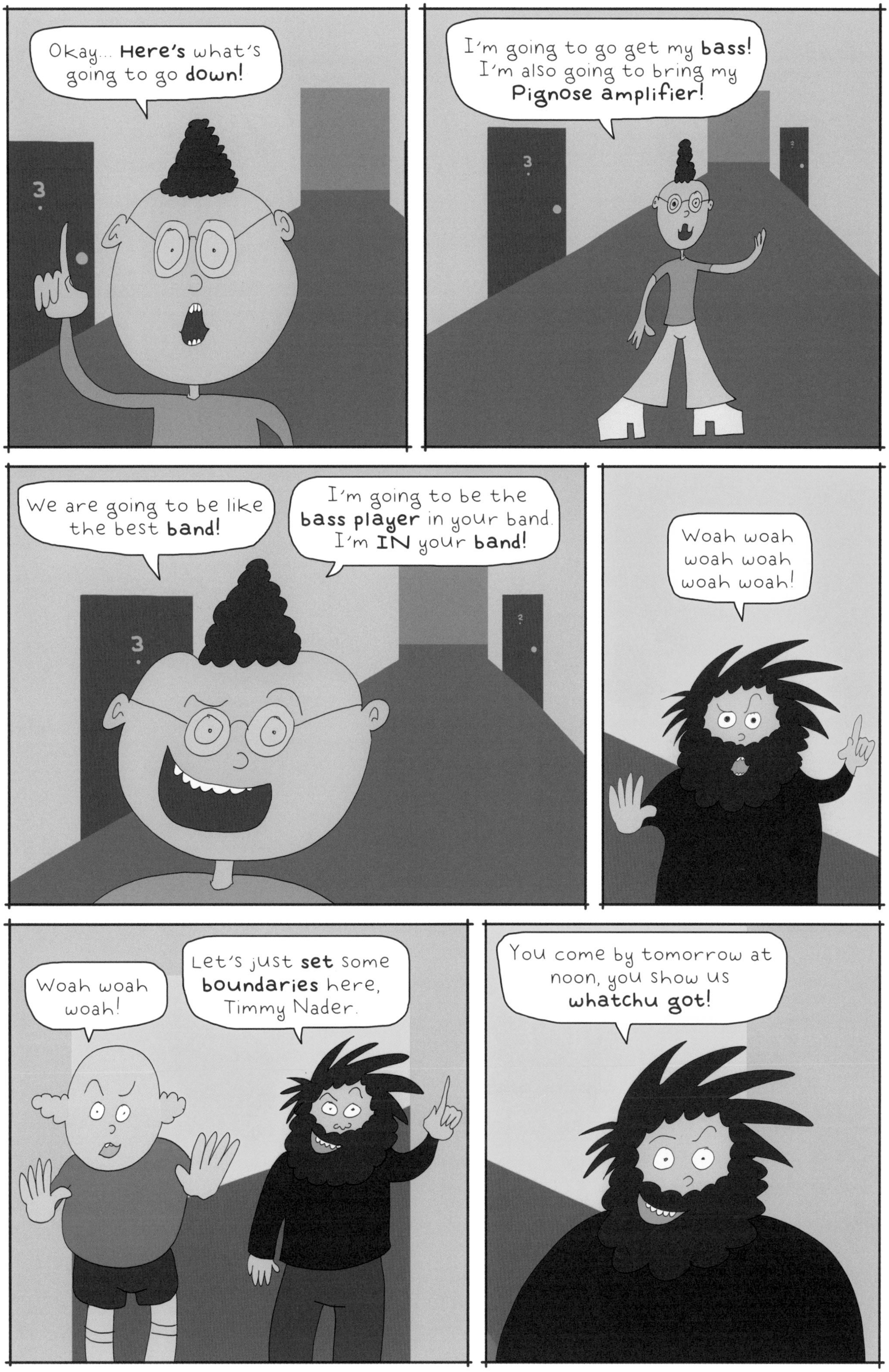

Okay... Here's what's going to go down!
I'm going to go get my bass! I'm also going to bring my Pignose amplifier!
We are going to be like the best band!
I'm going to be the bass player in your band. I'm IN your band!
Woah woah woah woah woah woah!
Woah woah woah!
Let's just set some boundaries here, Timmy Nader.
You come by tomorrow at noon, you show us whatchu got!

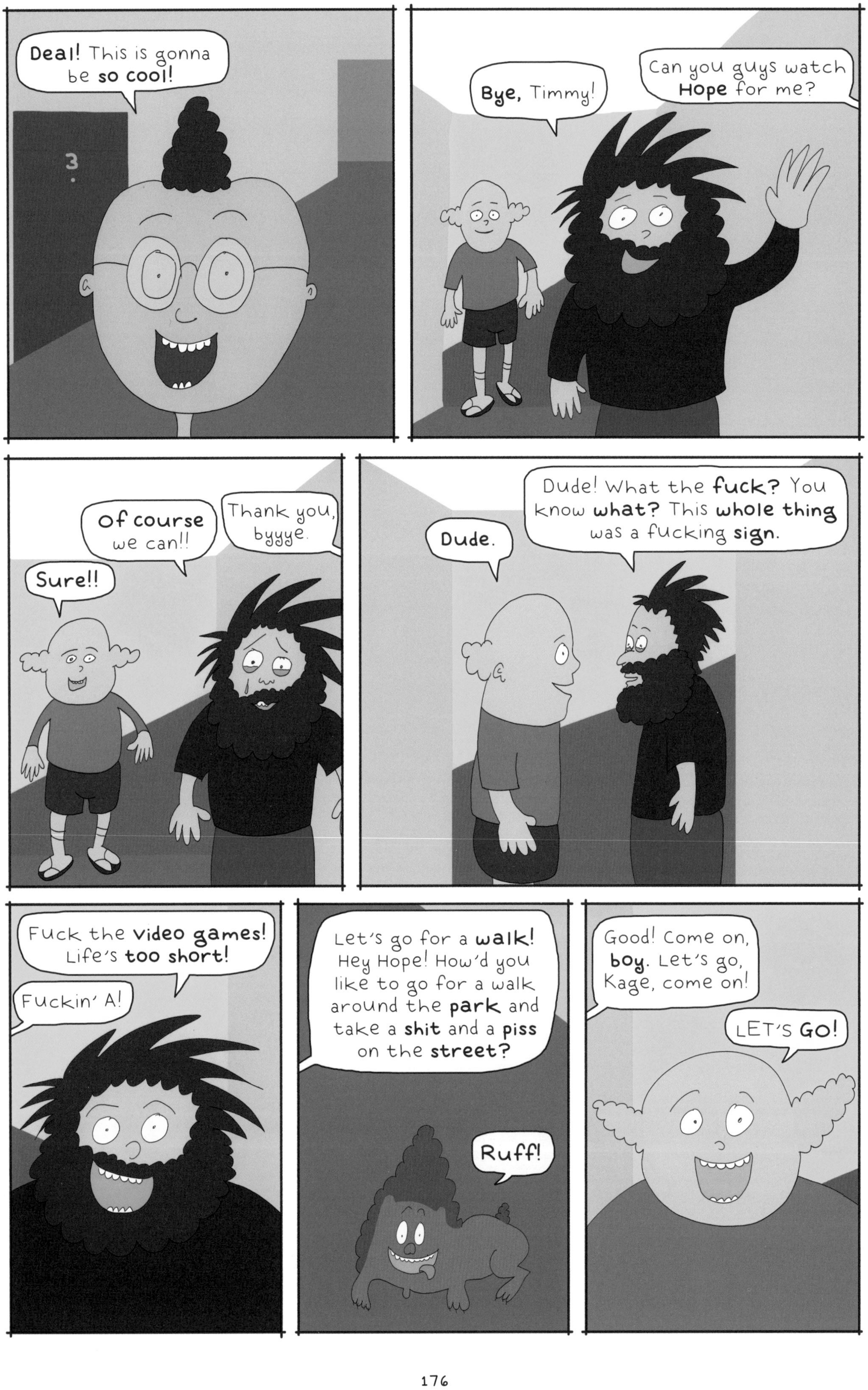

Deal! This is gonna be so cool!
Bye, Timmy!
Can you guys watch Hope for me?
Sure!!
Of course we can!!
Thank you, byyye.
Dude.
Dude! What the fuck? You know what? This whole thing was a fucking sign.
Fuck the video games! Life's too short!
Fuckin' A!
Let's go for a walk! Hey Hope! How'd you like to go for a walk around the park and take a shit and a piss on the street?
Ruff!
Good! Come on, boy. Let's go, Kage, come on!
LET'S GO!

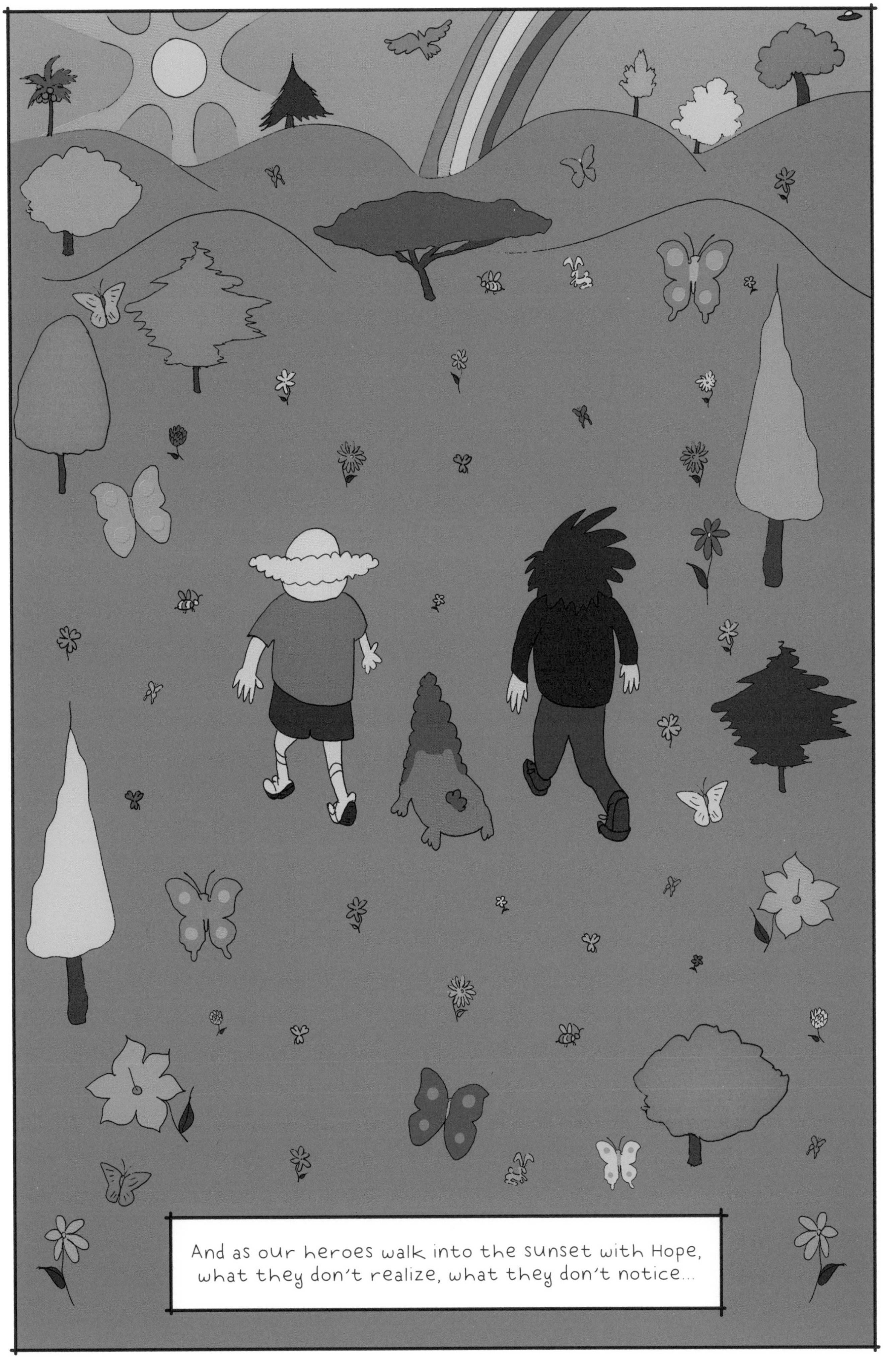
And as our heroes walk into the sunset with Hope, what they don't realize, what they don't notice...

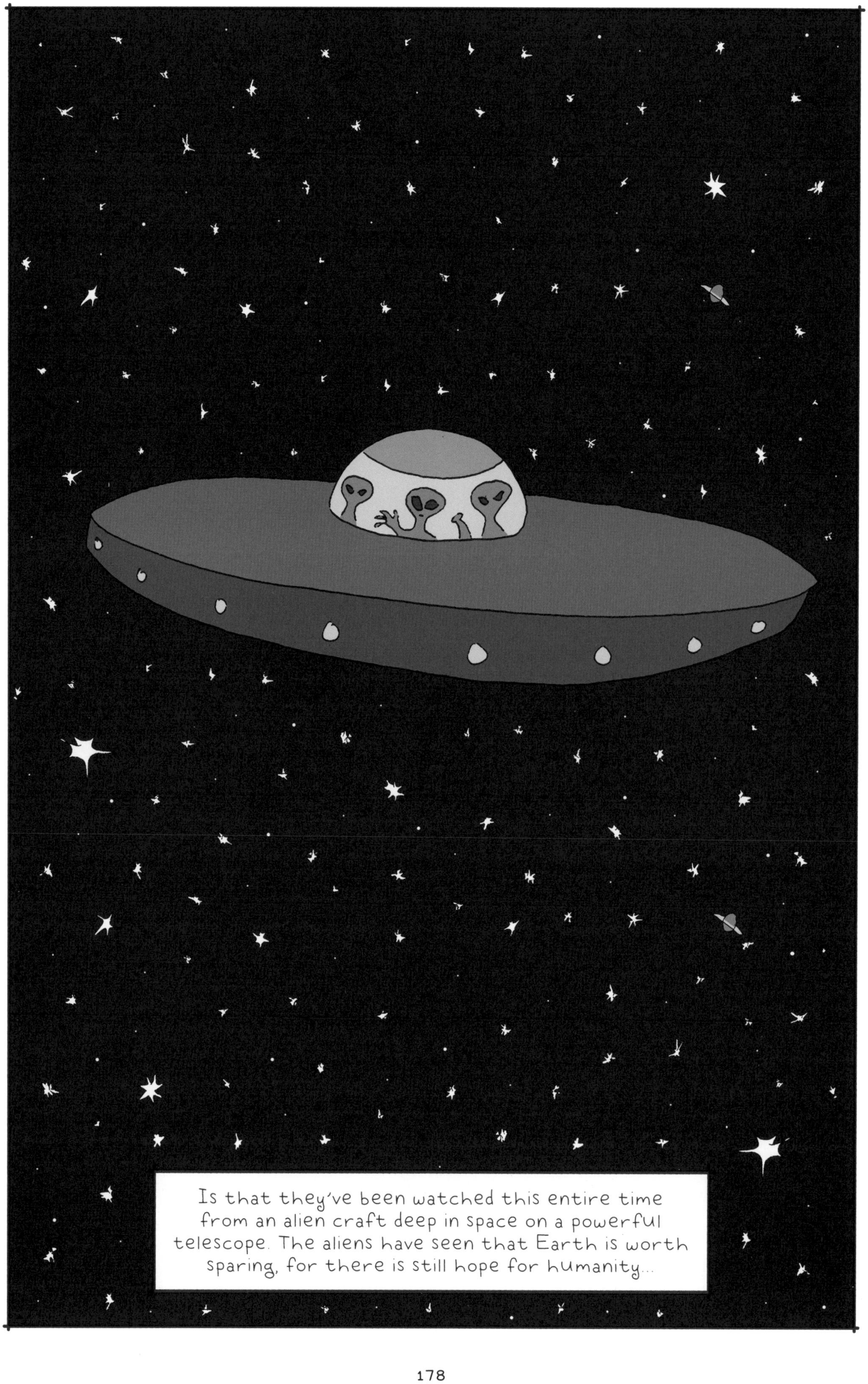
Is that they've been watched this entire time from an alien craft deep in space on a powerful telescope. The aliens have seen that Earth is worth sparing, for there is still hope for humanity...

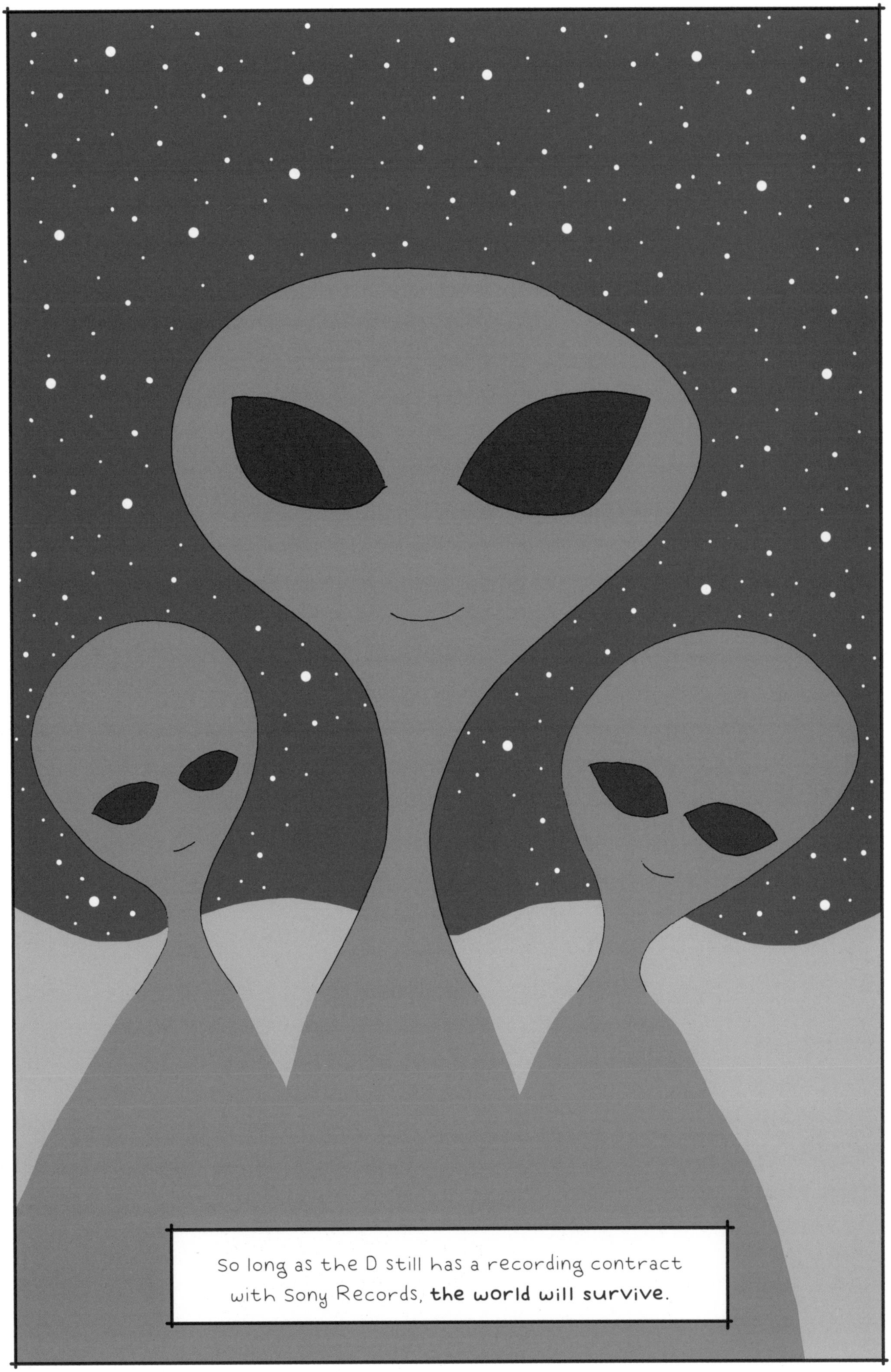
So long as the D still has a recording contract with Sony Records, **the world will survive**.

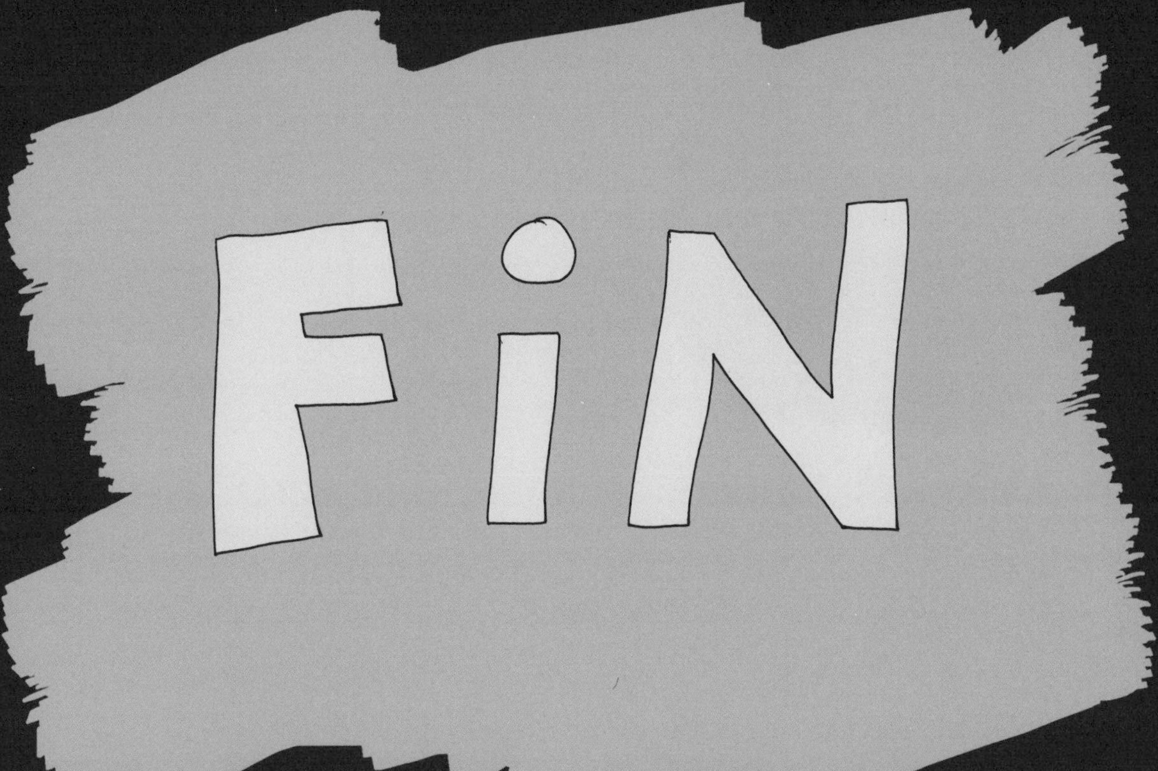
FiN

JACK BLACK
WRITER/ILLUSTRATOR

KYLE GASS
WRITER